航道整治工程水下检测与监测技术和方法

王彬　王致维　王爱学　查文富　程智慧　张莹　刘畅　车远超　编著

编审组　赵建虎　桑　勇　周必君
　　　　陶海峰　张　强　谢　红

武汉大学出版社

图书在版编目(CIP)数据

航道整治工程水下检测与监测技术和方法/王彬等编著.—武汉:武汉大学出版社,2023.12
ISBN 978-7-307-23255-6

Ⅰ.航… Ⅱ.王… Ⅲ.航道整治—水下施工—研究 Ⅳ.U617

中国版本图书馆 CIP 数据核字(2022)第 149055 号

责任编辑:杨晓露　　　责任校对:汪欣怡　　　版式设计:韩闻锦

出版发行:武汉大学出版社　　(430072　武昌　珞珈山)
（电子邮箱:cbs22@whu.edu.cn 网址:www.wdp.com.cn）
印刷:湖北云景数字印刷有限公司
开本:787×1092　1/16　印张:14.75　字数:347 千字　插页:1
版次:2023 年 12 月第 1 版　　2023 年 12 月第 1 次印刷
ISBN 978-7-307-23255-6　　定价:60.00 元

版权所有,不得翻印;凡购买我社的图书,如有质量问题,请与当地图书销售部门联系调换。

前　言

为实现"畅通、高效、安全、绿色"的内河航运发展宏伟目标，近年来我国进行了大规模的内河航道系统整治建设，常见的航道整治工程包括水下铺排、抛石及筑坝和护岸等航道建筑物工程等。利用航道整治工程可改变航道冲淤条件、调整和控制水流、稳定有利河势、提高内河维护水深，进而起到改善和提高航道航行条件和保障通航能力的作用，对推动沿江水域经济发展具有重要的战略意义。

合理有效地检测与监测航道整治工程质量，是建设安全、高效、绿色、现代化的水运航道的基础。然而，水下航道整治工程具有一定的隐蔽性，其质量检测与监测相较于水面工程往往更加复杂和困难。目前，航道整治工程水下检测与监测对象以水下软体排、水下抛筑物、水下建筑物等为主；技术上以水下探摸、水下摄像、水下扫床、声呐测深、声呐测图、机械拉线、机械扫床、磁异常探测等为代表，通过接触、测量、遥感直接或间接地反映航道整治工程的距离、位置、高程、范围、方量、平整度、坡度、完好性等相关属性和状态，进而实现对工程施工、竣工及维护等全周期过程中的质量判断与检测。

上述检测与监测技术的普及和应用，丰富了航道整治水下工程质量的检测与监测手段，但由于设备种类繁多，针对不同的检测与监测对象，国内尚未形成统一、规范的操作流程和检测分析方法；此外，受安装精度、载体运动、作业环境、作业模式、检测原理等因素的影响，同一型号设备在不同作业条件下的检测精度和可靠性往往不同。为此，有必要开展航道整治工程水下检测与监测主要设备应用研究工作，并制定《航道整治工程水下检测与监测技术规程》，本书正是以该规程制定为契机，在相应的专题研究工作的基础上整理形成的。

本书的主要内容分为5章，第1章为绪论部分，阐明了本书的写作背景，介绍了目前国内各航道水系常见航道整治工程水下检测与监测工作中，所采用的检测设备和技术，并进行了总结；第2章为主要航道整治工程施工工艺及检测需求，总结了常见航道整治工程类型、特点以及检测需求；第3章为水下检测与监测主要设备测量理论与方法，基于规程制定研究工作，总结了航道整治工程水下检测与监测中常见测量设备的性能影响因素、作业方法、适用条件等，为各设备在航道检测与监测过程中的规范化使用提供了依据；第4章为主要航道整治工程水下检测与监测技术，基于主要航道整治工程的特点和检测内容，按类别系统性地总结了各内容的适用性检测方法；第5章为水下铺排、抛筑物、建筑物等常见航道整治工程水下检测与监测工程案例分析。

本书的成稿和出版，得到了交通运输部长江航道局、武汉长江航道救助打捞局、江西省航务勘察设计院、中交第一航务工程局、黑龙江省航务勘察设计院、武汉大学等单

前 言

位的相关领导、专家们的指导和支持,相关专家、学者、同仁为本书的编写提出了宝贵意见,在此谨表谢意。由于编者水平有限,书中难免存在错误和不足之处,敬请专家与读者指正。

编著者
2021 年 11 月 16 日

目 录

第1章 绪论 ··· 1
1.1 航道整治工程概况 ·· 1
1.1.1 长江干流 ··· 2
1.1.2 广东水系 ··· 2
1.1.3 黑龙江水系 ·· 3
1.1.4 江西水系 ··· 3
1.1.5 汉江 ·· 4
1.2 航道整治工程水下检测技术现状 ··· 4
1.2.1 常见航道整治工程水下检测类型 ··· 5
1.2.2 常用水下检测与监测设备 ··· 6
1.3 本书主要内容 ·· 8
1.3.1 主要内容 ··· 8
1.3.2 章节安排 ··· 10

第2章 主要航道整治工程介绍及检测要求 ······································· 12
2.1 航道整治护底铺排及检测要求 ··· 12
2.1.1 软体排结构 ·· 12
2.1.2 铺排施工流程及方法 ·· 13
2.1.3 铺排质量检测 ··· 17
2.2 航道整治抛筑物施工及检测要求 ·· 18
2.2.1 水下抛筑物类型 ··· 18
2.2.2 水下抛石施工实施 ·· 19
2.2.3 水下抛筑物工程质量检测 ·· 23
2.3 常见航道整治建筑物施工及检测要求 ··· 24
2.3.1 整治建筑物类型及作用 ··· 24
2.3.2 常见航道整治水下建筑物的结构形式 ································· 28
2.3.3 航道整治水下建筑物质量检测要求 ···································· 32

第3章 水下检测与监测常用设备测量理论与方法 ····························· 35
3.1 坐标系统及其转换 ·· 35
3.1.1 坐标系统需求分析 ·· 35

3.1.2 坐标系统定义方法研究 ……………………………………………… 35
3.1.3 坐标系统间转换模型构建 ……………………………………………… 38
3.2 单波束声呐测深方法 …………………………………………………………… 41
3.2.1 单波束声呐工作原理 ……………………………………………… 41
3.2.2 单波束声呐系统及实施 …………………………………………… 42
3.2.3 单波束测深数据处理 ……………………………………………… 45
3.2.4 单波束测深误差来源及精度估计 ………………………………… 47
3.3 多波束声呐测深方法 …………………………………………………………… 48
3.3.1 多波束声呐工作原理 ……………………………………………… 48
3.3.2 多波束声呐系统及作业实施 ……………………………………… 49
3.3.3 多波束测深数据处理 ……………………………………………… 53
3.3.4 多波束测深质量影响因素分析 …………………………………… 63
3.4 三维扫描声呐测图方法 ………………………………………………………… 68
3.4.1 三维扫描声呐工作原理 …………………………………………… 68
3.4.2 三维扫描声呐系统组成及施测 …………………………………… 70
3.4.3 三维扫描声呐数据处理 …………………………………………… 72
3.4.4 三维扫描声呐测图影响因素分析及误差量级估计 ……………… 77
3.5 侧扫声呐测图方法 ……………………………………………………………… 85
3.5.1 侧扫声呐工作原理 ………………………………………………… 85
3.5.2 侧扫声呐系统组成与施测 ………………………………………… 87
3.5.3 侧扫声呐数据处理方法 …………………………………………… 88
3.5.4 侧扫声呐成图影响因素分析及作业性能评估 …………………… 99
3.6 二维机械式扫描声呐测图方法 ………………………………………………… 106
3.6.1 二维机械式扫描声呐工作原理 …………………………………… 107
3.6.2 二维机械式扫描声呐系统组成与作业模式 ……………………… 108
3.6.3 二维机械式扫描声呐数据处理模式 ……………………………… 109
3.6.4 二维机械式扫描声呐成图影响因素分析 ………………………… 112
3.7 超短基线声呐定位方法 ………………………………………………………… 129
3.7.1 定位原理 …………………………………………………………… 129
3.7.2 系统组成及特点 …………………………………………………… 131
3.7.3 超短基线定位数据处理流程 ……………………………………… 131
3.7.4 超短基线定位精度及环境因素对定位的影响 …………………… 133
3.8 机械拉线定位方法 ……………………………………………………………… 137
3.8.1 拉线系统定位原理 ………………………………………………… 137
3.8.2 拉线系统组成及特点 ……………………………………………… 138
3.8.3 拉线系统数据处理及定位精度分析 ……………………………… 140
3.8.4 水文环境因素对拉线的影响分析 ………………………………… 141
3.9 水下摄像探摸方法 ……………………………………………………………… 145

3.9.1 水下摄像系统组成及操作 ……………………………………………… 145
3.9.2 水下摄像探摸检测法的实施 …………………………………………… 146
3.9.3 水下摄像探摸影响因素分析及措施 …………………………………… 147
3.10 水下磁力仪磁探测方法 ……………………………………………………… 150
3.10.1 磁异常探测原理 ……………………………………………………… 150
3.10.2 测磁系统组成、安装及施测 ………………………………………… 151
3.10.3 测磁数据处理 ………………………………………………………… 154
3.10.4 测磁精度及误差补偿 ………………………………………………… 161

第4章 主要航道整治工程水下检测与监测技术 …………………………………… 164
4.1 主要水下检测与监测方法及原理 …………………………………………… 164
4.1.1 检测方法分类 ………………………………………………………… 164
4.1.2 主要检测内容及原理 ………………………………………………… 169
4.2 水下软体排铺设工程检测与监测方法 ……………………………………… 172
4.2.1 浮标法水下铺排检测 ………………………………………………… 173
4.2.2 水下探摸摄像法水下铺排检测 ……………………………………… 174
4.2.3 超短基线定位法水下铺排检测 ……………………………………… 177
4.2.4 二维机械式扫描声呐图像法水下铺排检测 ………………………… 178
4.2.5 三维扫描声呐法水下铺排检测 ……………………………………… 179
4.2.6 侧扫声呐图像法水下铺排检测 ……………………………………… 180
4.2.7 多波束测深法水下铺排检测 ………………………………………… 182
4.2.8 水下软体排铺设检测方法试验及分析 ……………………………… 183
4.2.9 水下铺排检测方法使用总结 ………………………………………… 195
4.3 水下抛筑物工程检测与监测方法 …………………………………………… 195
4.3.1 单波束测深法水下抛石检测 ………………………………………… 196
4.3.2 多波束测深法水下抛石检测 ………………………………………… 197
4.3.3 二维声呐图像法水下抛石检测 ……………………………………… 198
4.3.4 水下抛石检测试验及分析 …………………………………………… 199
4.3.5 水下抛筑物工程检测方法总结 ……………………………………… 201
4.4 水下建筑物检测与监测技术方法研究 ……………………………………… 202
4.4.1 探摸摄像水下建筑物检测 …………………………………………… 202
4.4.2 多波束测深水下建筑物检测 ………………………………………… 203
4.4.3 三维点云扫描声呐水下建筑物检测 ………………………………… 203
4.4.4 水下建筑物检测试验及分析 ………………………………………… 204
4.4.5 水下建筑物检测方法总结 …………………………………………… 207

第5章 航道整治工程水下检测与监测工程案例分析 ……………………………… 208
5.1 水下铺排检测工程案例分析 ………………………………………………… 208

5.1.1 长江中游荆江河段航道整治工程 ………………………………… 208
　　5.1.2 汉江航道整治工程水下检测 ………………………………………… 211
5.2 水下抛筑物检测工程案例分析 …………………………………………… 214
　　5.2.1 罗湖洲水道东槽洲护岸水下检测 …………………………………… 214
　　5.2.2 长江中游嘉鱼河段航道整治工程 …………………………………… 216
5.3 水下建筑物检测工程案例分析 …………………………………………… 219
　　5.3.1 窑监河段航道整治建筑物 …………………………………………… 220
　　5.3.2 界牌河段航道整治建筑物 …………………………………………… 221
　　5.3.3 张家洲水道航道整治建筑物 ………………………………………… 222
　　5.3.4 江心洲水道航道整治建筑物 ………………………………………… 222

参考文献 ……………………………………………………………………… 223

第1章 绪　　论

随着我国中西部发展战略的实施，以长江为代表的水道资源，在促进内地物流、造船、旅游、环保等行业发展中发挥着越来越重要的作用。开展一系列的航道整治工程建设，是提升航运潜力的主要手段，而合理有效地检测与监测航道整治工程质量，是建设安全、高效、绿色、现代化的水运航道的基础。

由于水下工程的隐蔽性，水下航道整治工程的检测与监测相较于水面工程往往更加复杂和困难，因此水下工程的质量检测是航道整治工程检测与监测的重点和难点。目前，航道整治工程水下检测与监测对象以水下软体排、水下抛筑物、水下建筑物等为主；检测内容不仅包括对象的位置、范围，还涉及铺排宽度、抛筑物方量、平整度、建筑物高程、坡度、完好性等；检测与监测工作贯穿整个施工和使用过程，为保障航道整治工程质量，对水下工程实施实时监控、质量鉴定已成为施工的基本要求。上述检测对象、检测内容及检测工序无疑对水下检测与监测技术规范性及设备的精度和可靠性提出了更高的要求。

目前，航道整治工程检测与监测中所使用的设备主要包括水下电视系统、水下定位系统、单波束测深系统、多波束测深系统、侧扫声呐系统、二维图像声呐系统、三维图像声呐系统等，这些设备多以光、声等技术为基础，通过获取水下目标的位置、高程、图像、声强度等信息，并进行计算、分析和判定，实现水下工程质量的检测与监测。

这些设备的普及和应用，丰富了航道整治水下工程质量的检测与监测手段，但由于设备种类繁多，针对不同的检测与监测对象，国内尚未形成统一、规范的操作流程和检测分析方法；此外，受安装精度、载体运动、作业环境、作业模式、检测原理等因素的影响，同一型号设备在不同作业条件下的检测精度和可靠性往往不同，并且某些水下检测与监测设备在国内还没有相关单位进行专业的应用测试工作。

本书以制定《航道整治工程水下检测与监测技术规程》为契机，深入开展了航道整治工程水下检测与监测主要设备应用研究工作，测试了常用设备在不同参数、作业环境、作业对象下的实际性能，从而形成各设备在水下工程检测中的使用及数据处理标准，以规范航道整治工程水下检测与监测作业，并基于上述工作，整理形成本专著。

1.1　航道整治工程概况

为准确掌握各地航道整治工程水下检测与监测技术手段、作业流程、精度控制的方法及使用状况，了解各类水下检测与监测设备技术参数及适用条件，科学制定《航道整治工程水下检测与监测技术规程》，本书开展工作前对具有多年航道整治工程水下检测与监测工作经验及具有多年代表性的航道整治工程管理单位进行了调研，项目调研包含天津、江西、广东、湖北、黑龙江等地，整理形成了当前航道整治工程的基本概况。

1.1.1 长江干流

20世纪90年代后期，国家加大了对长江中下游航道治理的力度，界牌河段综合治理工程开了长江沙质河床航道治理的先河。2003年1月，交通部批复《长江干线航道发展规划》，提出长江干线航道建设总体目标是：用20年左右的时间，系统整治长江干线航道，改善通航条件，提高航道通过能力。长江航道的建设进程逐年加快，张南、碾子湾、陆溪口、罗湖洲、马当、东流、太子矶、马家咀、周天、武穴等十余项航道整治工程取得了显著成效。

长江上游通过实施泸渝（泸州至重庆）段、叙泸（宜宾至泸州）段一、二期等整治项目，重庆以上至宜宾370km的航道等级全部提高到Ⅲ级，航道最小维护水深从1.8m提高到2.7m，全线实现昼夜通航；在三峡水库先后实施了库尾炸礁、航标迁建、淹没复建等工程，为历次蓄水提供了保障。通过上述项目的建设，充分发挥了三峡水库的航运效益，一条全长1000多千米、具有更高等级的安全、畅通新航道从湖北宜昌直达四川宜宾。

长江中游主要围绕解决碍航、稳定有利河势、改善通航条件三大方面目标开展整治。选择了窑监、陆溪口、嘉鱼-燕窝、罗湖洲、戴家洲、牯牛沙、武穴等重点水道，继续开展以解决碍航为主要目的的整治。

长江下游一是通过马当沉船打捞工程和太子矶、拦江矶外礁等炸礁工程的实施清除碍航物，二是通过实施张南（下浅区）、东流等整治工程，一些重点碍航滩险地通航条件得以明显改善，东流水道航道水深达到五米以上。

长江干流航道整治大幅改善了航道通航条件，使运输效率有了明显提高，公共服务功能增强，促进了航运发展，形成了适应大江大河治理的建设理念，重大关键技术得到突破。

1.1.2 广东水系

"十五"期间，广东省重点加快了西江主通道、珠江三角洲"三纵三横"骨干航道网及粤北、粤东山区航道建设。全省实施航道建设项目33项，完成投资12.6亿元，整治航道里程624km。通过整治，珠江三角洲"三纵三横"的千吨级骨干航道网已初见雏形；沟通粤东、粤北地区的主要航道以及琼州海峡出海通道通航条件得到了改善。

西江航运干线西起广西南宁，东至广东广州，是珠江水系的主要水运通道和"黄金水道"，是西南水运出海通道的重要组成部分，在我国内河水运主通道网"两横一纵两网"中占据了"一横"的重要地位。西江流域气候适宜，雨量充沛，径流量大，河面宽阔，河道顺直，水流流态好，含沙量少，河岸及河床地质构造稳定。因此西江干线发展航运具有得天独厚的自然条件。西江河水分汛期和枯水期，汛期洪水陡涨陡落，洪峰历时短，一般在5—10月，11月至次年4月为枯水期。河段两岸均为丘陵山地或低山丘陵冲积层，河岸多为沙质黏土，河床质为沙或岩石，稳定，水面宽阔，一般在500～

1000m；降雨主要集中在4—8月，多年平均降雨量为2484mm，雨量充沛。

北江干流自源头至三水河口全长约470km，流域总面积4.67万平方千米，占珠江流域总面积的10.3%，是珠江水系的第二大河流。北江中游全长约184km，平均坡降0.22‰。河道顺直，两岸峡谷与河谷盆地相间，河道宽窄、深浅变化较大，河床覆盖层以沙为主，间有卵石层。北江中下游河段按内河Ⅴ级航道标准整治，其航道设计尺度为1.3m×40m×260m，通航300T级单机动驳或300T级机动驳顶推300T级分节驳。

1.1.3 黑龙江水系

黑龙江省通航河流主要航道有黑龙江、松花江、乌苏里江、嫩江等，其中黑龙江和松花江为国家高等级航道。黑龙江省水系庞大，河流纵横，湖泊众多，贯穿全省各个市县，全省共有主要航道18条，总里程5595km，通航里程5528km，其中黑龙江、乌苏里江等界河航道里程3523km。松花江全长928km，流域面积18.64万平方千米，是黑龙江省连接内蒙古、吉林与俄边境地区及海运的重要水上运输动脉。

黑龙江水系为季节性封冻河流。松花江流域一般在11月上中旬开始流凌封冻，翌年4月上旬开始解冻，封冻期平均为155d。黑龙江流域一般在每年10月中下旬开始流凌封冻，翌年4月中下旬开始解冻，封冻期平均为180d。一般冰厚1.2~1.8m，最大冰厚可达2.0m，每年春季、秋季两次流冰。春季流冰为5~12d，平均7d，秋季流冰12~22d，平均15d。春季流冰虽然历时时间短，但冰层厚，且流量较大，局部河段易造成冰堵形成壅水，流冰对岸标破坏性很大，每年都造成大量岸标被冰排冲毁。

黑龙江山河、平地、泥、沙河等都有，范围大、里程长，情况复杂。封江河流的季节性差异形成其航道特有的养护特点。

黑龙江省航道根据水位变化分为五个时期（春汛、春枯、中洪水、秋枯和封冰低水期）。其航道整治工程的主要特点有：一是将整治建筑物（丁坝、顺坝和护岸和护坡的软排（无纺布护底））的沉放与铺设安排在春季枯水期施工，避免了在洪水期水位高、流速大、施工定位不准和折叠布所造成的损失和浪费；二是采取中洪水期装石驳直接上坝位抛石的措施，减少了枯水期人工捣运块石上坝，船到地，地到坝的工序，节省了时间和费用；三是对当年未完成的坝体抛石任务，安排在冬季冰上码方和打冰槽抛石的办法。

1.1.4 江西水系

江西省河流湖泊纵横交错、四通八达，沟通全省主要地市、城镇，自古就对江西经济发展起到非常重要的作用。中华人民共和国的成立，特别是改革开放以来，江西水运事业有了较大的发展，运力运量及经济效益和社会效益呈逐年上升态势，但是与当今经济高速发展要求不相适应，与国际、国内同行业相比也是日显落后。近年来，在交通部的大力支持帮助下，江西省加大了水运交通基础设施建设的投资力度，2000年底开工建设了赣江（樟树—南昌）航道整治工程项目（93km）（已竣工），2002年底又开工建设了赣江（南昌—湖口Ⅲ-4）航道整治工程项目（156km）（正在建设中），总投资达2.4亿元，还有已经批准立项待建的赣江(吉安—樟树)航道整治工程项目(152km),概算投资近2.0亿元。其中,赣江上游(吉安以上)为六级航道,吉安至樟树为五级航道,樟树至南昌为三级航道,南昌至湖口为二级航道。

赣江流域径流主要是降水补给,赣江径流大小与水位高低基本一致,年内分配很不均匀。汛期一般在3—8月,主汛期在4—6月,下游及尾闾河段会受到鄱阳湖水位顶托影响,影响期一般发生在7—9月。赣江河床地质沿程分布多为中、粗、细砂,间有圆砾、砾砂、淤泥质土夹粉砂、粉质黏土,个别地段为石质河床。河段内历年最高水位与最低水位变幅较大,最大变幅为12m,流速一般小于2.5m/s,尾闾地区流速在1m/s左右。

1.1.5 汉江

汉江为长江最大的支流,流域面积15.9万平方千米,居长江水系各流域之首,流经陕西、湖北两省,在武汉市汉口龙王庙汇入长江。丹江口上游河谷狭窄,长约925km,丹江口至钟祥为中游,河谷较宽,沙滩多,长约270km;钟祥至汉口为下游,长约382km,流经江汉平原。汉江水系发达、径流量大、水力资源丰富、航运条件好。上游航运能力达500吨级,中、下游可达1000吨级。

汉江属雨源型河流,径流主要来自降水。径流年内分配很不均匀,汛期洪涝、平常缺水经常发生。汉江的水位落差小、河道宽、河槽浅、蓄不住水等特点导致汉江航运不畅,成为阻碍汉江生态经济带开放开发的短板。汉江干流现已建有石泉、喜河、安康、丹江口、王甫洲和崔家营六个枢纽,枢纽的兴建对下游径流年内分配有一定的影响,特别是丹江口水库的兴建,使汉江下游河道汛期径流减少,枯季径流增大。

南水北调中线一期工程中丹江口水利枢纽按照原设计规模完建,调水开始后,中下游的总水量减少27.4%。枯水期中下游河段流量增加,对航运有利。但是枯水流量增加的同时,航行条件差的枯水历时却显著增长,由现状平均年出现3.3~5.1个月延长到调水后出现7.0~10.1个月。中水流量减少约50%,由平均每年6.3~7.4个月缩短为0.8~3.7个月,调水后中水流量和中水历时的缩短,将不利于航槽"落冲"演化过程的完成,从而加剧了航道的出浅机会及碍航程度,导致航运低水减载的概率增多,必将对汉江中下游航运产生影响。调水方案实施后,洪水期仍有弃水,会对浅滩和主槽产生突发性、高强度性破坏作用,尤其是在弃水洪峰过后,缺乏必要的中水历时冲刷航槽和维持航深,更易造成航道尺度不够等碍航现象。

1.2 航道整治工程水下检测技术现状

基于前述航道整治工程概况,目前主要航道整治工程检测类型包括:水下护底检测、水下抛筑物检测、水下建筑物检测以及其他水下障碍物检测等;所涉及的水下检测设备主要包括:水下探摸技术、水下光学成像技术、声呐技术、磁探技术等。

1.2.1 常见航道整治工程水下检测类型

1.2.1.1 水下护底铺排检测

航道整治工程水下护底的主要作用是保护铺设范围内的河床底质不被水冲蚀，达到护底、护脚、防止淘刷、保护工程基础的目的。水下护底检测内容主要有软体排搭接宽度、铺设范围、着床状态等。

1.2.1.2 水下抛筑物检测

航道整治工程大量运用了抛筑物，如块石、砂枕、透水框架等，在施工过程中，抛筑物往往是质量控制的重点，同时也是难点，受客观水文环境的影响，抛筑物往往会随着工程的运行使用，出现流失、陷落等情况，由于长期淹没水中，一般难以掌握其技术状况。

水下抛筑物检测与监测内容主要包括抛筑物的位置、范围和高程检测以及抛筑物的平整性检测。抛筑物的位置、范围和高程检测常用方法有多波束检测法、二维图像声呐检测法。抛筑物的平整性检测常用方法有多波束检测法、三维图像声呐检测法。

水下抛筑物检测步骤分为抛投前检测和抛投后检测。在施工前，检测人员对施工区域进行抛投前检测，便于施工人员计算抛投区域的抛填量。施工完成后，检测人员对施工区域进行抛投后检测，并与设计情况比较，了解水下抛筑物情况，判断抛筑物位置是否准确，抛筑物范围、厚度及均匀度是否满足设计和规范要求等。当某区域未能达到设计要求，则需对该处进行补抛。

1.2.1.3 水下建筑物检测

护岸、筑坝是航道整治中最常见的两种水下建筑物形式，对于堤坝一般重点检测坝根、坝面表面是否出现损毁、淘刷变形，坝身高程是否出现沉降；对于护岸工程重点检测建筑物是否出现沉陷或损坏，水下坡脚是否被淘刷以及变形等。

水下建筑物检测与监测内容主要包括建筑物的位置、范围、高程及外形尺度；建筑物的完整性；建筑物的变形检测。建筑物的位置、范围和高程检测常用方法有多波束检测法、二维图像声呐检测法。抛筑物的平整性检测常用方法有多波束检测法、三维图像声呐检测法。

水下建筑物变形检测要分多次进行并进行对比分析获取结论，航道整治建筑物变形观测主要在汛后进行。

1.2.1.4 其他水下障碍物检测

在航道整治中，经常会遇到水下障碍物、浅点，往往需探明障碍物类型、最浅水深、尺度、范围、出泥高度等，特殊情况下还需采样分析，往往需要采取多种技术相结合的措施完成检测任务。

1.2.2 常用水下检测与监测设备

1.2.2.1 水下探摸技术

在一些大型航道整治工程中,为确保水下工程质量,仍需专业潜水员入水开展探摸工作,潜水员入水后通过对讲机与船上技术人员沟通,根据相关要求对指定区域进行探摸和观察,以确定探摸对象的位置、宽度、范围、平整性等属性满足设计要求。水下探摸方法手段直接简便,可直观判断水下工程质量是否达标,但这种方法工作量大、耗时长、检测成果易受主观因素影响,另外,水下作业不确定因素多,存在一定危险。

1.2.2.2 水下光学成像技术

水下光学成像技术主要设备为水下电视,用于对水下人、物、景的摄像及建筑结构的拍摄,提供水下景物的图像。该技术的最大特点是,水下摄像时的图像状况能及时在水面上的监视器里显示,其过程可以按需要录制下来。其缺点是对能见度要求较高,要有清晰的视场才能保证摄像效果。

一般水下工程检测中,水下摄像技术可与水下探摸同时进行,由潜水员持水下摄像设备对探摸点进行实时检测;有条件时,水下摄像技术可与水下机器人(AUV)设备结合,从而对水下工程进行更加机动、灵活的全方位摄像检测。

1.2.2.3 声呐技术

声呐技术的普及和应用,既简化了传统检测活动,同时也提高了检测效率和可靠性,声呐技术无疑已成为航道整治工程水下检测中最重要的技术之一。目前,水下检测所用到的成熟声呐设备主要有单波束测深声呐、多波束测深声呐、侧扫图像声呐、二维扫描图像声呐、三维扫描点云声呐、水声短基线定位声呐等。

1. 单波束测深声呐

单波束测深仪的测深过程是采用换能器垂直向下发射短脉冲,当这个脉冲声波遇到海底时发生反射,反射回波返回声呐,并被换能器接收,根据声波往返的时间和所测水域中声波传播的速度,就可以求得障碍物与换能器之间的距离。主要用于内陆地区湖泊、航道、水库及浅海水下地形测绘。

2. 多波束测深声呐

多波束测深系统利用多波束原理进行水底测图和测量水底地貌,是水声技术、计算机技术、导航定位技术和数字化传感器技术等多种技术的高度集成。该系统由波束换能器阵、波束空间位置传感器、数据采集处理系统等三部分组成。该系统能实现对目标区域的大范围区域全覆盖测量,生成三维点云数据,其扫测数据可以详细地表现出地形的起伏变化和水下建筑物的轮廓,成像效果好,分辨率高,可直观地看到水下地貌、冲淤情况以及工程细节,并能实时获取任一点坐标。

3. 侧扫图像声呐

侧扫声呐利用超声波阵列向水底发射具有指向性宽垂直波束角、窄水平波束角的超声波,经接收阵列接收水底的反射和散射波并处理成影像。其波束平面垂直于航行方向,沿航线方向束宽很窄,开角一般小于2°,以保证有较高分辨率;垂直于航线方向的束宽较宽,开角为20°~60°,以保证一定的扫描宽度;工作时发射出的声波投射在海底的区域呈长条形,换能器阵接收来自照射区各点的反向散射信号,经放大、处理和记录,在记录条纸上显示出海底的图像;回波信号较强的目标图像较黑,声波照射不到的影区图像色调很淡,以此判读出泥、沙、岩石等不同底质,另外根据影区的长度可以估算目标的高度。

4. 二维扫描图像声呐

二维扫描图像声呐是一种机械式扫描声呐,通过发射和接收声波后,根据信号时延和强度形成图像,然后声呐探头以一定的角度步长旋转,再次重复发射和接收过程,最终旋转360°形成一幅完整的水底影像。具有代表性的二维图像声呐有 MS1000 系列、BlueView P 系列、M 系列等。

5. 三维扫描点云声呐

三维扫描点云声呐是在二维图像声呐的基础上发展起来的,通过对单次脉冲图像进行目标检测,获得目标相对于换能器的斜距位置,并结合旋转云台的方位角关系,得到目标点的三维坐标,通过扫描变换方位角和俯仰角从而获得空间内多个目标的三维点云数据。代表性三维图像声呐有 BlueView BV5000 型、CodaOctopus Echoscope 系列等。

6. 水声短基线定位声呐

短基线系统主要包括短基线(Short Base Line,SBL)和超短基线(Ultra Short Base Line,USBL)。短基线系统主要是通过问答机接收来自信标发出的信号,根据信号到达各基元的时间,求得斜距,据此计算出水面船相对于信标的位置;超短基线定位系统(USBL)与短基线定位系统一样需要把定位基线布置在母船的船底,只是它的基线长度比短基线的基线长度更短些,基阵的基点集中布置在范围很小的一个阵列上,同样是通过测相和测时技术来确定接收器的空间位置坐标。

1.2.2.4 磁探测技术

磁探测技术原理是自然界的矿物质具有不同磁性,可以产生不相同的磁场,使地球磁场在局部地区发生变化,从而出现地磁异常。利用磁力仪发现这些地磁异常,进而可以寻找磁性矿体和研究地质构造。常用的海洋磁力仪通过测定地磁场强度得到反映水下表面物质的磁力异常,可用于寻找具有磁性的物体,如分析有无沉船、水雷等水下铁质障碍物。

1.2.2.5 扫床技术

扫床是浅水河道常用的接触式水下浅点发现技术,航道中的沉船、遗物、礁石等障碍物位置和碍航程度不明时,或新开航道和浅滩水深需要准确测定时,均应进行扫床。扫床工具可分为硬式、软式以及混合式扫床。扫床的优点是可直观地考察航道河床现状,准确地发现水下障碍物及其位置,通过钢管碰撞传播声音能分辨出硬质障碍物,还可以测出航道当时的水深以及航道河床底高程沿途变化情况;缺点是扫床工具比较笨重,操作烦琐,存在安全隐患。

1.3 本书主要内容

通过调研发现,除了传统人工探摸、扫海测量外,航道整治工程水下检测工作主要依靠相关专业级测量设备,主要有单波束声呐测深系统、多波束声呐测深系统、三维扫描声呐点云系统、侧扫声呐测图系统、二维扫描声呐测图系统、超短基线声呐定位系统、机械拉线定位系统、水下摄像系统、磁力仪等,此外,还包括 GNSS 定位系统、MRU 姿态传感器系统、涌浪传感器、罗经等辅助定位和测姿设备。这些测量技术的普及和应用,丰富了航道整治水下工程质量的检测与监测手段,但由于设备种类繁多,针对不同的检测与监测对象,国内尚未形成统一、规范的操作流程和检测分析方法;此外,受安装精度、载体运动、作业环境、作业模式、检测原理等因素的影响,同一型号设备在不同作业条件下的检测精度和可靠性往往不同,并且某些水下检测与监测设备在国内尚无相关单位进行专业的应用测试工作。

为此有必要研究这些设备的测量理论方法,分析影响各设备测量成果可靠性的因素,形成规范化的操作理论与作业办法,总结常见航道整治工程中常用水下检测与监测技术,为航道整治工程水下检测与监测规程的制定提供理论基础和技术支撑。

1.3.1 主要内容

本书基于《航道整治工程水下检测与监测技术规程》制定专题研究,汇总形成了以下主要内容:

1.3.1.1 航道整治工程水下检测与监测主要设备测量理论与方法

该部分重点研究了水下检测与监测技术所涉及的常用设备的测量理论与方法,形成了各设备在安装检校、参数设置、作业方法、数据处理等方面的规范使用,分析了各技术的特点和适用性。

1) 单波束声呐精密测深理论与方法

研究并形成了一套完备的精密单波束测深方法与数据处理方法。其中,总结了单波束测深系统组成、测量方法,给出了严密单波束测深数据处理过程,分析了测量环节各因素对测深精度的影响,并对单波束测深性能进行了估计和试验验证,认为单波束可高效、低成本、高精度获取水底测深,对快速呈现水下床表小比例尺形状具有较好的适用性,适用于低精度抛石工程检测。

2) 多波束声呐精密测深理论与方法

研究并形成了一套完善的精密多波束测深方法与数据处理方法。其中,总结了多波束系统组成,详细阐述了设备安装及其偏差校准方法,分析了声速、安装偏差等因素对测量精度的影响,并给出了估计量级,分析了波束角度、扫幅、水深、船速等因素对测点密度的影响机理和效果,给出了相关参数的选择及适用范围,认为多波束可真正实现水下地形的面状测量,对快速呈现水下床表大比例尺精细地形具有较好的适用性,可应用于航道整治工程软体铺设范围、散抛石范围和高程、水下坝体的完整性等检测。

3) 三维扫描声呐点云测量理论与方法

研究了三维扫描声呐的测量机理，总结形成了该系统的测量及自动化处理模式。其中，总结了三维扫描声呐系统的组成，阐述了其工作原理和作业模式，给出了三维扫描声呐点云数据处理的严密模型，重点分析了表层声速、声场变化等参数对测量点云精度的影响，给出了各参数的边界条件，并通过试验验证，认为三维扫描声呐通过云台旋转和俯仰角调整代替多波束声呐船体移动，可更全面呈现水下目标表面结构，可应用于航道整治工程中水下软体排搭接宽度检测、软体排铺设范围检测、水下散抛物范围检测和水下建筑物的范围、高程检测等。

4) 侧扫声呐精细测图理论与方法

研究并形成了一套完善的高质量侧扫声呐测图方法与数据处理方法。其中，总结了侧扫声呐的系统组成、常用作业模式，重点研究了侧扫声呐数据处理的各个环节，形成了高质量侧扫声呐成图数据处理方法；分析了声呐设置参数、拖鱼安装、定位误差、船速/姿态/距底高度等运动状态变化以及水体环境等因素对高质量成图的影响，总结了相关因素的影响形式或影响机制，认为侧扫声呐可获得宽扫幅、高分辨率床表地貌图像，可定性地判断目标的属性，粗略量算目标形状及位置，可用于水下铺排、抛石及建筑物的类别识别、概略位置和范围的检测。

5) 二维机械扫描声呐测图理论与方法

研究并形成了一套完善的高质量二维扫描声呐测图方法与数据处理方法。其中，总结了二维扫描声呐的工作原理、系统组成、作业模式及安装；研究了二维扫描声呐数据处理的各个环节，总结形成了高质量二维扫描声呐成图数据处理方法；分析了声波频率、脉冲长度、扫描速度、采样分辨率、成图分辨率、探头距底高度、船速/姿态/距底高度等运动状态变化以及水体环境等因素对高质量成图的影响；认为可在相同作业条件下实现对同一目标的多次扫描，可应用于航道整治工程中水下软体排搭接宽度检测、软体排铺设范围检测、水下散抛物范围检测和水下建筑物范围检测等。

6) 短基线声呐水下定位方法

综合评估了超短基线声呐定位性能。其中，总结了超短基线声呐水下定位原理、系统组成、特点及数据处理模式，重点推导了超短基线定位误差模型，结合设备工况参数，给出了超短基线定位精度量级，约为分米级；认为超短基线定位单元小巧，可实现水下目标的移动定位，但存在安装检校复杂，定位精度易受基线长度、声速测量误差、测时精度、多路径效应及由此引起的测距误差等影响，可满足水下目标浅层次定位，大面积用于航道整治工程检测，存在换能器回收问题。

7) 机械拉线系统水下定位方法

综合评估了机械拉线系统定位性能。其中，总结了机械式拉线定位系统基本原理、系统组成、特点及数据处理模式，重点推导了机械拉线仪的定位误差模型，并结合水体流速及钢丝弹性钢量，构建了拉线仪测距弯曲模型，认为拉线仪理论上可以达到较高的测量精度，但用于水下铺排，尚未有成熟的设备，并且需解决长距离时拉线收紧问题，拉线易受水流冲刷或工况环境影响，也存在较大的安全隐患。

8)水下探摸摄像实施方法

总结了水下摄像探摸检测实施方法。总结了水下摄像系统的组成、水下摄像检测的作业方法，从成像质量和潜水员安全两方面分析了水下摄像的相关影响因素，并给出了保障措施，认为水下摄像结合人工探摸方法，可实现对水下对象性能状态的直接观察，并获取水下既定事实的影像证据，以此进行可信度较高的定性判断；但水下摄像探摸作业深度有限，作业效率低，可应用于航道整治工程中水下软体排搭接宽度检测与水下建筑物外形尺度检测。

9)水下磁法探测目标理论与方法

总结了水下磁法探测实施方法及其严密数据处理方法，并整理其规范化使用。其中，对水下磁探测方法原理、系统组成、安装以及施测方法进行了详细介绍；从地磁数据质量控制、地磁日变改正、船磁模型改正、地磁总强度计算、磁异常表达等方面总结了水下磁探测数据的处理方法；认为磁法探测是一种非接触式测量，可快速探测水下裸露或被覆盖的磁性目标，但易受外部磁场干扰，容易出现误判，需其他手段辅助验证，可应用于航道整治工程中沉船、水雷等金属碍航物检测。

1.3.1.2 主要航道整治工程水下检测与监测技术

该部分深入分析了主要航道整治工程中常用检测与监测技术以及常见的检测内容及其原理，总结归纳了各方法在常见航道整治工程检测中的使用方法和条目，并通过试验验证了各检测方法的可用性。

1)水下软体排铺设检测与监测

总结常见水下软体排铺设检测与监测技术，检测内容包括铺排搭接宽度、铺排范围、着床状态、冲埋状态等，技术手段包括基于浮标倒锤的局部点监测法、探摸摄像法、基于超短基线的局部点监测法、二维机械式扫描声呐图像法、二维侧扫声呐图像法、基于三维扫描声呐的三维点云检测法、多波束测深检测法等。

2)水下散抛物铺设检测与监测

总结水下抛石、透水框架等常见水下散抛物的常用检测技术，检测内容主要为抛筑物位置、高度、范围、坡度、冲埋状态等，检测技术手段包括单波束或多波束测深检测法、二维声呐图像检测法等。

3)水下建筑物检测与监测

总结了以潜坝为代表性的水下建筑物常用的检测技术，检测内容主要包括建筑物位置、形状、标高、尺寸、坡度、平整度、完好性、冲埋状态等，常用技术主要包括探摸摄像检测法、多波束测深检测法、基于三维扫描声呐的点云检测法等。

1.3.2 章节安排

基于以上内容，本书共包括5章：

(1)第1章为绪论部分，介绍了本书的写作背景，给出了目前国内各航道水系常见航道整治工程水下检测与监测工作中所采用的检测设备和技术，并进行了总结；

(2)第2章为常见航道整治工程施工工艺及检测需求，总结了常见航道整治工程施工特点；

(3) 第 3 章为水下检测与监测主要设备测量理论与方法，研究并总结了航道整治工程水下检测与监测中常见测量设备的性能、作业方法、适用条件等；

(4) 第 4 章为常见航道整治工程水下检测与监测技术，基于主要航道整治工程的特点和检测内容，按类别系统性地总结了各内容的检测方法；

(5) 第 5 章为常见航道整治工程水下检测与监测工程案例分析。

第2章 主要航道整治工程介绍及检测要求

根据调研结果及《水运工程质量检验标准》(JST 257)的相关内容,航道整治工程主要包括水下护底铺排、散抛物、建筑物等,了解上述航道整治工程的工艺、结构特点,可全面了解相应的检测内容和需求,有利于水下检测技术的合理选择及检测施工的科学布置。

2.1 航道整治护底铺排及检测要求

水下铺排的主要作用是保护铺设范围内床底质不被水冲蚀,从而达到护底、护脚、防止淘刷、保护工程基础,进而保护上部实体机构的稳定性的目的。

2.1.1 软体排结构

常见护底软体排结构包括3种:砂肋软体排、砼联锁块软体排以及上述两种组合形成的混合软体排(见图2.1和图2.2)。砂肋软体排适用于堤身下、堤内侧(易淤积区)或水流平顺区段的余排;砼联锁块软体排适用于堤外侧(冲刷变形较大、易形成冲刷坑处)的余排或堤(坝)头超前护底。

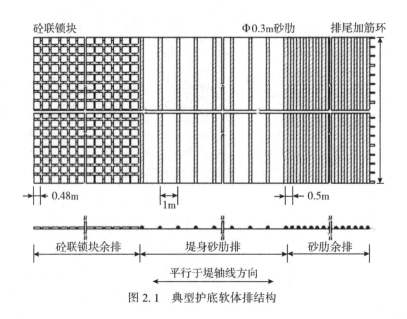

图2.1 典型护底软体排结构

2.1 航道整治护底铺排及检测要求

砂肋软体排　　　　D10型砼联锁块软体排　　　　C20型砼联锁块软体排

图2.2　常见软体排类型

砂肋软体排主要由土工布、加筋带、长管袋砂肋制作而成；砼联锁块软体排主要由复合土工布、加筋带、砼联锁块制作而成。

砼联锁块软体排排布采用针刺复合土工布或高强土工布缝制，排体压载采用砼联锁块，通过绑扎环和预埋的丙纶绳加筋带与排布联结成一体，形成砼联锁片。砼联锁片由框架运至软体排铺设船甲板上进行整体拼装形成砼联锁块软体排。这种排体的优点是整体浇筑、储运方便、整体铺放，机械化施工程度高，适应滩地多向变形的能力强，适合于冲刷较为严重的区域和高滩地。

2.1.2　铺排施工流程及方法

2.1.2.1　护底软体排施工流程

护底软体排铺设由专业的铺排船进行施工，作业流程一般包括施工前扫海测量、软体排制作、铺排船施工、铺排检测等环节。详细软体排铺设流程如图2.3所示。

2.1.2.2　施工前准备

1. 铺排船配置

软体排铺设施工采用专用铺排船进行，铺排船甲板区域为沉排吊装工作区域，甲板上安装有专用吊机，沿艉尾向一侧安装排布滚筒，用于排布安装和排体牵引；另一侧船舷设有排布滑板，用于沉排下放。

铺排船一般无动力，船体配有6~8只锚和钢缆，借助锚艇实现不同方向抛锚，并通过自带绞锚机收紧锚缆和移动船体，典型的铺排船配置参数如表2.1所

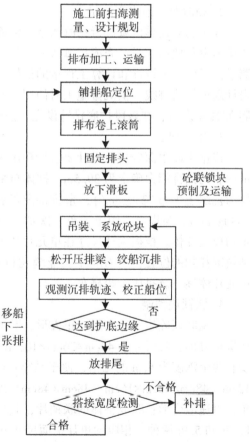

图2.3　常见护底软体排铺设流程图

13

示。由此可见，铺排船还需要拖轮、锚艇、运砂、运联锁块船等船舶辅助，共同进行沉排施工。

表 2.1　　　　　　　典型铺排船配置参数(以长雁 19 号为例)

名称	参　　数	数量
船体尺寸	67m×24m×4.2m	
吃水	2m	
锚及钢缆	7t 海军锚+Φ39 钢缆	6 只
船用起重机	15t×30m	2 台
滑板	9.4m×40.8m	1 副
滚筒	长 40.5m，Φ1.8m	1 台
GNSS 定位	GNSS 接收机	2 台
泥浆泵	22kW 泥浆泵、15kW 水泵	各 2 台

2. 扫海及工前水深测量

开工前对铺排区域进行扫海测量，清除滩面的块石和浮出泥面的杂物，以免影响软体排铺设和使用质量；完成扫海清障工作后，施工堤段护底施工 30 天前进行工前水深测量，以此作为设计和计算工程量的依据，依据测图定出的特征点坐标值，在电脑中布设计划沉排轨迹线，供沉排施工时使用，并在电脑中标识出护底范围；测量堤段长度控制在 2km 左右，在该段护底排铺设完毕前再组织下一段的工前水深测量。

3. 排布加工

根据工前水深资料及设计要求计算出单幅排体的宽度，单幅软体排的排体长度按照铺排船的铺排能力确定为 39.5m。排体布采用整块 $230g/m^2$ 丙纶长丝机织布制作，堤身排为机织土工布($230g/m^2$)，余排部分的排布再与 $150g/m^2$ 短纤涤纶无纺布针刺复合($380g/m^2$)，与堤身机织土工布一次加工成幅宽 3.2m，长度为设计排体宽度的土工布织物单元片体。根据设计尺寸在单元片体上画线，标示出加筋带、砂肋套环及混凝土联锁块绑扎扣的位置，用 GB4-1 工业缝纫机将加筋带缝制在单元片体上，采用包缝法将单元片体逐一总拼成一幅排布。

4. 联锁块预制

常见联锁砼块有长方形、正方形、圆形等，一般在陆上预制场预制。D10 型砼联锁块呈长方形，其尺寸为 40cm×26cm×10cm(长×宽×厚)，重量为 21.93kg，在两侧长边各设有两个深度为 6cm 的凹槽，便于系牢；C20 型砼联锁块尺寸分为三种：48cm×48cm×12cm、48cm×48cm×16cm、48cm×48cm×20cm，每平方米 4 块，砼联锁块边缘设置倒角，以适应变形；联成整体的联锁片，其尺寸根据水上施工起重能力确定，单片质量有 11.2t 和 5.9t 两种，相应的单片平面尺寸分别为 9.5m×5.0m 和 5.0m×5.0m。

2.1.2.3 软体排铺设施工

1. 排布卷上滚筒

排布运到现场吊上铺排船后，先在甲板上展开拉平，再用中设定型号的丙纶绳将尾端牵引到滚筒上的卡环上，然后将其卷上滚筒，并使排头边位于距滑板外边缘3m处。卷排时将土工布两边拉紧，保证排布卷紧卷匀。

2. 铺排船固定与定位

沉排前在铺排船上选好位置，至少安装2台GNSS，基于船体坐标系确定沉排入水的位置与GNSS测量点的对应关系，并在电脑的布置图中标识出船体轮廓及沉排作业面位置，基于上述位置信息，指导沉排船移动。

沉排船是通过船体上的6个电动绞关转动，从而实现沿拉紧的钢缆移动，移动的方向为排布的沉放方向。排布多沿垂直水流向铺设，由下游向上游的顺序沉放，如图2.4所示；有时出于工程需要，也会铺设顺水排，如图2.5所示。

垂直水流沉排时，沿艏尾向布设艏锚和尾锚，控制船体前后移动；沿船舷左右两侧前后分别布置4根测向锚，控制船体左右移动；顺水流沉排时，船体上游一侧四根钢缆为主缆，承受整个船舱的下漂拉力，同时控制船舱的上下移动，船头、船尾各设左右两根边缆，控制船舶左右位移。沉排时要求船体能平缓移位。

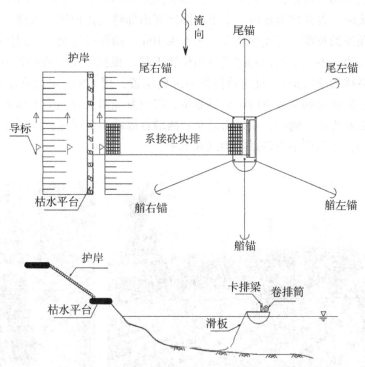

图2.4 垂直流向法软体排铺设船位及绞锚示意图

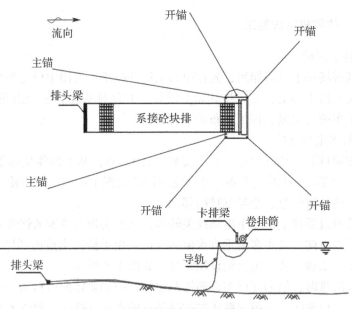

图 2.5　顺水排铺设船位及绞锚示意图

3. 排头固定系排梁

每一施工条用 6 根系排梁固定排头，排头固定使用 GNSS 定位，确保位置准确。系排梁固定排头时，首先根据水位、水下测图计算出即将沉排位置的水深，并根据水深确定绑系的尼龙绳的长度，尼龙绳长度大于水深 10m，确保系排梁能落到江底，能承受排头沉放时的拉力，不至于被拉动造成排头位置下移。根据沉排位置和尼龙绳长度（须考虑水流造成系排梁的漂距），确定系排梁的沉放位置，用 GNSS 定位确定系排梁入水的位置，根据水流状态和沉排方向调整好船位，将尼龙绳两头分别牢固绑系于系排梁和排头上，如图 2.6 所示；同时，在排头梁左右两端各绑系 1 个浮标，以便施工中观测排头是否发生位移，然后用吊车将系排梁沉入水中。

图 2.6　砼联锁块安装及排体沉排梁

在使用系排梁固定排头时，根据沉排的不同部位及水深水流情况，考虑加重排头措施，确保排头按设计要求入水固定。

4. 砼联锁块吊放、安装与沉放

由起重工指挥砼联锁块的调运，每块吊装完毕后，在工作平台上将砼块快速绑系于排布上，按设计要求系好后，即可松开卷筒和排梁，调整滑板倾角，绞(松)动沉排船，使砼块排平缓沉入河底，排布沉放中控制好主引缆的松放速度，并做到操作人员和沉排指挥之间协调一致，滚筒松排布时要与船移速度协调一致。确保排布平顺匀速沉入江底，不破损、撕裂。深水或流速大于1m时使用沉排滑板引导排布入水。

沉放时，将由GNSS坐标实时推算的翻板边缘坐标作为沉排边缘入水坐标，以此动态控制沉排轨迹和搭接宽度，实时绘出沉排轨迹，并校核轨迹与排布的实际长度、设计范围是否相符合，同时与设计轨迹对照，出现误差超出允许范围时，立即校正船位，防止排体偏离计划线。

5. 排尾处理

水上沉排施工前，用符合强度要求的尼龙绳与排尾连接好，然后卷入尼龙绳及排布。最后沉放排尾时，由尼龙绳牵引排尾缓慢沉放，使其能保证排尾均匀下沉且紧贴河床，待排尾沉入水面以下10m左右(根据水深确定)时，可砍断尼龙绳，使排尾铺在设计位置。完成后，继续下一条的施工，直至达到设计要求为止。

2.1.3 铺排质量检测

在整个护底工程施工过程中，为了确保每幅软体排的铺设质量，特别是及时了解和掌握相邻排体间的实际搭接量和每幅排体的实际平面位置，便于更好地指导下一步施工任务的有效实施，须对每幅已铺设排体进行相邻排体间搭接宽度和实际平面位置的检测。根据《水运工程质量检验标准》(JST 257)(以下简称《检验标准》)对软体排铺设施工偏差做了相关规定，如表2.2所示：

表2.2 系结压载软体排铺设允许偏差、检测数量和方法

序号	项目	允许偏差	检测数量	单元测点	检测方法
1	轴线位置	1000mm	每幅	2	用全站仪、GPS等测量
2	铺设长度	+2000mm −1000mm	每幅	1	用全站仪、GPS等测量
3	搭接宽度	B $0.5B$	每10m 1处	1	用全站仪、GPS等测量或潜水探摸
4	压载物脱落	2个	每幅排2处每处100m²	1	检查施工记录并观察检查
5	单片联锁块间距	纵横向边长的10%	抽查10%联锁块相邻边	2	用尺测量

注：B为设计搭接宽度，单位为mm。

从表2.2可知，软体排铺设施工检测的主要内容包括排布位置、长度、搭接宽度等，《检验标准》所罗列的检测方法多适用于水上部分定位，难以对水下部分进行准确测量；其次，为满足确保工程质量，水下软体排铺设检测还须检测排体铺设范围、状态，检查是否有漏铺或卷排的情况。因此，为了确保软体排的铺设质量，便于更好地指导下一施工任务的有效实施，还需要做以下工作：

(1) 铺设过程中，实时检测实际排布的平面位置以及相邻排体间搭接宽度；

(2) 每条排布铺完后，对其铺排状态进行检测；

(3) 一个工区完工后，需进行铺排范围检测。

2.2 航道整治抛筑物施工及检测要求

抛石作为航道整治中典型的隐蔽工程，一般通过机械或人工抛投块石、卵石或人工预制石料在指定区域，如铺排工程后散抛的块石、透水框架等，起到压载、落淤等功能；大量抛石则堆砌形成符合设计要求的结构，产生护底、变流、落淤、冲淤或防护等特定功能，该类抛石成果常称为水下建筑物。

2.2.1 水下抛筑物类型

航道整治工程中常用抛石进行护底、护脚和压载，所抛石块的粒径大小一般从0.2~1m不等，抛石种类的选择，需根据工程目的和设计要求选择；透水框架用于改变局部水流特性，达到落淤效果，逐步使岸坡的冲淤态势发生变化，常见透水框架以六边四面体为主，边长约为1m，如图2.7所示。

粒径0.2~0.6m的石块　　　　　　　边长1m的透水框架

图2.7 航道整治工程中常见水下散抛物

抛石粒径及质量的一般要求：

(1) 工程所用块石粒径为0.2~1.0m，当抛石厚度为0.6~0.8m时，粒径大于0.30m的比例应大于85%；

(2)通常等抛石的厚度大于0.9m时,其粒径超过0.5m的比例应大于5%;
(3)对于坝体建筑物表面的层块石和一些防冲石,其粒径应不小于0.5m;
(4)块石要符合无风化剥落和裂纹的标准,其质地必须坚硬且抗风化性能较好,不可出现裂缝;
(5)块石在水中或者受冻后不可崩解,冻融的损失率要低于1%的标准;
(6)块石使用前,所抽检的样品必须通过具有国家合格资质的质检机构的试验检测并出具合格报告,并经监理工程师同意后方可使用。

2.2.2 水下抛石施工实施

水下抛石施工的一般流程包括:抛石前准备工作、现场抛石施工及完工水下地形测量等工作,具体实施流程如图2.8所示。

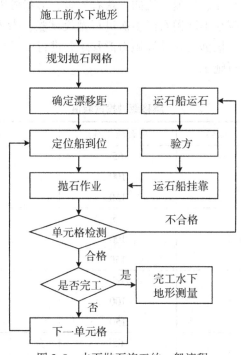

图2.8 水下抛石施工的一般流程

2.2.2.1 抛石施工准备

在进行抛石施工前,需在抛石区开展施工前测量并编制抛石网格图等工作。

1. 施工前测量

为了准确指导抛石工作,保证施工质量,需开展抛石区施工前水下地形测量工作,测图比例尺根据需要设定为1:200~1:1000,局部地形可根据施工需要加密测量,将测量成果报监理审批后作为开工前原始地形的测量资料进行存档,同时作为施工设计、核算竣工工程量的计算依据。

2. 编制抛石网格图

根据水下地形、抛石船的抛投长度，及有效抛填宽度对施工现场进行分区，确定抛填网格。合理划分施工网格是水下抛石施工的关键之一，如根据某工程的实际工况和投入施工中运石船的船型规格(投入施工中运石船长度在30~45m，舱长23m左右，船宽一般在7.5~9.0m)，可将施工区域划分为18m(垂直水流方向)×40m(顺水流方向)的标准网格，每个标准网格再分为上、下两个半区，每个半区划分成若干个1.5m(垂直水流方向)×20m(顺水流方向)的小网格，根据设计图纸中每个抛区的厚度以及抛前水下地形测量数据，计算出每个网格应抛工程量，以利于施工中定量抛投控制和质量检测。

抛石现场施工一般步骤包括：确定漂移距、船舶定位、抛投施工、移位等工作。

2.2.2.2 确定漂移距

水下抛石施工易受水深、流速、流向、块石质量、形状等因素的影响。为了保证块石抛投的质量，施工前应在不同抛石区多次进行抛投试验，参考表2.3，测定不同抛石区的水深、流速值，然后根据公式计算抛石漂移距并进行反复校正。漂移距确定后，报监理批准后进行水下抛石施工。

表2.3　　　　　　　　　　　漂移距抛投试验值

水深/m	流速/(m/s)	块石质量/kg	漂移距试验值/m
12	1	65	4.43
		100	4.12
		150	3.85
	1.2	65	5.31
		100	4.95
		150	4.62
	1.5	65	6.64
		100	6.18
		150	5.78
15	1	65	5.54
		100	5.15
		150	4.82
	1.2	65	6.64
		100	6.18
		150	5.78
	1.5	65	8.30
		100	7.73
		150	7.22

2.2 航道整治抛筑物施工及检测要求

续表

水深/m	流速/(m/s)	块石质量/kg	漂移距试验值/m
20	1	65	7.38
		100	6.87
		150	6.42
	1.2	65	8.86
		100	8.24
		150	7.70
	1.5	65	11.07
		100	10.30
		150	9.63

抛石漂移距试验时，采用钢丝绳系紧不同粒径和质量的块石，在作业水域进行抛投使其随水流自由下落，待完全沉底后，拉紧钢丝并测量钢丝至抛投点的斜距，结合水深可估算块石下落过程的漂移距，漂移距试验示意图如图2.9所示。

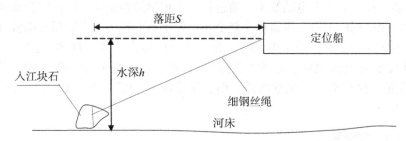

图2.9 块石漂移距测定示意图

漂移距抛投试验值见表2.3，依此试验值确定不同区域、不同水深、流速、流向、块石质量和形状条件下的漂移距范围值。

此外，据相关文献，抛石漂移距经验公式如式(2-2-1)：

$$L_d = 0.74v\frac{H}{W^{\frac{1}{6}}} \tag{2-2-1}$$

式中，v为表面流速(m/s)；H为水深(m)；W为块石质量(kg)。结合抛投试验参数可对公式的系数进行校准，从而用于施工区域内其他粒径石头的漂移距的确定。

2.2.2.3 船舶定位

定位船定位方式主要取决于水流流向和流速，一般情况下急流区宜"顺水流定位"（图2.10(a)），缓流区宜"垂直水流定位"（图2.10(b)）。定位船定位时需充分考虑待抛区域漂移距情况，定位船的实际平面位置应该从抛投区域设计平面位置向上游平行于水流方向偏移一定距离，将运石船开到抛石区停靠在定位船上，然后利用GNSS精确定位，护岸、护脚抛石时，可根据岸上设置的施工控制导标辅助定位船定位。

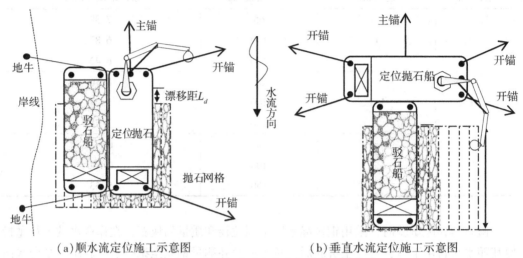

(a) 顺水流定位施工示意图　　(b) 垂直水流定位施工示意图

图2.10　顺水流或垂直水流定位施工示意图

定位船一般设有5个电动绞关，通过控制5根钢缆控制定位船的定位和移动。顺水流定位时，船艏朝向上游。主锚承受整个定位船下漂的拉力，在船艏和船艉分设两个开锚，控制船舶左右移动，近岸施工时，开锚可以固定在岸坡预埋的"地牛"上（图2.10(a)）。垂直水流定位抛锚，也称"丁抛"，其顺序为：艏右锚—艉右锚—艏锚（领水锚）—艏左锚—艉左锚。应注意的是，艏、尾锚应呈"八"字形，以利定位船里外移动（图2.10(b)）。

2.2.2.4　抛投施工

常用水下抛石方法一般采用机械抛投或人工抛投，机械抛投时，每艘定位船安排1台反铲挖机；护底软体排压载抛石剖面示意如图2.11所示，抛石过程中做好安全指挥与防护工作。

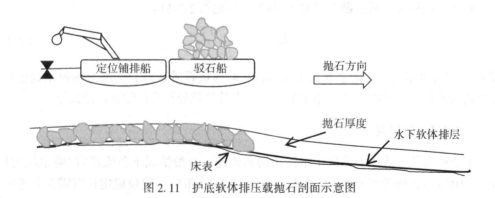

图2.11　护底软体排压载抛石剖面示意图

抛投定位方式需根据水流流速、流向进行选择，急流区宜"顺抛"，缓流区宜"丁抛"。

抛投顺序遵循"先上游后下游，先深泓后近岸"的施工顺序，并按照计划网格依次均匀抛投，同一网格一次抛投到位，每个网格实际抛石量与设计抛石量之比控制在115%~125%；每抛一网格施工人员记录抛投量；施工中控制不漏抛、不重复抛填和非作业区外抛投。

抛石粒径选择时，水下抛石护脚、护坡施工时，要抛大块石，并有一定的级配，以提高密实度，保证坡脚的稳定。水下抛石护底过程中应采取适当措施避免块石划破软体排，一般先抛较小块石，再抛大块体石，力求较大块石压在较小块石之上。水下抛石筑坝施工时相对较小块石宜抛在坝心，较大块石宜抛附在坝体面层。

2.2.2.5 移位

石驳船通过连接锚缆绞机移位，每次移动一个船尾宽度的网格，以保证块石抛投覆盖均匀，不留空缺。现场施工时，施工员根据施工网格图面积及设计厚度、装石船船舱长度和宽度等计算每次下料工程量，并在网格上对已抛区域的面积和工程量进行标识。施工中，对于浅水区域内大船无法抛投的部位，采用小船进行抛投或待水位上涨后再抛投两种方法解决。

2.2.3 水下抛筑物工程质量检测

抛石工程质量检测包括施工中的检测和完工检测。

施工时，每一区段抛投完成后，须实测抛后地形断面，然后根据抛前实测断面图和抛后实测断面图分析抛投效果，检查抛投是否到位，以便对有缺陷的部位及时进行补抛，直至达到设计要求。测量的方法同水下原始地形测量，采取往返测，比较断面面积的误差，超过2%的须进行重测。

抛石区完工后，应基于施工前的测量基准，再次开展水下地形测量，通过比较施工前后水下地形的差异，确定抛投范围边界位置是否准确，抛石厚度及其均匀度是否符合设计规范；若发现某些区域未达到预期效果，应进行补抛，或通过潜水员埋坡作业等方式对其进行处理。

根据《水运工程质量检验标准》（JST 257），航道整治工程中涉及的水下抛石的应用主要包括水下基槽抛石基础、软体排压载抛石以及护底、护脚抛石等，其相应的施工检验标准分别如表2.4和表2.5所示。

表2.4 **抛石基础允许偏差、检验数量和方法**

序号	项目	允许偏差/mm	检验数量	单元测点	检验方法
1	轴线位置	0.05B 且不大于1000	每5m 1个断面，且不少于3个断面	2	用经纬仪或GPS等测量
2	宽度	+500，0		2	
3	顶面高程	0，-300		2	用水准仪、测深仪、经纬仪或GPS等测量

注：B为基础宽度，单位为mm。

表 2.5　　　　　水下抛石护脚允许偏差、检验数量和方法

序号	项目	允许偏差	检验数量	单元测点	检验方法
1	护脚边坡	+15%，-10%	每 20m 1 个断面	1	用经纬仪和测深仪等测量
2	平台宽	±100mm		1	用钢尺测量
3	平台高程	+300mm，-100mm		1	用水准仪等测量

根据表 2.4、表 2.5 及《检验标准》的相关要求，航道整治工程中的水下抛石检测主要内容包括抛石厚度(方量)、范围、表面平整性、坡度等，相关检测要求罗列如下：

(1) 抛石基础的范围不得小于设计范围。

(2) 压载抛石范围和厚度应满足设计要求。

(3) 水下抛石护脚的表面应平整，不得有松动，边坡应满足设计要求，平均断面尺寸不得小于设计值。

(4) 抛石的平均断面不得小于设计断面，坡面的坡度不应陡于设计坡度。

2.3　常见航道整治建筑物施工及检测要求

2.3.1　整治建筑物类型及作用

大量抛石或预制构件堆砌形成符合设计要求的结构，产生护底、变流、落淤、冲淤或防护等特定功能，该类抛石成果常称为航道整治建筑物。航道整治建筑物的主要作用为束水、导流、导沙、固滩等，进而稳定河势。据统计，长江上已建整治建筑物主要有丁坝、顺坝、锁坝、潜坝、护岸及鱼嘴与洲头工程等类型，如图 2.12 所示。

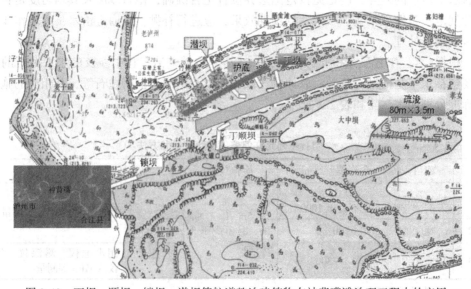

图 2.12　丁坝、顺坝、锁坝、潜坝等航道整治建筑物在神背嘴滩治理工程中的应用

2.3.1.1 丁坝

丁坝是最常见的航道整治建筑物(如图 2.13 所示)。丁坝坝根常与河岸连接,坝头伸向河心,坝轴线与水流方向正交或斜交,在平面上与河岸构成"丁"字形,形成横向阻水的整治建筑物。它的主要作用是未淹没时束窄河槽,提高流速冲刷浅区;淹没后造成环流,横向导沙,调整分汊河道的分流比、控制分流、壅高河滩、保护河岸;挑出主流以防顶冲河岸和堤防等。

丁坝的使用具有以下特点:挑流作用强,对航槽的冲刷有利;丁坝长度便于调整;坝址水深一般较浅、工程量较小;坝头附近水流紊乱,导致河床冲刷,坝头下游形成冲刷坑;采用丁坝整治后,枯水新岸线发展较缓慢,要待坝田淤满后,才能最后形成。

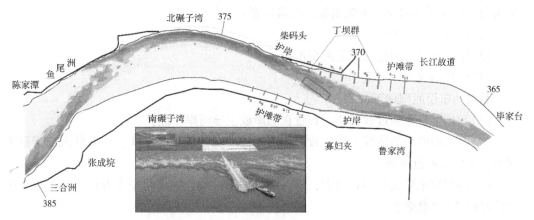

图 2.13 丁坝群在碾子湾水道整治中的应用

为达到航道整治目的,常沿河岸布置丁坝群,丁坝群间距的确定以"使下一条丁坝壅水范围达到上一条丁坝的坝头"为基本原则,各坝后回水区边线的连续组成平顺的整治线,以此避免水流对坝根的冲刷,不致因间距过大,影响来水攻沙,从而实现丁坝作用的连续性。

当航道两岸均须进行整治时,根据冲淤需要,两岸丁坝采用错口或对口方式布置,如图 2.14 所示;其次,丁坝群的高度并不一定等高,阶梯降低式丁坝往往可以实现较好的坝田淤积效果。

2.3.1.2 顺坝

顺坝是一种坝轴线沿水流方向或与水流交角很小的建筑物,起引导水流、束窄河床的作用,故又称导流坝,如图 2.15 所示。顺坝的整治效果取决于顺坝的位置、坝高、轴线形态及其与水流的交角,其中位置和线形尤为关键。顺坝一般沿整治线布置,施工后若需调整整治线宽度,就很难更改,所以确定位置时应特别慎重。顺坝的作用为:

(1)调整弯急,规顺岸线,促使航槽稳定。对于一些不规则的河岸引起的乱流,也

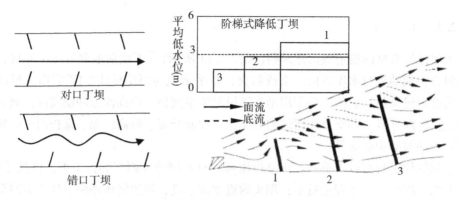

图 2.14　丁坝群布设位置和高度的变化对水流的影响

可用顺坝构成新的河岸，平顺水流，改善流态；

（2）堵塞倒套、尖潭；

（3）堵塞支汊，调整汇流上的交汇角；

（4）沿整治线束窄河宽。

顺坝的布设原则如下：

（1）顺坝上身常靠近整治线，布置在凹岸或主导河岸一侧；

（2）顺坝走向与整治线大体一致，按需要做成直接或平缓曲线，坝头伸入或接近下深槽，并保持水流平顺；

（3）顺坝与水流交角不宜过大，洪、中、枯不一致，顺坝与中水方向一致，以免中水位漫顶产生"滑梁水"；

（4）以拦截横流为主的洲头、洲尾顺坝宜沿洲脊线布置，与江心洲地形平顺衔接；

（5）两岸不宜同时布置顺坝，否则，施工后整治线宽度不合适，无法改正；

（6）坝头延伸至下深潭，避免水流突然扩散形成口门浅段；坝根布置在主流转向点上游。

顺坝

锁坝与丁坝

图 2.15　顺坝、锁坝、丁坝示例

2.3 常见航道整治建筑物施工及检测要求

2.3.1.3 潜坝

潜坝是指在最枯水位时均潜没在水面下不碍航的建筑物，有潜丁坝、潜锁坝等，它的作用是：壅高上游水位，调整比降，增加水深；也可以促淤赶沙，减小过水断面和消除不良流态等。

2.3.1.4 锁坝

锁坝是从一岸到另一岸横跨河槽及串沟的建筑物，又名堵坝，如图2.15所示。在分汊河道上为了集中水流冲刷通航汊道，或在有串沟的河汊上，不使串沟发展，可在非通航汊道上或串沟上修建锁坝，这种措施又称"塞支强干"。同样，也存在在最枯水位下淹没水中的潜锁坝。

2.3.1.5 护岸

护岸工程为内河航道整治的重要组成部分，护岸工程总有部分掩埋于水下，是航道整治工程水下检测与监测的主要建筑物对象之一，如图2.16所示。护岸工程的主要作用包括：控制河势，稳定水流动力轴线，不使河床边界任意变化；抑制崩岸，防止水流淘刷和波浪冲蚀，防止泥沙坍落河中；防止主流丁冲，尤其洪山顶冲处，配合丁坝，矶头挑流保证堤防。

护岸的布设原则如下：

(1) 根据水流动力轴线变化情况，预测崩岸的趋向，主动防护；
(2) 全线规划、重点保证、守点顾线、相互依托；
(3) 护脚为先，先水下后水上，先护脚后护坡，形成整体守护。

图2.16 护岸工程示例

2.3.1.6 洲头分流与导尾工程

江心洲水域一般流势复杂，洲头冲刷易引起洲岸破损，长期造成河道不稳。常在洲头鱼嘴筑分流工程，分流坝可以保护江心洲头，维护河势的稳定，同时调节汊道分流、分沙比，维持主航道；在江心洲下游建导尾工程，调整洲尾水流交会角，改善流态，束窄通航汊道出口，增加航深，如图 2.17 所示。

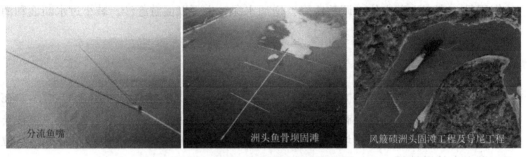

图 2.17　洲头鱼嘴及导尾工程示例

2.3.2　常见航道整治水下建筑物的结构形式

2.3.2.1　坝体的结构形式

1. 航道整治筑坝建筑物的组成

丁坝、顺坝一般由护底、坝体、坝面、坝头、坝根组成，锁坝两侧一般均与河岸相连，因此多有两处坝根，而没有坝头，如图 2.18 所示。

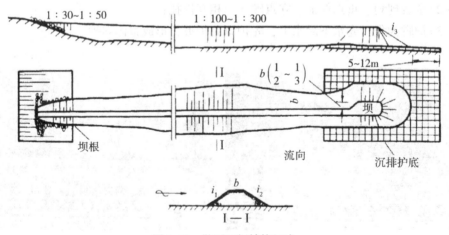

图 2.18　抛石丁坝结构组成

护底是坝体基础，目前多采用土工织物软体排进行护底，要求排布能紧贴河床底部，防止对坝体基础的冲刷。在不易冲刷的河床上筑丁坝或顺坝，也可以不护底。

坝体是坝的主要结构，一般通过抛填块石构筑，此外近年来土工织物充填袋、模袋混凝土及混凝土构件也得到不同程度的推广应用。

坝面在整治水位上、下最容易受流木、流冰及其他漂浮物的撞击而损坏。因此，在流速较大的河流及有流木、流冰的河流，坝面都应采取特别的防护措施。

坝头是丁坝、顺坝伸入江中的最前沿，受水流冲击力最大的部位。特别是丁坝坝头，根据《航道整治工程施工规范》(JTS 224)的规定，在坝头一定范围内，坝体应加宽，并且在坝头部位不宜采用沙袋填心坝。

坝根是指坝体与河岸或洲滩的连接部位，当水位淹过坝顶以后，在坝根的上、下游会形成回流及螺旋流，如果河岸或洲滩不具备很强的抗冲刷性，在连接处容易被水流淘刷，使得坝体与岸坡分离。

2. 常见坝体结构

常见坝体结构有抛石坝结构、石笼及充填沙袋混合结构、桩板式结构、桩土混合结构、沉箱式结构、人工块体混合结构等。

1）抛石坝结构

抛石坝施工简单，经久耐用，维修方便，容易就地取材，所以丁坝、潜坝、顺坝、锁坝普遍采用抛石构筑。抛石筑坝需要根据水下地形分段分层抛投，对于地形变化较大的区域，应先对低于周围地形的区域进行抛石，使其基本达到周围地形高程；当施工区域地形较为平缓时，按照计划网格从上游向下游依次定量抛投作业，每抛一层需测量一次。

2）石笼及充填袋混合结构

石笼填心混合结构采用铁丝、钢筋、竹篾、荆条或PVC等材料编成各种网络笼状物，内装块石、砾石或卵石制成石笼，为防止笼子腐烂，一般将石笼作为坝心，外面抛块石防护。

充填袋填心混合结构利用水力机械将泥沙充填在土工织物编织袋内，待灌满泥沙扎紧袋口后抛入河中形成坝体填心部分，然后在外表面进行抛石护面，如图2.19所示。

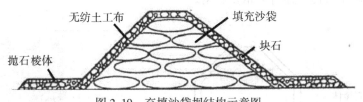

图2.19 充填沙袋坝结构示意图

3）桩板式结构

将预制的混凝土桩沿坝轴线每隔2m左右打入土中，在桩与桩之间的预留孔栓上钢筋混凝土板，组成的坝体为桩板式结构，如图2.20所示。

4）桩土混合结构

桩土混合结构由直径16~22cm、打入土中2~3m的桩组成实体墙，为了避免水流冲刷桩基，可用碎石增强基床或用充填法、堆筑法在墙体两侧填筑土料棱体，上铺碎石护面形成实体建筑物，如图 2.21 所示。

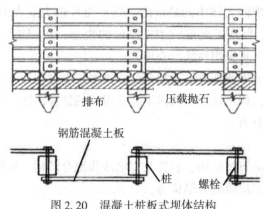

图 2.20　混凝土桩板式坝体结构

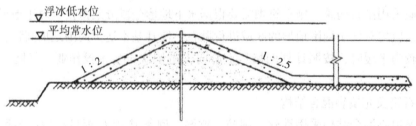

图 2.21　桩土混合坝体结构

5）沉箱式结构

预先做成数米长的钢筋混凝土沉箱，如图 2.22 所示，趁高潮位或高水位时，浮运到施工地点，将箱内填土下沉，组成丁、顺坝等。我国在长江口川沙县护岸工程中曾采用此形式，施工方便，还可以重复利用。

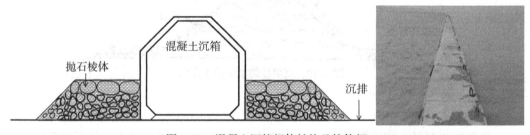

图 2.22　混凝土沉箱坝体结构及箱体坝

6）人工块体混合结构

坝体结构还可采用人工块体结构进行堆叠，常见的人工预制块体结构包括四角锥体、钩连块体、半圆体混合结构等，如图 2.23 所示。

2.3 常见航道整治建筑物施工及检测要求

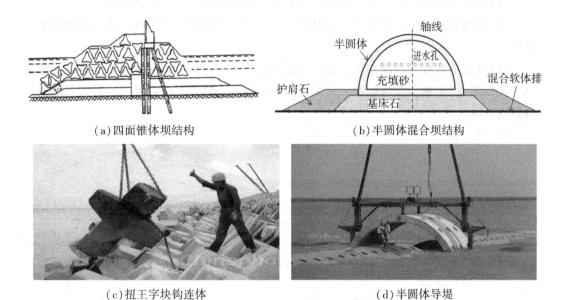

(a) 四面锥体坝结构 (b) 半圆体混合坝结构

(c) 扭王字块钩连体 (d) 半圆体导堤

图 2.23　常见人工块体混合结构

2.3.2.2　平顺护岸的组成

航道整治护岸一般由护底、镇脚和护坡三部分组成，如图 2.24 所示。护底是指岸坡坡脚以外直至深槽处的河床保护设施；镇脚是指岸坡坡脚直至枯水平台(或脚槽)处的抛填、砌筑体，以上两部分基本常年淹没于水下，易受水流冲刷；护坡是指枯水平台(或脚槽)以上的砌筑部分，它受中、洪水流的直接冲刷和波浪的冲击，枯水期又受岸坡渗透水的浸蚀，因此，除了建筑物自身的稳定外，还应有可靠的排水措施。

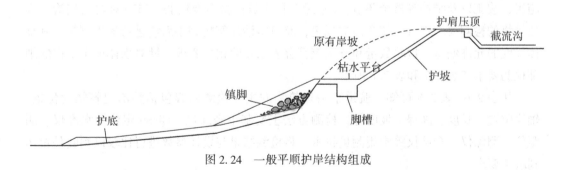

图 2.24　一般平顺护岸结构组成

2.3.2.3　洲滩鱼嘴工程的组成

用于航道整治工程的鱼嘴工程主要包括护洲鱼嘴、固滩鱼嘴、分流鱼嘴等，如图 2.25 和图 2.26 所示，其组成形式罗列如下：

(1)护洲鱼嘴建在较高江心洲头,其结构形式与斜坡式平顺护岸类似;

(2)固滩鱼嘴建在心滩头部或其附近,在平面上呈半圆形或半椭圆形,结构类似于顺坝;

(3)分流鱼嘴可与心滩连接,也可与潜洲(暗沙)连接,在平面上呈尖嘴朝上游的"V"字形或"Y"字形,如为后者,其前端部分应逐步倾斜直至贴近河底,分流鱼嘴的结构类似于顺坝。

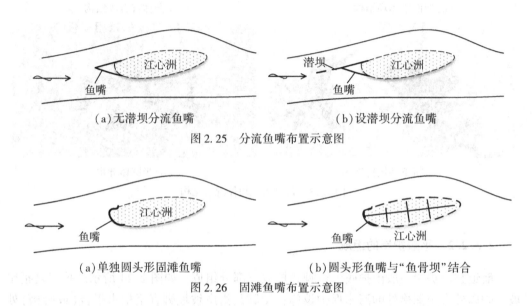

(a)无潜坝分流鱼嘴　　(b)设潜坝分流鱼嘴

图 2.25　分流鱼嘴布置示意图

(a)单独圆头形固滩鱼嘴　　(b)圆头形鱼嘴与"鱼骨坝"结合

图 2.26　固滩鱼嘴布置示意图

2.3.3　航道整治水下建筑物质量检测要求

航道整治建筑物种类较多,结构形式复杂,航道整治建筑物的检测应当贯穿设计、施工、竣工以及维护等整个环节。《水运工程质量检验标准》(JST 257)对航道整治工程建筑物的检测要求进行了较全面的规定,航道整治建筑物完工后应进行竣工测量,其整体尺度的允许偏差、检验数量和方法应符合表 2.6 的相关要求,针对坝体填筑工程的细部检测要求如表 2.7 和表 2.8 所示。

从表 2.6~表 2.8 可知,航道整治建筑物的主要检测内容包括整治建筑物的位置、轴线位置、长度、高程、坡度等,检测方法主要基于经纬仪、GNSS 定位、水准仪、测距仪、测深仪、全站仪等常规测量技术,将检测结果与设计参数进行比较以判断是否达到竣工要求。

除了上述竣工检测外,航道整治建筑物施工过程中,应开展施工中的实时检测,基于实时检测数据指导航道整治建筑物施工,以保证工程建设质量,同时提高建设效率;此外,由于水下建筑物常年经水流冲刷,其结构可能发生损坏,因此,还应开展整治建筑物的维护性监测,对建筑物的完整性进行检验。

表2.6   航道整治建筑物整体尺度允许偏差、检验数量和方法

序号	项目		允许偏差	检验数量	单元测点	检验方法
1	丁坝	坝头位置	1000mm	每座	1	用经纬仪或GPS等测量
		轴线位置	1000mm	每座不少于2处		用经纬仪或GPS等测量
		总长度	±1000mm	每座		用测距仪或GPS等测量
		顶面高程	+200mm −100mm			用水准仪等测量
2	锁坝	轴线位置	1000mm	每50m 1处	1	用经纬仪或GPS等测量
		顶面高程	+300mm −100mm			用水准仪等测量
3	顺坝	轴线位置	1000mm		1	用经纬仪或GPS等测量
		总长度	±1000mm	每座		用测距仪或GPS等测量
		顶面高程	+200mm −100mm	每50m 1处		用水准仪等测量
4	潜坝	轴线位置	2000mm		1	用测深仪、经纬仪或GPS等测量
		总长度	±2000mm	每座		
		顶面高程 沙袋坝	+500mm −200mm	每20m 1个断面		
		顶面高程 抛石坝	±300mm			
5	护岸和护洲鱼嘴	坡顶线位置	±100mm	每100m 1处	1	用经纬仪或GPS等测量
		总长度	+5000mm −1000mm	每座		用测距仪或GPS等测量
		高程	±50mm	每100m 1处		用水准仪等测量
		坡度	±10%		2	用经纬仪或全站仪等测量
6	人工鱼嘴	总长度	±1000mm	每座	1	用测距仪或GPS等测量
		高程	±50mm	每100m 1处		用水准仪等测量
		坡度	±10%		2	用经纬仪或全站仪等测量

表 2.7　　　充填袋坝体允许偏差、检验数量和方法

序号	项目		允许偏差		检验数量	单元测点	检验方法
			水下抛筑	陆上砌筑			
1	坝顶高程		±150mm	±100mm	沿坝轴线方向每20m 1个断面	1	用测深仪、水准仪或经纬仪等测量
2	坝顶宽度		+120mm −250mm	+100mm −120mm		1	用钢尺测量
3	坡度		±10%			1	用测深仪、经纬仪或GPS等测量
4	轴线位置		1500mm	500mm		1	用经纬仪或GPS等测量
5	充填袋尺寸	长度	+50mm −30mm		每100个充填袋抽2个	2	用尺测量
		宽度	+30mm −10mm			2	

表 2.8　　　块石抛筑坝体允许偏差、检验数量和方法

序号	项目		允许偏差		检验数量	单元测点	检验方法
			水上	水下			
1	轴线位置		1000mm	1500mm	每20m 1个断面且不少于3个断面	1	用GPS或经纬仪等测量
2	坝顶高程	抛石坝面	±100mm	+300mm −200mm		2	用水准仪或测深仪等测量
		抛石坝心	0mm −200mm			2	
3	坝顶宽度	抛石坝面	+0.10B 且不大于 +300mm −0.05B 且不小于 −150mm	—		1	用尺测量
		抛石坝心	0mm −0.15B 且不小于 −400mm			1	
4	坡度		±15%	—	每2m 1个点	1	用经纬仪、测杆或水砣测量

第 3 章　水下检测与监测常用设备测量理论与方法

通过调研发现，除了传统人工探摸外，航道整治工程水下检测与监测工作主要依靠相关专业级测量设备，主要有单波束声呐测深系统、多波束声呐测深系统、三维扫描声呐点云系统、侧扫声呐测图系统、二维扫描声呐测图系统、超短基线声呐定位系统、机械拉线定位系统、水下摄像系统、磁力仪等，此外，还包括 GNSS 定位系统、MRU 姿态传感器系统、涌浪传感器、罗经等辅助定位和测姿设备。这些设备多通过光、电、声、磁等技术测量水下目标的位置或图像，测量结果受作业模式、作业环境、处理方法等多种因素影响。为此有必要研究这些设备的测量理论方法，分析影响各设备测量成果可靠性的因素和改进办法，为航道整治工程水下检测与监测规程的制定提供理论基础和技术支撑。

3.1　坐标系统及其转换

3.1.1　坐标系统需求分析

在航道整治工程过程控制观测中，不同设备基于自身坐标系统进行观测要素的测量，各观测要素经独立或组合解算，获得测量对象的二维平面图形或三维点位坐标，在上述解算过程中，需要做到各测量单元坐标系统的有机统一；此外，最终测量成果多反映到工程/地理坐标框架下，以实现与工程/地理坐标框架的统一。因此，水下检测测量过程中需要测量设备单元坐标系、载体坐标系、工程坐标系、WGS-84 坐标系和国家坐标系。在这些坐标系统中，测量设备坐标系和载体坐标系可以在设备安装时实现统一，国家坐标系统和 WGS-84 坐标系统可根据工程施工初期的控制测量成果获得二者间的关系。

3.1.2　坐标系统定义方法研究

对上述五类坐标系定义进行研究，可为后续坐标系间及测量成果间相互转换奠定基础。

3.1.2.1　测量单元坐标系定义

测量单元坐标系即测站空间直角坐标系，坐标系及轴定义如图 3.1 所示。
(1)以其发射单元活性面中心，即设备安装控制点中心为坐标原点 O；

(2) 以其标定的指向方向为 X 轴;
(3) 在其工作面(或活性面)内与 X 轴正交的方向为 Y 轴;
(4) 通过原点,与 X-O-Y 面正交的轴线方向为 Z 轴;
(5) 三者构成右手坐标系。

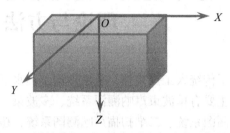

图 3.1 测量单元坐标系(测站空间直角坐标系)

测站空间直角坐标系使用广泛,适用于大多数水下检测等设备,坐标系下任意一点的坐标可表示为 $P(x, y, z)$。然而,大多数水下声呐测量设备都是通过测角和测距来实现坐标测定的,因此,在原始观测数据转换成空间直角坐标之前,常采用空间球面极坐标形式来描述相关设备的测量要素,如图 3.2 所示,此时 P 点坐标可表示为 $P(\alpha, \varphi, r)$,其中 α 和 r 分别为目标的水平角和倾角,两种坐标形式之间的关系如式(3-1-1)所示。

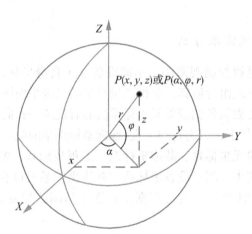

图 3.2 测量单元坐标系(球面极坐标形式)

$$\begin{cases} x = r\cos\varphi\cos\alpha \\ y = r\cos\varphi\sin\alpha \\ z = r\sin\varphi \end{cases} \tag{3-1-1}$$

球面极坐标形式常用于描述二维扫描声呐、三维扫描声呐、超短基线、拉线仪等设备与测量对象之间的空间位置关系。

3.1.2.2 载体坐标系定义

载体坐标系为相对定位坐标系,载体坐标系定义如图 3.3 所示。
(1)以载体的重心或中心 RP(Reference Point)为原点;
(2)船艏方向为 X 轴,向前为正;
(3)过原点,与 X 轴正交定义为 Y 轴,右舷为正;
(4)过原点,垂直 X-RP-Y 平面为 Z 轴,向下为正;
(5)载体坐标系为右手系。

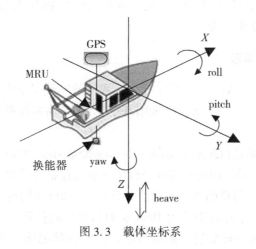

图 3.3 载体坐标系

为了更好地描述船体、潜航器等载体姿态变化对各测量单元的影响,定义如下姿态角方向:
(1)艏摇(yaw):绕载体 Z 轴旋转,X 轴向右旋转为正;
(2)横摇(roll):绕载体 X 轴旋转,载体右舷下旋为正;
(3)纵摇(pitch):绕载体 Y 轴旋转,载体艏向抬起为正;
(4)升沉(heave):载体坐标系原点沿 Z 轴上下浮动,载体下落为正。

3.1.2.3 工程坐标系

工程坐标系是水下工程检测项目的工程实际应用坐标系,为统一绝对坐标系,其他坐标系测量定位成果可统一在该坐标系下。将附近高等级控制点图解到工程主轴线上,选取适当坐标原点,然后根据坐标平移、旋转,计算工程坐标系与已有国家坐标系之间的转换关系。为控制投影变形,应建立满足要求的工程坐标系。采用以下两种方法建立工程坐标系:
(1)投影于抵偿高程面的高斯正形投影 3°或 1.5°带的平面直角坐标系;
(2)高斯正形投影任意带平面直角坐标系,投影面为测区平均高程面。

建立工程控制网坐标系时,要求采用测区附近国家控制点作为起算数据,因此在建立工程控制网时,国家控制点与工程控制网存在换算关系。同时,对于较长线路,因涉及范围广,需建立多个控制网才能满足控测要求,不同控制网之间的坐标需要相互换算。

工程坐标系参考椭球中心、长半轴及赤道面可以与国家高等级控制点的参考椭球相重合,扁率相同。

3.1.2.4 WGS-84 坐标系

WGS-84 坐标系是为 GPS 使用而建立的坐标系统,坐标系原点位于地球质心,Z 轴指向 BIH1984.0 定义的协议地球极(CTP)方向,X 轴指向 BIH1984.0 的零度子午面和 CTP 赤道的交点,Y 轴通过右手规则确定。该系统可与 1954 北京坐标系或 1980 西安坐标系等参心坐标系统互相转换。

3.1.2.5 国家坐标系

早期国家坐标系基于某一参心椭球建立,我国前期使用 1954 北京坐标系或 1980 西安坐标系,通过对其大地坐标(B,L)采用基于 3°/6°带高斯投影,可实现大地坐标向平面坐标的转换。

2000 国家大地坐标系(China Geodetic Coordinate System 2000,CGCS 2000)是我国当前最新的国家大地坐标系。CGCS 2000 坐标系原点为包括海洋和大气的整个地球的质量中心;2000 国家大地坐标系的 Z 轴由原点指向历元 2000.0 的地球参考极的方向,该历元的指向由国际时间局给定的历元为 1984.0 的初始指向推算,定向的时间演化保证相对于地壳不产生残余的全球旋转,X 轴由原点指向格林尼治参考子午线与地球赤道面(历元 2000.0)的交点,Y 轴与 Z 轴、X 轴构成右手正交坐标系。

3.1.3 坐标系统间转换模型构建

航道整治工程水下检测主要设备测量要素及在不同坐标系统下的成果形式见表 3.1。

表 3.1 水下检测主要设备测量要素及在不同坐标系统下的成果形式

设备名称	设备坐标系下测量要素	处理环节 ---->	载体坐标系下的成果形式	处理环节 ---->	工程或国家坐标系坐标系下的成果形式
多波束声呐	波束角、斜距	声剖、姿态改正、归位计算	相对于换能器的平面坐标和深度	水位、航向改正	二维地理坐标和深度
单波束声呐	距离	姿态改正	相对于换能器的平面坐标和深度	水位改正	二维地理坐标和深度
三维扫描声呐	探头俯仰角、波束角、斜距	声剖、姿态改正、归位计算	相对于换能器的三维坐标	方位和中心位置改正	点云二维地理坐标和深度

续表

设备名称	设备坐标系下测量要素	处理环节 ====>	载体坐标系下的成果形式	处理环节 ====>	工程或国家坐标系坐标下的成果形式
侧扫声呐	回波强度、斜距	瀑布成图	以航迹为中心，横向斜距成图，纵向顺序排列	地理编码成图	有地理坐标的二维图像
二维扫描声呐	回波强度、旋转角、斜距	极坐标成图	以换能器为中心，径向斜距成图，垂直径向按扫描角度排列	斜距、方位及中心位置改正	有地理坐标的二维图像
超短基线声呐	角度、斜距	声剖、姿态改正、归位计算	相对于换能器的三维坐标	水位、方位及中心位置改正	三维地理坐标
拉线系统	角度、斜距	归位计算	相对于机械中心的三维坐标	姿态、方位及中心位置改正	三维地理坐标
磁力仪	磁强度及磁倾角	—	—	船磁改正、日变改正及中心位置改正	有地理坐标的磁强度二维分布
水下摄像	CCD 阵元感应强度	—	以镜头为中心形成固定尺寸的二维图像	—	—
GPS 接收机	接收多个卫星信号	差分解算	WGS-84 椭球下三维空间坐标	四参数或七参数转换	地理坐标和椭球高
姿态传感器	角度	—	沿理想坐标系三个轴转动的角度	—	—
罗经	角度	—	相对于中央子午线的偏角	—	—

在实际水下检测工程中，往往需要多个表3.1所列设备共同作业，所涉及的坐标系转换模型主要包括：

（1）GNSS 接收机用于测量载体实时位置，其测量结果基于 CGCS 2000 或 WGS-84 坐标系，因此需将 CGCS 2000 或 WGS-84 坐标系成果向工程坐标系下转换。

（2）姿态传感器用于测量载体沿坐标轴的姿态变化，载体的姿态变化导致 GPS 接收机、多波束、单波束、二维扫描声呐、三维扫描声呐、超短基线、拉线仪等坐标测量设备在理想船体坐标系下的坐标发生变化，因此需要将实时动态载体坐标系下的坐标转换至理想载体坐标系下。

（3）理想载体坐标系简化和方便了各检测设备的测量任务，但载体坐标系的测量成果并不具有绝对坐标和方位，因此需将载体坐标向工程坐标系下转换。

3.1.3.1 CGCS 2000/WGS-84 坐标向工程坐标系下坐标的转换

根据莫洛金斯基公式，可以将国家等级控制点的大地坐标 (B, L) 转换为工程坐标系的大地坐标 (B_g, L_g)；然后，根据高斯投影正算公式可计算出国家控制点在工程坐标系下的平面直角坐标。两套坐标系之间的关系如图 3.4 和式 (3-1-2) 所示。

$$B_g = B + \Delta B,\ L_g = L \tag{3-1-2}$$

式中，$\Delta B = \dfrac{Ne^2 \sin B \cos B (a_g - a)}{a(M+N)}$，$M = \dfrac{a(1-e^2)}{\left(\sqrt{1-e^2\sin^2 B_m}\right)^3}$，$N = \dfrac{a}{\sqrt{1-e^2\sin^2 B_m}}$，$(B, L, H)$ 为国家控制点大地坐标，在计算精度不是很高时，可用 H 代替 H_m。

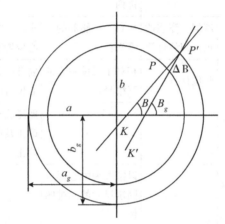

图 3.4 CGCS 2000/WGS-84 坐标系与工程坐标系的转换关系

借助高斯投影，可将大地坐标转换为平面坐标。坐标投影时，需要考虑 3 个因素：
(1) 中央子午线的选择；
(2) 投影面的选择；
(3) 投影带宽的定义。

如果获得了两套坐标系的平面坐标和高程，可借助 7 参数实现坐标系间的相互转换。

3.1.3.2 实时动态载体坐标系下坐标向理想载体坐标系下转换

船或潜航器等载体皆为刚体，若在理想载体坐标系下的坐标为 (x_0, y_0, z_0)，则受姿态因素影响，瞬时坐标系下坐标在理想坐标系下的坐标 (x, y, z) 为：

$$\begin{pmatrix} x \\ y \\ z \end{pmatrix} = \boldsymbol{R}(p)\boldsymbol{R}(r) \begin{pmatrix} x_0 \\ y_0 \\ z_0 \end{pmatrix} \tag{3-1-3}$$

式中，p 为纵滚角 pitch，r 为横滚角 roll；$\boldsymbol{R}(p)$ 和 $\boldsymbol{R}(r)$ 分别为由纵滚角、横滚角构成的 3×3 旋转矩阵。

3.1.3.3 载体坐标系下坐标向工程坐标系下坐标转换

获得了瞬时控制点在理想载体坐标系下坐标后,需将其转换到工程坐标系下。

$$\begin{pmatrix} X \\ Y \\ Z \end{pmatrix} = \begin{pmatrix} X_0 \\ Y_0 \\ Z_0 \end{pmatrix} + \boldsymbol{R}(h) \begin{pmatrix} x \\ y \\ z \end{pmatrix} \tag{3-1-4}$$

式中,(X_0,Y_0,Z_0)为载体坐标系原点工程坐标;h为载体艏向方位;$\boldsymbol{R}(h)$为h构成的3×3旋转矩阵。

3.2 单波束声呐测深方法

3.2.1 单波束声呐工作原理

单波束声呐换能器垂直向下发射短脉冲声波,脉冲声波遇到海底时发生反射,反射回波返回声呐,并被换能器接收,如图3.5所示。由于波束垂直向下发射,因此声波旅行中的折射现象可忽略不计(因入射角近于零),采用振幅检测法可以从回波强度序列中检测出声波从发射到达海底然后再返回的双程旅行时间,结合水介质的平均声速,可确定海底至换能器的深度:

$$D_{\text{tr}} = \frac{1}{2}Ct \tag{3-2-1}$$

式中,D_{tr}为换能器与海底的距离;C为水体的平均声速;t为声波的双程传播时间。

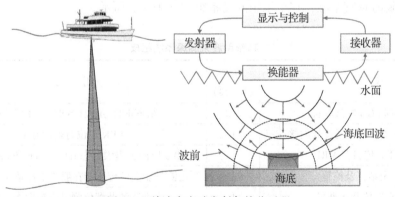

图 3.5 单波束声呐发射与接收过程

简易作业中,认为波束竖直向下发射,测深点平面坐标等于换能器平面坐标,可通过载体平台上卫星导航定位系统测得;测深点高程H除包括已测得的换能器至海底点的距离部分外(式(3-2-1)),还需顾及涌浪、吃水和潮位等因素:

(1)水面波浪及载体运动造成系统整体在平衡位上下浮动,涌浪用D_{heave}表示;

(2)换能器在水面以下存在静态吃水和动态吃水(以某速度匀速运动时的吃水变化

量),总吃水深度用 D_{draft} 表示;

(3)海洋高程以深度基准面为起算面,常见深度基准面包括平均海平面(Mean Sea Level,MSL)、最低潮位面等,潮位即水面相对于深度基准面的高度,瞬时潮位高用 D_{tide} 表示;

由此可得到测深点绝对高:

$$H = D_{tr} + D_{heave} + D_{draft} + D_{tide} \tag{3-2-2}$$

当载体平台运动时,换能器按照设定脉冲间隔,周期性发射、接收回波和底部检测,进而形成测深线,测线间隔一般根据测图目标按比例尺设置,几米至上百米都有可能,测深线均匀覆盖整个测区,最后根据测深线形成整个测区的地形图。

上述测量过程为当前工程中常用的简易单波束测量模式,并未顾及姿态变化对换能器瞬时位置以及波束角方向的影响。精密单波束测深系统应配备姿态传感器装置,借助 GNSS 定位系统提供的瞬时平面解和垂直解,并通过姿态参数,将之归位计算到换能器处,为换能器提供瞬时垂直基准;姿态的变化也会导致波束发射方向不再竖直向下,精密单波束测深时应顾及波束方向改变造成的波束脚印中心水平位置的偏移。

3.2.2 单波束声呐系统及实施

3.2.2.1 单波束系统组成与安装

单波束声呐的上述测深过程,仅能得到海底相对于换能器或水面的深度,测深点不具有绝对坐标,船体姿态的变化导致测深精度不高,采用潮位加水深的测量模式也造成测量效率低下。因此,精密单波束测深系统应该是一个多传感器集成系统,借助 GNSS-RTK 提供的瞬时平面解和垂直解,并通过姿态参数,将之归位计算到换能器处,为换能器提供瞬时垂直基准,整个系统的设备组成如表 3.2 所示。

表 3.2　　精密单波束测深系统组成

仪 器 名	数量(台/套)	用 途
双频 GNSS 接收机	2/3	精密 RTK 定位(导航)及 PPK 测量
信标 GNSS 或者其他类型导航接收机	1	PPK 定位时辅助导航
姿态传感器 MRU	1	船姿监测,提供姿态 roll、pitch 和 heave 参数
全站仪及棱镜	1	测定测量船上各传感器在船体坐标系 VFS 下的坐标
水准仪及水准尺	1	水准联测及潮位测量中辅助参数测量
单波束测深仪	1	测深
电罗经	1	辅助定位数据的位置修正
声速剖面仪 SVP	1	声速测量
HyPack 软件	1	数据采集
其他辅助设备	2	如显示、供电等设备

测量船上各单元设备安装如图 3.6 所示。

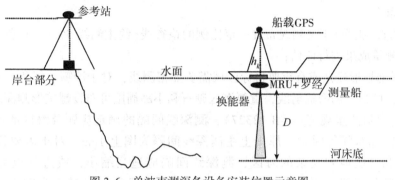

图 3.6 单波束测深各设备安装位置示意图

安装过程中，测深仪换能器多采用侧舷固定安装，避开马达区域；GNSS 天线安装在船顶上方，避免遮挡；MRU 尽量安装在测量船重心位置或者重心上方位置；罗经安装时轴向与测量船龙骨方向一致，可借助全站仪进行初始方位和安装偏差校准；若为简易测量，最好做到 GNSS 天线和换能器测杆同心安装；数据接收终端放置在驾驶舱内，并用电缆将其与所有设备连接；各设备在船体坐标系下的坐标可采用全站仪岸边自由设站法测定。

3.2.2.2 单波束测线布设

单波束测深作业前，应根据作业区情况，合理布置测线，测线应有利于对象形状、结构的呈现，在确保安全情况下，主测线方向应与对象主轴垂直，测线应往返布设以便于外业测量，如图 3.7 所示。

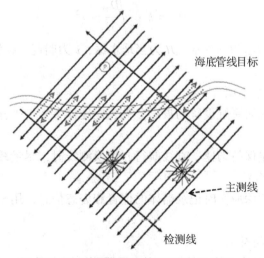

图 3.7 单波束测深海底线布设示意图

常见测线类型包括：主测线、检查线、加密测线等。

（1）主测线一般沿工区主轴方向、航道主轴方向或垂直等深线方向布设，平行分布，没有重合点；

（2）垂直（相交）于主测线布置一定比例的检查线（约主测线5%），并利用交叉点不符值，对测量成果进行评估；

（3）局部地形复杂或有重要目标区域需要加密测线，对于沙嘴、岬角、石坡、暗礁等延伸处，可布设加密辐射线，重要海区礁石和小岛周围可布设螺旋形测深线。

根据《海道测量规范》（GB 12327），测深线间隔的确定应顾及海区的重要性、海底地貌特征和水深等因素。原则上主测深线间隔为图上1cm。对于需要详细探测的重要海区和海底地貌复杂的海区，测深线间隔应适当缩小，或进行放大比例尺测量。螺旋形测深线间隔一般为图上0.25cm，辐射线的间隔最大为图上1cm，最小为0.25cm。

3.2.2.3 单波束外业施测

单波束外业施测应参考测量规范按设计方案实施，实施过程中做好参数采集与设置，合理设置船速，密切注意设备运行情况，具体内容如下：

1）声速、吃水等参数测定

（1）单波束测深系统一般仅需设置单一声速，外业测量时多为实测表层声速，有条件时应实测垂向声速剖面，并计算垂向等效平均声速，在早晚温差变化较大水域，应1~2小时加测声速剖面；

（2）换能器吃水参数包括动吃水和静吃水两部分，静吃水以作业前船体载荷稳定后量取的换能器在水面以下的深度为准，动吃水与船速、船型、水深有关，可通过霍尔密经验公式计算：

$$D_{动} = k \cdot \sqrt{\frac{D_{静}}{H} \cdot v^2} \tag{3-2-3}$$

式中，$D_{动}$为动吃水，$D_{静}$为静吃水，H为当地水深，v为船速，k为按照船舶长宽确定的系数。

2）测量过程中注意事项

（1）每次作业前应对系统设置的投影参数、椭球体参数、坐标转换参数以及校准参数等数据进行检查；

（2）测量船应尽量保持匀速、直线航行，更换测线时，尽量缓慢转弯，实际航线与计划测线应尽可能重合；

（3）精密单波束测深应实时记录船体的位置和姿态信息，用于后期的水深数据改正处理。

3）测量数据检查与补测

测量结束后应检查数据的完整性，当出现漏测、深度误差达不到要求或测深线偏离设计测线间距较大时应补测。

3.2.3 单波束测深数据处理

单波束测深内业处理主要包括数据质量控制、声速改正、姿态改正、测深点位置计算、水位改正、成图等环节。

1) 数据质量控制

数据质量控制主要是针对序列数据中的异常数据进行甄别和修复，包括 GNSS 定位数据中因信号中断、多路径干扰等引起的瞬时或短时位置和高程异常跳变，姿态、航向、声速剖面等数据中跳变异常等。常见的数据质量控制方法包括趋势滤波、频域滤波、人工法等。

2) 声速改正

在单波束外业测量过程中，在测深仪中设置表层声速值，内业处理过程中引入声速剖面数据进行改正。等效平均声速计算方法参见式(3-2-4)。

$$C_H = \frac{z - z_0}{t} = (z - z_0)\left[\int_{z_0}^{z}\frac{\mathrm{d}z}{C(z)}\right]^{-1} \tag{3-2-4}$$

3) 姿态改正

简易单波束测量中，GNSS 天线要求安装于换能器正上方，以减小因姿态变化引起的位置偏差。精密单波束测量中，应顾及姿态引起的各传感器之间相对位置变化，姿态参数主要包括横摇 r、纵摇 p 以及上下起伏 heave，它们会造成换能器与 GNSS 相对位置、换能器与涌浪传感器(姿态传感器)相对位置以及换能器波束指向发生改变。

图 3.8 给出了船体坐标系(Vessel Frame System，VFS)及 GNSS 天线和换能器的坐标，姿态传感器坐标表示方法与 GNSS 天线类似，船体坐标系的参考中心一般为船体质心，测量过程中理想船体坐标系 VFS 只发生平动，轴系方向不变。在姿态角的影响下，换能器(Trans)相对于 GNSS 天线在理想船体坐标系下的相对坐标变为：

$$\begin{bmatrix}\Delta x \\ \Delta y \\ \Delta z\end{bmatrix}_{\mathrm{VFS}}^{\mathrm{Trans-GNSS}} = \boldsymbol{R}_p \boldsymbol{R}_r \begin{bmatrix}x_0 \\ y_0 \\ z_0\end{bmatrix}_{\mathrm{VFS}}^{\mathrm{Trans}} - \begin{bmatrix}x_0 \\ y_0 \\ z_0\end{bmatrix}_{\mathrm{VFS}}^{\mathrm{GNSS}} \tag{3-2-5}$$

式中，$\boldsymbol{R}_p$、$\boldsymbol{R}_r$ 分别为 p 角和 r 角的旋转矩阵。

同理，换能器相对于姿态传感器(MRU)在理想船体坐标系下的相对坐标变为：

$$\begin{bmatrix}\Delta x \\ \Delta y \\ \Delta z\end{bmatrix}_{\mathrm{VFS}}^{\mathrm{Trans-MRU}} = \boldsymbol{R}_p \boldsymbol{R}_r \begin{bmatrix}x_0 \\ y_0 \\ z_0\end{bmatrix}_{\mathrm{VFS}}^{\mathrm{Trans}} - \begin{bmatrix}x_0 \\ y_0 \\ z_0\end{bmatrix}_{\mathrm{VFS}}^{\mathrm{MRU}} = R_p R_r \begin{bmatrix}\Delta x_0 \\ \Delta y_0 \\ \Delta z_0\end{bmatrix}_{\mathrm{VFS}}^{\mathrm{Trans-MRU}} \tag{3-2-6}$$

式中，Δz_0 和 Δz 分别为姿态改变前后，换能器相对于 MRU 在理想坐标系下的垂向相对关系。若 MRU 测得的瞬时垂向变化量为 D_m，则换能器真正的升沉量为：

$$D_{\mathrm{heave}} = \Delta z - \Delta z_0 + D_m \tag{3-2-7}$$

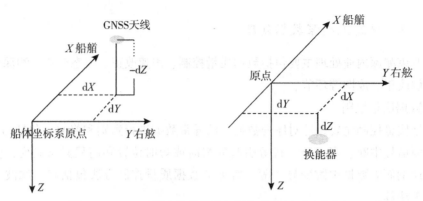

图 3.8　GNSS 天线和换能器在初始船体坐标系下的坐标

此外，姿态变化还会引起波束角方向发生改变，如图 3.9 所示，此时换能器测得的至测深点之间的距离实则为带有一定倾角的斜距，若不顾及声线弯曲效应，则测深点在换能器正下方的偏移坐标可根据姿态角及斜距求得。

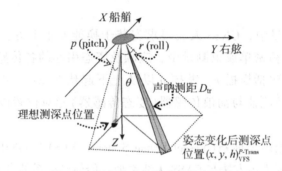

图 3.9　姿态造成的波束角方向改变

$(x, y, h)_{\text{VFS}}^{P\text{-Trans}}$ 为测深点相对于换能器在理想船体坐标系下的相对坐标，其中 h 为测深点相对于换能器的垂向距离。结合式(3-2-5)可得测深点在理想船体坐标系下与 GNSS 天线的相对坐标为：

$$\begin{bmatrix} \Delta x \\ \Delta y \\ \Delta z \end{bmatrix}_{\text{VFS}}^{P\text{-GNSS}} = \begin{bmatrix} x \\ y \\ h \end{bmatrix}_{\text{VFS}}^{P\text{-Trans}} + \begin{bmatrix} \Delta x \\ \Delta y \\ \Delta z \end{bmatrix}_{\text{VFS}}^{\text{Trans-GNSS}} \tag{3-2-8}$$

4) 测深点位置计算

顾及航向 A 和 GNSS 的实测地理坐标 $(x, y, z)_{\text{GRF}}^{\text{GNSS}}$（Geographic Coordinate Frame, GRF），由式(3-2-8)可得到各测深点实时坐标为：

$$\begin{bmatrix} x \\ y \\ z \end{bmatrix}_{\text{GRF}}^{P} = \begin{bmatrix} x \\ y \\ z \end{bmatrix}_{\text{GRF}}^{\text{GNSS}} + \boldsymbol{R}_A \begin{bmatrix} \Delta x \\ \Delta y \\ \Delta z \end{bmatrix}_{\text{VFS}}^{P\text{-GNSS}} \tag{3-2-9}$$

式中，$\boldsymbol{R}_A$ 为航向角对应的旋转矩阵，最左项中，(x, y) 为测深点的平面坐标，z 为测深点椭球高。

5）水深改正

若要将测深点归算至特定深度基准面上，则应将海底点至换能器的垂向距离先归算至水面处，再去除瞬时潮位高，式（3-2-2）已经给出了归算原理，顾及姿态影响后，其中的 H 和 D_{heave} 将更加精确。

3.2.4 单波束测深误差来源及精度估计

单波束测深点的三维坐标式（3-2-6）~（3-2-9）及（3-2-2）的解算过程已给出，由此可见，单波束测深精度与 GNSS 天线处的定位精度、坐标转换精度、姿态改正精度、换能器测深精度相关。因此单波束综合定位精度为：

$$H = D_{tr} + D_{heave} + D_{draft} + D_{tide}$$

$$m_H^2 = m_{H-RTK}^2 + m_{H-T}^2 + m_{H-Au}^2 + m_{H-D}^2$$
$$m_V^2 = m_{V-RTK}^2 + m_{V-T}^2 + m_{V-Att}^2 + m_{V-D}^2 \tag{3-2-10}$$

式中，下角 H 和 V 分别代表平面和垂直、RTK 为 GNSS-RTK 定位；T 为坐标转换模型精度；Att 为姿态改正精度；D 为换能器测深精度。

1）GNSS-RTK 定位精度 $m_{H\text{-RTK}}$ 和 $m_{V\text{-RTK}}$

目前主流 GNSS-RTK 接收机，平面定位精度 $m_{H\text{-RTK}}$ 为 $10\text{mm}+1\times10^{-6}$，高程精度 $m_{V\text{-RTK}}$ 为 $20\text{mm}+1\times10^{-6}$。若保证流动站处于基准 5km 范围内，则实际 GNSS-RTK 最弱定位精度为：

$$m_{H\text{-RTK}} = \pm 15\text{mm}, \quad m_{V\text{-RTK}} = \pm 25\text{mm}$$
$$m_{RTK} = \sqrt{m_{H\text{-RTK}}^2 + m_{V\text{-RTK}}^2} = 29.2\text{mm} \tag{3-2-11}$$

2）坐标转换精度

坐标转换精度与前期控制网测量精度和参与赫尔默特参数计算模型的点对个数有关，平面和高程转换模型精度均可达到 $\pm 5\text{mm}$。

3）姿态改正精度

根据式（3-2-9），对姿态改正过程中涉及的航向、纵摇、横摇等观测角进行全微分：

$$m_{x\text{-Att}}^2 = [(cosAcosrsinp - sinAsinr)y_0 + (cosAsinrsinp + sinAcosr)z_0]^2 m_r^2$$
$$+ [-cosAsinpx_0 + cosAsinrcospy_0 - cosAcosrcospz_0]^2 m_p^2$$
$$+ [-sinAcospx_0 + (-sinAsinrsinp + cosAcosr)y_0 + (sinAcosrsinp + cosAsinr)z_0]^2 m_A^2$$

$$m_{y\text{-Att}}^2 = [(-sinAcosrsinp - cosAsinr)y_0 + (-sinAsinrsinp + cosAcosr)z_0]^2 m_r^2$$
$$+ [sinAsinpx_0 - sinAsinrcospy_0 + sinAcosrcospz_0]^2 m_p^2$$
$$+ [-cosAcospx_0 + (-cosAsinrsinp - sinAcosr)y_0$$
$$+ (cosAcosrsinp - sinAsinr)z_0]^2 m_A^2$$

$$m_{z\text{-Att}}^2 = (-cosrcospy_0 - sinrcospz_0)^2 m_r^2 + (cospx_0 + sinrsinpy_0 - cosrsinpz_0)^2 m_p^2 \tag{3-2-12}$$

若换能器相对于 GNSS 接收机在船体坐标系下的坐标为 $x_{0VSF} = 10\text{m}$，$y_{0VSF} = 20\text{m}$，$z_{0VSF} = 12\text{m}$；姿态角、航向角观测精度为 $0.01°$，则姿态引起的定位误差为：

$$m_{x\text{-Att}} = \pm 4.2\text{mm}, \quad m_{y\text{-Att}} = \pm 2.1\text{mm}, \quad m_{h\text{-Att}} = \pm 3.4\text{mm}$$

$$m_{H\text{-Att}} = \pm 4.7\text{mm}, \quad m_{V\text{-Att}} = \pm 3.4\text{mm}, \quad m_{\text{Att}} = \pm 5.8\text{mm}$$

4)换能器测深精度

换能器测深精度主要受换能器装置的计时误差、底部回波检测误差、声速测量误差及声速代表性误差的影响,前两部分误差可用 Δt 表示,后两部分误差可用 ΔC 表示,则换能器测深精度 m_d 可表示为:

$$\begin{aligned} m_d &= t \cdot \Delta C + d \cdot \Delta t \\ &= \left(\frac{\Delta C}{C_0} + \Delta t \right) d \end{aligned} \tag{3-2-13}$$

式中,d 为换能器至床表的深度,C_0 为测区平均声速。

目前主流石英钟计算误差接近纳秒级(10^{-5}s/d),单次测量计时误差优于 10^{-6}s;底部检测误差可控制在 10 个采样单元;若测量区域声速满足在 1500±2m/s 范围变化,则 100m 水深范围内,换能器最差测深精度为 0.133m。

综合上述各测量误差,100m 水深,单波束水下地形测量精度:

$$m_H = \pm 16.5\text{mm}, \quad m_V = \pm 135.8\text{mm}, \quad m_p = \pm 136.8\text{mm}$$

其中,声速代表性误差为主要误差源。

3.3 多波束声呐测深方法

单波束声呐测深作业效率低,大比例尺成图需要密集布线,测量成本增加。而多波束声呐测深系统通过束控技术实现宽扇面内一次扫测采集数百至上千个测深点,大大提高了水下测深点的密度和测量效率,真正实现了水下地形的面状测量。

3.3.1 多波束声呐工作原理

主流多波束声呐换能器多采用十字米氏阵列或相互垂直的"T"字形阵列,其中沿艏尾向部分负责声波的发射,通过单次束控技术在垂直航迹方向形成大开角扇形波束,而该波束在平行航迹方向上则很窄,如图 3.10 所示。

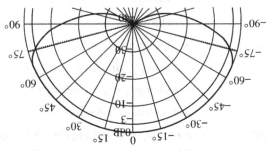

图 3.10 多波束声呐声波发射

阵列垂直艏尾向部分负责回波的接收,各阵元独立接收回波,甲板单元将各阵元回波信号序列通过时延束控,形成多个方向的接收波束,将波束域回波数据按极坐标形式成图,可形成水柱图像,如图3.11所示。

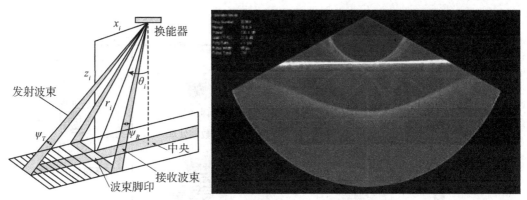

图 3.11　多波束声呐回波接收与波束域水柱数据形成

采用振幅法和相位法对波束域水柱数据中央和两边数据进行底部检测,如图3.12所示,获得各波束方向上底回波的准确到达角和时间,根据到达角和时间,结合声速、罗经、姿态、定位等信息,可以求得床底各测深点的坐标和深度。

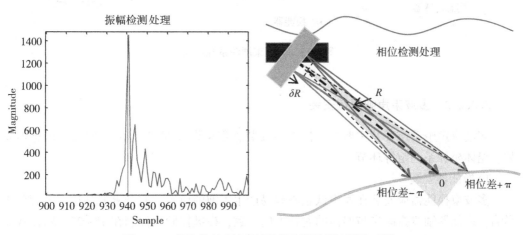

图 3.12　多波束声呐波束域数据底部检测(振幅+相位)

3.3.2　多波束声呐系统及作业实施

3.3.2.1　系统组成

与单波束类似,多波束声呐系统通过测量给出了每个波束的入射角和传播时间,由此仅能得到海底测深点相对于换能器的水平和垂向偏移量,海底测深点绝对坐标还需要依赖载体平台提供定位、姿态、航向以及潮位、声速剖面等信息。因此，多波束声呐系统是一个多传感器集成系统。多波束测深系统包括换能器及安装支架、定位、罗经、船姿传感器、声速剖面仪、数据采集工作站、数据后处理工作站及显示等配套设备，如图3.13所示。

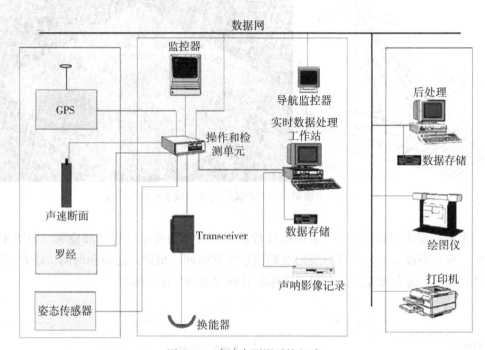

图3.13 多波束测深系统组成

3.3.2.2 多波束声呐系统安装

多波束声呐系统安装主要包括换能器安装、定位设备安装、姿态/罗经等传感器安装、船体坐标系测定等环节。

1) 换能器安装

多波束换能器应安装在噪声低且不容易产生气泡的位置，避开测船马达、螺旋桨等影响，换能器轴线指向应与船体的龙骨方向一致，横纵摇倾角控制在1°~2°，舷挂式安装时支架应牢固、稳定，具备可量化升降功能，如图3.14所示。

2) 定位设备安装

采用 GNSS-RTK 来进行定位，GNSS 接收机天线垂直安装至船顶开阔处，避免船体遮挡与测船信号干扰，GNSS 与多波束声呐的采集系统相连；尽量采用双频 GNSS 接收机，可实施 RTK/PPK/PPP/星间差分/CORS 等高精度定位测量。

3) 姿态、罗经传感器安装

姿态传感器应安装在能准确反映多波束换能器姿态或测船姿态的位置，其方向线应平行于测船的艏艉线；罗经安装时应使罗经的读数零点指向船艏并与船的艏艉线方向一致,同时避免船上的电磁干扰;罗经、姿态传感器安装方向偏差均应控制在 1°~2°范围内。

图 3.14 多波束系统舷挂式安装

4) 船体坐标系测定

各设备在船体坐标系下的坐标可采用自由设站法进行测定,如图 3.15 所示。在测量船锚定的岸边选择通视条件较好的已知点或自设点架设全站仪,选取已知方向或自设方向作为零方向,分别测量换能器中心、GNSS 接收机中心、罗经及姿态传感器、船龙骨艏艉端点在全站仪局部坐标系下的坐标;以船艏艉端点连线为 X 方向,其垂向为 Y 方向,换能器坐标为原点,建立船体坐标系,并通过坐标旋转和平移实现船体坐标系的测定。

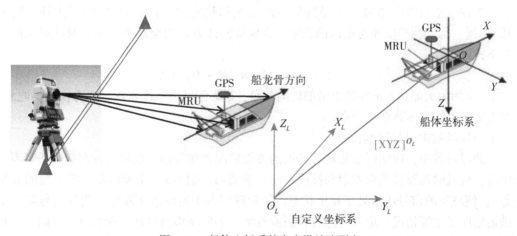

图 3.15 船体坐标系的自由设站法测定

若现场不具备自由设站条件,则应采用皮尺测量各设备与船体坐标系原点的偏移量,读数至 1cm,往返各测一次,水平方向往返测量互差应小于 5cm,竖直方向往返测量互差应小于 2cm,在限差范围内取其平均值作为测量结果。

3.3.2.3 多波束外业施测

多波束外业施测应根据需求制定完整的测量计划和方案,实施过程应遵循相应的测量规范。多波束外业施测重点注意事项罗列如下:

1) 设备安装偏差探测

多波束外业施测前应进行系统的误差测定与校准,包括定位时延、横摇偏差、纵摇偏差、艏向偏差(航向偏差)、综合测深误差、与单波束测深仪的测深精度比对、定位中误差等项目。校准一般按定位时延、横摇偏差、纵摇偏差、艏向偏差(航向偏差)等顺序进行。

2) 测线布设

多波束测线布设应考虑波束开角、水深及条带重叠宽度要求等因素,做到全覆盖测量。与单波束测深类似,布设主测线、检查线和加密测线。

- 主测深线布设方向应按工程的需要选择平行于等深线的走向、潮流的流向、航道轴线方向或测区的最长边等其中之一布设;
- 主测线的间距应不大于有效测深宽度的80%,有效测深宽度根据仪器性能、回波信号质量、潮汐、测区水深、测量性质、定位精度、水深测量精度以及水深点的密度而定;
- 测线长度不宜过长,应综合考虑水位改正、声速变化、数据安全维护等因素。测线应覆盖所有检测区域,且有一定的上线下线预留量;
- 检查线应垂直于主测线均匀布设,并至少通过每条主测线一次,检查线总长度应不少于测线总长的5%。

3) 船速设置

数据采集过程中测量船应保持均匀的航速和稳定的航向。应遵循"早上线,晚下线"原则,保证测船航速与航向的稳定。为保证测线方向的全覆盖,测量时的最大船速按下式计算:

$$v = 2 \times \tan(\alpha/2) \times (H - D) \times N \tag{3-3-1}$$

式中,v 为最大船速,α 为波束沿艏尾向开角,H 为测区内最浅水深,D 为换能器吃水,N 为多波束的实际数据更新率。

4) 回波数据采集过程监视

测量过程中,应实时监控测深数据的覆盖情况和测深信号的质量,当信号质量不稳定时,应及时调整多波束发射与接收单元的参数(距离门限、角度门限、底部检测方法等),使波束的信号质量处于稳定状态。如发现覆盖不足或水深漏空、测深信号质量不满足精度要求等情况,应及时进行补测或重测。如发现检测目标,现场可从不同方向利用多波束中间区域的波束加密测量。

5) 声速剖面采集

系统应配备表层声速仪与声速剖面仪,有些换能器设备内置表层声速仪,表层声速为换能器束控重要参数,决定了波束发射角度的正确性;其次,应在测区内不同水域进行若干次声速剖面测量,并记录所测声速剖面的时间与经纬度,当声速剖面结构差异较大时，应增加声速剖面采集的时间频次和空间密度。

6）测量数据检查与补测

每天测量结束后应备份测量数据，核对系统的参数并检查数据质量。发现水深漏空、水深异常、测深信号的质量差等不符合测量精度要求的情况，应进行补测。

3.3.3 多波束测深数据处理

多波束测深数据的处理内容主要包括声线跟踪、归位计算、水位改正、偏差探测及修正等环节。

3.3.3.1 声线跟踪

海水为非等介质体，声波在海水中传播为曲线而非直线。理论上，波束传播路线（即声线）的长度（即声程）R 通过下式获得：

$$R = \int_t C(t) \, dt \tag{3-3-2}$$

上式中的 $C(t)$ 为声速函数，而在实际计算中无法准确地获得该函数，而只能借助声速剖面仪得到声速剖面 SVP（Sound Velocity Profile），为此，需将一个连续积分问题离散化，采用如下式所示层追加处理思想实现声程的计算。

$$R = \sum_{i=1}^{n} C_i t_i \tag{3-3-3}$$

声线跟踪有层内常声速声线跟踪和层内常梯度声线跟踪，相对前者，后者与实际比较接近，算法也相对严密，这里重点阐述层内常梯度声线跟踪法，假设波束经历 n 层水柱，声波传播速度在每层内以常梯度变化，引起的声线变化如图 3.16 所示。

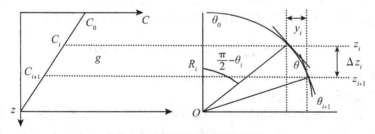

图 3.16 层内常梯度声线跟踪

以水层 i 层为研究对象，层 i 上、下界面处的深度分别为 z_i 和 z_{i+1}，层厚度为 $\Delta z_i = z_{i+1} - z_i$；又因为声速在层内以常梯度声速传播，那么波束在层内的传播轨迹应为一连续的、带有一定曲率半径 R_i 的弧段。

$$R_i = \frac{-1}{pg_i} = \frac{C_i}{|g_i||\sin\theta_i|} = \frac{C_i}{|g_i||\cos\varphi_i|} \tag{3-3-4}$$

其中，$\varphi_i = 90° - \theta_i$。

根据图 3.16 中的三角几何关系，层 i 内声线的水平位移 y_i 为：

$$y_i = R_i(\cos\theta_{i+1} - \cos\theta_i) = \frac{\cos\theta_i - \cos\theta_{i+1}}{pg_i} \tag{3-3-5}$$

又因为：

$$\cos\theta_i = (1 - (pC_i)^2)^{1/2} \tag{3-3-6}$$

$$\Delta z_i = z_{i+1} - z_i$$

则

$$y_i = \frac{(1 - (pC_i)^2)^{1/2} - (1 - (p(C_i + g_i\Delta z_i))^2)^{1/2}}{pg_i} \tag{3-3-7}$$

结合图 3.16，波束在该层经历的弧段长度为：

$$S_i = R_i(\theta_i - \theta_{i+1}) \tag{3-3-8}$$

则传播时间 t_i 为：

$$t_i = \frac{R_i(\theta_i - \theta_{i+1})}{C_{H_i}} = \frac{\theta_{i+1} - \theta_i}{pg_i^2 \Delta z_i} \ln\left[\frac{C_{i+1}}{C_i}\right] \tag{3-3-9}$$

式中，C_{H_i} 为第 i 层的 Harmonic 平均声速，其定义为：

$$C_H = \frac{z - z_0}{t} = (z - z_0)\left[\int_{z_0}^{z} \frac{\mathrm{d}z}{C(z)}\right]^{-1} \tag{3-3-10}$$

基于以上层内波束水平位移量和传播时间计算模型，根据声速剖面提供的层厚度以及水深，则整个追踪得到的时间和水平位移量为：

$$T = \sum_{i=1}^{n} t_i, \quad y = \sum_{i=1}^{n} y_i \tag{3-3-11}$$

（1）当 $T_{追踪} < T_{实际}$ 时，应加追踪。

若 $T_{追踪} < T_{实际}$，表明基于声速剖面追踪位置并不是波束在海底投射点的位置，还需继续追加，即"加追踪"。加追踪层的声速等于声速剖面最后一个水层的声速，直至满足 $T_{追踪} = T_{实际}$，波束在海底投射点的最终水平位移量 y 和深度 D 为：

$$y = \sum_{i=1}^{n} y_i + \Delta y, \quad D = \sum_{i=1}^{n} D_i + \Delta D \tag{3-3-12}$$

式中，Δy 和 ΔD 分别为追加的水平位移量和深度。

（2）当 $T_{追踪} > T_{实际}$ 时，应减追踪。

若 $T_{追踪} > T_{实际}$，则表明多追踪了一段声程，需将多追踪的去除，即所谓的"减追踪"。当逆追踪实现 $T_{追踪} = T_{实际}$ 后，波束在海底投射点的最终水平位移量 y 和深度 D 为：

$$y = \sum_{i=1}^{n} y_i - \Delta y, \quad D = \sum_{i=1}^{n} D_i - \Delta D \tag{3-3-13}$$

式中，Δy 和 ΔD 分别为减跟踪的水平位移量和深度。

在上述声线跟踪中，需要注意的是，波束的实际入射角应为波束阵列中分布波束入射角 θ_0、横摇姿态角 roll(r) 和换能器的安装偏角 (d_r) 之和，则实际的波束入射角 θ 为：

$$\theta = \theta_0 + r + d_r \tag{3-3-14}$$

3.3.3.2 归位计算

声线跟踪只能得到测深点在换能器坐标系下的相对坐标，而要实现测深成果的统一表达，则需要将不同 ping、条带以及条带之间的测量成果归算到统一地理坐标系下，即需要开展归位计算，其内容包括换能器坐标系（Transducer Frame System, TFS）向船体坐标系（Vessel Frame System, VFS）转换、船体坐标系下姿态改正、船体坐标系向地理坐标系（Geographic Reference Frame, GRF）转换三部分。

1. TFS 向 VFS 转换

没有安装偏角的情况下，换能器坐标系 TFS 与船体坐标系 VFS 除了原点不同外，轴向是平行的。然后，由于换能器安装偏角的存在，致使两套坐标系不仅存在原点不同，还在 VFS 下存在绕 z 轴与船艏有一个 d_{yaw} 偏角，绕 y 轴与 x-RP-y 存在一个偏角 d_p，以及绕 x 轴与 x-RP-y 面存在一个 d_r 角（该影响已经在声线跟踪中顾及）。根据这些参数，基于下式可实现测深点 p 在 TFS 下坐标$(0, y, D)_{TFS-p}$向 VFS 下坐标$(x, y, D)_{VFS-p}$的转换。

$$\begin{pmatrix} x \\ y \\ D \end{pmatrix}_{VFS-p} = \begin{pmatrix} x \\ y \\ z \end{pmatrix}_{VFS-T} + \boldsymbol{R}(d_{yaw})\boldsymbol{R}(d_p)\begin{pmatrix} 0 \\ y \\ D \end{pmatrix}_{TFS-p} \quad (3-3-15)$$

上式中，$(0, y, D)_{TFS-p}$ 为声线跟踪结果；$(x, y, z)_{VFS-T}$ 为换能器在船体坐标系 VFS 下坐标；$(x, y, D)_{VFS-p}$ 为测深点在 VFS 下坐标；$\boldsymbol{R}(d_{yaw})$ 和 $\boldsymbol{R}(d_p)$ 分别为由换能器安装偏角 d_{yaw} 和 d_p 构成的 3×3 旋转矩阵。

式(3-3-15)中右侧第二项实则是借助换能器安装偏角构建的旋转矩阵实现瞬时 TFS 向理想 TFS 的变换，也即实现了与理想 VFS 三个坐标轴的平行；式中右侧第一项实则是换能器在理想船体坐标系下坐标。

2. VFS 下姿态改正

船体姿态(roll(r), pitch(p))改变了各位置传感器在理想船体坐标系下的坐标，而所有的计算需在理想（设计）船体坐标系下进行，为此，需要进行姿态改正，消除姿态因素的影响，获得这些传感器在理想船体坐标系下的坐标。

理想状态下，若换能器在初始安装时测定的船体坐标为$(x, y, z)_{VFS-T_0}$，受船体姿态影响，瞬时换能器在理想船体坐标系下的坐标为$(x, y, z)_{VFS-T}$：

$$\begin{pmatrix} x \\ y \\ D \end{pmatrix}_{VFS-T} = \boldsymbol{R}(p)\boldsymbol{R}(r)\begin{pmatrix} x \\ y \\ z \end{pmatrix}_{VFS-T_0} \quad (3-3-16)$$

类似地，若 GNSS 在初始安装时测定的船体坐标为$(x, y, z)_{VFS-GNSS_0}$，受船体姿态影响，瞬时 GNSS 在理想船体坐标系下的坐标为$(x, y, z)_{VFS-GNSS}$：

$$\begin{pmatrix} x \\ y \\ D \end{pmatrix}_{VFS-GNSS} = \boldsymbol{R}(p)\boldsymbol{R}(r)\begin{pmatrix} x \\ y \\ z \end{pmatrix}_{VFS-GNSS_0} \quad (3-3-17)$$

式(3-3-14)中，波束在海底投射点只顾及了横向角的影响，即在声线跟踪中考虑了 roll(r)角和 d_r 角，未顾及 pitch(p)姿态角的影响，因此测点在船体坐标系下的坐标$(x, y, D)_{VFS-p}$ 应该为：

$$\begin{pmatrix} x \\ y \\ D \end{pmatrix}_{\text{VFS-}p} = \begin{pmatrix} x \\ y \\ z \end{pmatrix}_{\text{VFS-}T} + \boldsymbol{R}(p)\boldsymbol{R}(d_{\text{yaw}})\boldsymbol{R}(d_p) \begin{pmatrix} 0 \\ y \\ D \end{pmatrix}_{\text{TFS-}p} \quad (3\text{-}3\text{-}18)$$

其中换能器的船体坐标$(x, y, z)_{\text{VFS-}T}$借助式(3-3-16)获得。

以上各式中，$\boldsymbol{R}(p) = \begin{pmatrix} \cos p & 0 & \sin p \\ 0 & 1 & 0 \\ -\sin p & 0 & \cos p \end{pmatrix}$，$\boldsymbol{R}(r) = \begin{pmatrix} 1 & 0 & 0 \\ 0 & \cos r & \sin r \\ 0 & -\sin r & \cos r \end{pmatrix}$。

3. 归位计算(VFS 坐标系向 GRF 系的转换)

获得了瞬时 GNSS 天线、波束海底投射点在船体坐标系下的坐标后，下面结合 GPS 天线处给出的地理坐标$(X, Y, Z)_{\text{GRF-GNSS}}$以及测量船的当前方位$A$，通过归位计算，获得波束海底投射点的地理坐标。

(1) VFS 原点 RP 地理坐标的计算：

$$\begin{pmatrix} X \\ Y \\ Z \end{pmatrix}_{\text{GRF-RP}} = \begin{pmatrix} X \\ Y \\ Z \end{pmatrix}_{\text{GRF-GNSS}} - \boldsymbol{R}(A + d_A) \begin{pmatrix} x \\ y \\ z \end{pmatrix}_{\text{VFS-GNSS}} \quad (3\text{-}3\text{-}19)$$

式中，$(X, Y, Z)_{\text{GRF-GNSS}}$为 GNSS 天线处的地理坐标；$(x, y, z)_{\text{VFS-GNSS}}$为 GNSS 天线在 VFS 下相对原点 RP 的坐标，由式(3-3-17)获得。

经过上述改正后，得到 VFS 原点 RP 在地理坐标系下的坐标$(X, Y, Z)_{\text{GRF-RP}}$。

(2) 波束海底投射点在地理坐标系下坐标的计算：

$$\begin{pmatrix} X \\ Y \\ Z \end{pmatrix}_{\text{GRF-}p} = \begin{pmatrix} X \\ Y \\ Z \end{pmatrix}_{\text{GRF-RP}} + \boldsymbol{R}(A + d_A) \begin{pmatrix} x \\ y \\ D \end{pmatrix}_{\text{VFS-}p} \quad (3\text{-}3\text{-}20)$$

以上各式中，A为测量船当前方位，d_A为罗经安装偏角，$\boldsymbol{R}(A+d_A)$为由$A+d_A$构建的 3×3 阶矩阵。

$$\boldsymbol{R}(A + d_A) = \begin{pmatrix} \cos(A + d_A) & -\sin(A + d_A) & 0 \\ \sin(A + d_A) & \cos(A + d_A) & 0 \\ 0 & 0 & 1 \end{pmatrix} \quad (3\text{-}3\text{-}21)$$

3.3.3.3 水深改正

经上述声线跟踪、归位计算处理后，根据 GNSS 高直接得到的海底测点高程基本不可用，水深数据需要进行单独处理，其处理内容包括涌浪补偿、吃水改正和潮位改正三部分。

1. 涌浪补偿

涌浪在垂直方向改变了多波束的测量深度，而后续的吃水和潮位改正均为换能器理想状态下开展的改正，因此，需要将涌浪 heave 的影响消除掉。

涌浪补偿一般在声线跟踪后进行，涌浪参数可借助姿态传感器 MRU(Motion Reference Unit)获得，但实测垂向运动参数仅适用于传感器附近的地方，当换能器与 MRU 传感器非同心安装时，需顾及姿态因素的影响，根据换能器与 MRU 之间的空间关系，通过姿态改正确定换能器处的涌浪深度 D_{heave}，该过程可参考式(3-2-7)进行计算。

2. 吃水改正

测量水深经过潮位改正后，才能得到海底点在某一海洋垂直基准下的深度，而换能器实测水深为换能器面到海底测点间的垂直距离，只有加上换能器吃水后，才能得到该水面对应的水深。因此，水深数据处理中，需进行吃水改正，以获得实际水深。

吃水包括静吃水 ΔD_{ss} 和动吃水 ΔD_{ds}。静吃水可在换能器安装后量定并直接改正，动吃水主要受船速影响，通常可通过试验获得。

考虑实际船速与特定条件下测定船速存在差异，需要根据多波束测量期间的实际船速 v、实验获得船速 v_c 与动吃水 ΔD_{ds} 之间的关系，内插获得测量时刻的动吃水。

$$\Delta D_{v\text{-ds}} = \Delta D_{v'\text{-ds}} + \frac{\Delta D_{v''\text{-ds}} - \Delta D_{v'\text{-ds}}}{v'' - v'}(v - v') \tag{3-3-22}$$

式中，$\Delta D_{v\text{-ds}}$ 为船速为 v 时对应的动吃水；$\Delta D_{v'\text{-ds}}$ 和 $\Delta D_{v''\text{-ds}}$ 分别为船速为 v' 和 v'' 时对应的动吃水，$v' \leq v \leq v''$。

3. 潮位改正

所有条带的测深成果需统一在同一垂直基准下，深度测量所得结果 D 是相对的，随着潮位的变化而变化，只有经过潮位改正，才能统一于同一垂直基准下，也才能实现测深成果对水下连续变化地形的合理反映。

潮位可根据验潮站潮位观测序列在潮位站有效作用范围内直接改正。若存在多个潮位站，且作业区域位于这些潮位站包围的水域，则利用这些潮位的同步潮位观测序列，借助潮位模型，获得测量水域的潮位 T。

综合前述水位影响因素，对由式(3-3-12)或式(3-3-13)声线跟踪得到的换能器至海底的水深 D 进行改正，则波束海底投射点在某一垂直基准下的绝对水深 Z 为：

$$Z = T - (D + D_{\text{heave}} + \Delta D_{\text{ss}} + \Delta D_{\text{ds}}) \tag{3-3-23}$$

3.3.3.4 多波束测深系统误差探测

多波束测深系统所包含的系统误差包括换能器横摇偏差、纵摇偏差、艏摇偏差、罗经偏差、时间延迟、声速剖面代表性误差等。

1. 横摇偏差 d_r 探测

横摇偏差 d_r 是多波束系统换能器在安装过程中绕船艏方向旋转的偏差角。若计算时不顾及该偏差，所得海底地形将会产生扭曲，往返测地形出现不一致，如图 3.17 所示，因此需要进行校准，使在数据后处理中加入安装横向角度偏差，对波束点地理坐标进行改正。

1) d_r 探测实验

选择床底平坦水域，设计一航线，沿着该航线开展往返多波束测量，提取往返条带原始观测数据，对其进行后处理后，获得每一 ping 断面测深点三维地形数据。

2) d_r 计算

若存在 d_r，在同一点位置，该位置往返测 ping 断面地形情况如图 3.17 所示。对于整个条带地形，则会出现两个不同方向倾斜的海底地形。

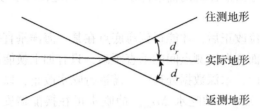

图 3.17　横摇安装偏差角对海底地形测量的影响

若 d_r 为正(即右舷抬起),则对条带右侧(往测方向)某一位置,往测实测地形上翘,返测实测地形下沉,且幅度相同;对于条带左侧,情况与此相反(如图 3.18 所示)。

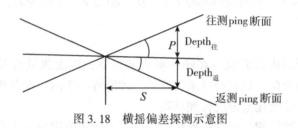

图 3.18　横摇偏差探测示意图

依此可给出 d_r 的计算模型,图 3.18 中,P 点与中央波束距离为 S,往返深度值分别为 $D_{往}$ 和 $D_{返}$ 深度值,则根据几何关系,横摇偏差角度 d_r 为:

$$d_r = \arctan \frac{(D_{往} + D_{返})/2}{S} \tag{3-3-24}$$

在第 i 个 ping,选择不同位置,基于式(3-3-24)计算不同位置处的 d_r,则基于该 ping 断面内测深点数据,得到的平均 d_{r_i} 为:

$$d_{r_i} = \text{mean}\{d_j\} \quad j = 1, 2, \cdots, m \tag{3-3-25}$$

式中,m 为 ping 断面内计算 d_r 的有效测点个数。

2. 纵摇偏差 d_p 探测

纵摇偏差是换能器安装时,换能器的 x 轴与船体坐标系的 x 轴不平行,存在绕船体坐标系 y 轴旋转的偏差角,该偏差角会引起波束在海底投射点沿航迹方向发生前、后向位移,即 ping 断面不再与航迹方向正交,并导致整体地形"前视"或者"后视"(如图 3.19 所示)。

1) d_p 探测实验

纵摇偏差角 d_p 的探测通常选择一个地形坡面进行探测,在坡面地形设计一条航迹线,沿着航迹线做往、返匀速测量,对采集数据进行处理获得往返测量条带地形数据,依此开展纵摇方向偏差角 d_p 的探测计算。

2) d_p 计算

考虑 d_p 存在时,整个 ping 断面上的所有点均会产生"前视"或者"后视"现象,顾及

3.3 多波束声呐测深方法

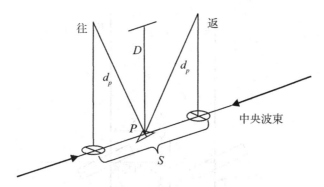

图 3.19 纵摇偏差探测示意图

中央波束测深精度较高,因此取条带中每 ping 中心波束开展 d_p 探测。

利用往、返测量 ping 中心波束时序数据(x, y, D),在位置相同、水深同为 D 的 P 处获得往、返坐标信息 $P_{往}(x_1, y_1, D)$ 和 $P_{返}(x_2, y_2, D)$。

利用 P 点往返坐标信息计算 d_p。

$$S = \sqrt{\Delta x^2 + \Delta y^2} \tag{3-3-26}$$

式中,$\Delta x = x_1 - x_2$,$\Delta y = y_1 - y_2$。

则 d_p 为:

$$d_p = \arctan\frac{S/2}{D_{水深}} \tag{3-3-27}$$

3. 艏摇偏差 d_{yaw} 探测

艏摇偏差是多波束系统换能器在安装过程中,换能器的 x 指向与船体坐标系的 x 轴(船艏方向)不一致,而是存在一个绕着垂直垂向方向(z 轴)旋转产生的偏差角 d_{yaw}。艏摇偏差会造成测深点以中央波束为原点的旋转位移,中央波束位移为零,边缘波束位移最大;对于整个条带地形而言,会产生一个地形的旋转。因此,必须对其进行探测并修复。艏摇偏差 d_{yaw} 的探测在 d_r、d_p 探测和改正后进行。

1) d_{yaw} 探测实验要求

选择一个海底孤立目标,以孤立目标为中心,在其两侧布设两条平行测线,线间距约为最大覆盖宽度的 2/3 倍,然后同向匀速测量。如图 3.20 所示,孤立目标实际位置应该在 A 处,当从左侧通过 A 时,探测到的位置在 A_2 处,当从右侧通过 A 时,探测到的位置在 A_1 处。

2) d_{yaw} 计算

根据以上机制,结合图 3.20 所示几何关系,则可计算出艏摇偏差角 d_{yaw} 为:

$$\Delta d_{yaw} = \arctan\left(\frac{L}{S_1 + S_2}\right) \tag{3-3-28}$$

或者

$$\Delta d_{yaw} = \arctan\left(\frac{L/2}{S_1}\right) \tag{3-3-29}$$

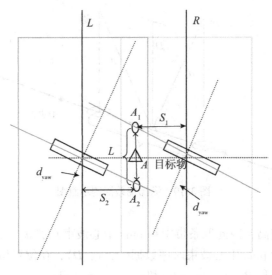

图 3.20 d_{yaw} 探测示意图

上式中，L 为基于左侧条带探测得到的目标位置 $A_2(x_{A_2}, y_{A_2}, D_{A_2})$ 和右侧条带探测得到的目标位置 $A_1(x_{A_1}, y_{A_1}, D_{A_1})$ 之间的距离；S_1 和 S_2 分别是 A_1 目标到左条带中心波束点 (x_{LC}, y_{LC}, D_{LC}) 的距离和 A_2 目标到有条带中心点 (x_{RC}, y_{RC}, D_{RC}) 的距离。

$$L = \sqrt{\Delta x^2_{A_1-A_2} + \Delta y^2_{A_1-A_2}}$$
$$S_1 = \sqrt{\Delta x^2_{A_1-LC} + \Delta y^2_{A_1-LC}} \qquad (3\text{-}3\text{-}30)$$
$$S_2 = \sqrt{\Delta x^2_{A_2-RC} + \Delta y^2_{A_2-RC}}$$

4. 罗经安装偏差 d_A 探测

罗经是多波束测量中一个重要的传感器，负责为多波束测量提供瞬时方位信息，但在安装时易产生方位安装偏差 d_A，该偏差为罗经 x 轴指向与船舶（龙骨）方向不一致，而是存在一个绕船体坐标系 z 轴的一个偏转角。当存在 d_A 时，会造成测深点以中央波束为原点的旋转变化，中央波束位移量为零，边缘波束位移最大；与 d_{yaw} 影响相同，对于整个条带地形，将会引起地形的旋转变化，因此必须对其进行探测并修复。

罗经的安装偏差 d_A 探测可借助 GNSS-RTK 方法进行，该方法的原理示意图如图 3.20 所示。

1) d_A 探测方法

当船泊于码头或在航时，在船艏、船尾沿着龙骨分别架设 GNSS-RTK 接收机，同步采集数据，获得同时刻点对时序，如图 3.21 所示；同时，提取罗经提供的方位信息，根据这两个方位信息，开展后续 d_A 计算。

2) d_A 计算

利用船艏、尾 RTK_1、RTK_2 获得的实时方位 A_0 与罗经方位 $A_{罗经}$，计算 d_A。

$$\Delta A = A_{罗经} - A_0 \qquad (3\text{-}3\text{-}31)$$

3.3 多波束声呐测深方法

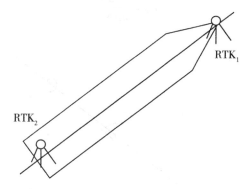

图 3.21 GNSS-RTK 方法探测 d_A 示意图

$$A_0 = \arctan\frac{(y_1 - y_2)}{(x_1 - x_2)} \tag{3-3-32}$$

5. 时间偏差 d_T 探测

时间偏差是由 GPS 的定位时间与多波束测深系统的时间之间的偏差引起的，时间偏差的存在导致测深和定位不同步，对多波束最终测量成果质量及其精度影响较大。

通常时间偏差的探测有两种方式：①根据同时刻 GNSS NMEA0183 导航电文中包含的 UTC 时间与 XTF 文件中记录的 GNSS 定位信息对应的多波束时间求较差获得；②根据同航线往、返多波束实测条带数据探测得到。

由于多波束测量中仅记录了 GNSS 定位解，并未记录完整的 NMEA0183 格式数据或者 UTC 时间，而这些需要采用单独的记录器来记录。为简便起见，利用多波束系统自身观测数据，借助第二种方法，项目开展了 d_T 探测。

1) d_T 探测实验

在存在特征地物或者特征地形的位置选择一条测线，然后匀速地开展往、返测量，得到往、返测深数据。测量路线如图 3.22 所示。

若系统不存在时间偏差 d_T，实际地物应在 P 点通过测深反映出来；而因为时间偏差 d_T 的存在，往测时在 P_2 点才能借助测深数据得以体现；而在返测时，在 P_1 点借助测深数据才能得以体现。据此，可直接利用中心波束点（Nadir）进行时间偏差 d_T 的探测。

2) d_T 计算

提取出往、返条带中心点（Nadir）的地理坐标和深度信息，并以测线的一端为起始点，分别绘制往测和返测航迹线对应的地形断面（如图 3.23 所示），由于 d_T 的存在，往返中央波束的断面会在航迹线方向存在前、后偏移，二者并不重合。

假设该偏移量为 ΔS，往返测线均为匀速航行，船速为 v，则 d_T 为：

$$d_T = \frac{\Delta S}{2v} \tag{3-3-33}$$

若往、返测速度不同，分别为 v_1 和 v_2，则 d_T 为：

$$d_T = \frac{\Delta S}{v_1 + v_2} \quad (3\text{-}3\text{-}34)$$

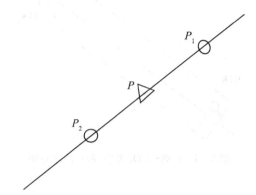

图 3.22 时延探测示意图

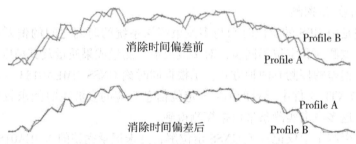

图 3.23 消除时间偏差前、后的断面地形

在上述偏差探测中,移动量是通过固定往测断面,移动返测断面,获得往返测断面最大相关系数或者对应位置深度差平方和最小,即

$$\sum_{i=1}^{n}(\Delta D_i \Delta D_i) = \min \cong 0 \quad (3\text{-}3\text{-}35)$$

$$\Delta D_i = D_i^{往} - D_i^{返}$$

式中,$D_i^{往}$ 和 $D_i^{返}$ 分别为第 i 个往返测点对应的深度值,二者的深度差为 ΔD_i;n 为对应的测点对个数。

根据这些原则,最终终止移动,确定移动量 S,往(返)速度根据往(返)测量中,相邻点距和时间差计算得到的速度取均值获得。

6. 声速改正完善性探测

声速剖面不准确或存在代表性误差,会造成声速改正不完善,并最终影响所测海底地形的准确性和精度,尤其对边缘波束影响显著,常导致所谓的"哭脸"或"笑脸"ping 断面地形,因此必须对其进行探测和修正。

声速改正完善性探测主要借助于两个相邻条带在重复覆盖区域两两对应 ping 断面图之间的差异来实现。若声速改正不完善,则所得相邻条带对应 ping 断面地形图如图

3.24 所示。

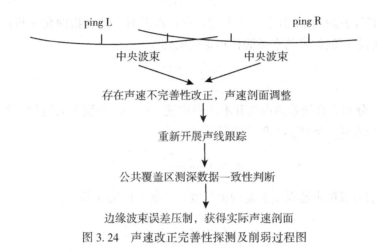

图 3.24 声速改正完善性探测及削弱过程图

当声速改正不完善时，相邻条带公共覆盖区对应 ping 断面图衔接不上，出现交叉现象。为了消除该问题，根据声速误差影响机理以及声线跟踪机理，通过调整表层声速数据结果，削弱声速误差对测深的影响，进而实现两相邻条带公共覆盖区测深数据一致。声速改正不完善性探测及修复过程如图 3.24 所示。

3.3.4 多波束测深质量影响因素分析

多波束测深质量主要可通过测深精度和分辨率两方面进行衡量，影响前者的主要因素包括 GNSS 定位以及各传感器测量误差、声速误差、传感器安装偏差等；影响后者的主要因素包括换能器束控模式、波束个数、扫幅宽度等作业参数。

3.3.4.1 影响多波束测深精度的因素

1. GNSS 定位以及各传感器测量误差

GNSS 定位误差与选择的定位模式有关，RTK 定位可以实现厘米级平面定位精度，水上作业时一般采用星站差分服务，其定位也可达分米级；姿态、罗经等传感器也存在测角误差；换能器通过对回声信号进行底部检测实现由换能器至床表传播时间的确定，可能存在信号检测误差；上述误差多为仪器设备正常工作时的偶然误差，会通过数据处理模型转化成水深点的误差，其量级一般较小并且稳定，可参考单波束测深部分的相关分析。

2. 声速引起的测量误差

声速误差直接引起测距误差，表层声速是束控角度计算的重要参数，声速在垂向的变化引起声线弯曲，因此声速对多波束测深精度的影响是十分复杂的。

1) 表层声速对波束方向的影响

表层声速对声学设备至关重要，其大小直接决定了发射声波的波长，而束控波束的指向方向与表层声速有关，根据时延法束控原理，波束指向、声速、阵元间距之间满足如下关系：

$$\Delta t = d\sin/c \tag{3-3-36}$$

式中，每个设计方向的 Δt 恒定，当声速 c 存在误差时，波束指向角 θ 将产生偏差，该角度偏差将引起回波位置的水平偏移和垂向偏移。

$$\frac{\sin\theta_e}{c_e} = \frac{\sin\theta_a}{c_a} \tag{3-3-37}$$

式中，c_e、c_a 分别为有误差的声速和准确的声速，θ_e、θ_a 分别为对应的入射角，由此可求得有误差的入射角与真实入射角之间的关系为：

$$\theta_e = a\sin\left(\frac{c_e\sin\theta_a}{c_a}\right) \tag{3-3-38}$$

进而可求得表层声速误差引起的束控波束入射方向的误差为：

$$\varepsilon_\theta = \theta_a - a\sin\left(\frac{c_e\sin\theta_a}{c_a}\right) \tag{3-3-39}$$

从图 3.25 可以看出，表层声速误差引起的波束入射角误差随入射角倾斜程度快速放大，实际作业过程中，设备应配备表层声速仪，实时修正换能器表层的声速参数，以防引起系统性的角度偏差。

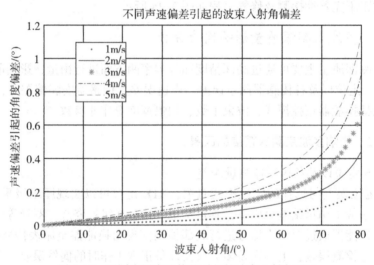

图 3.25 不同表层声速偏差引起的波束入射角误差

2）水体中的声线折射

水体中声速的变化，常引起声线的弯曲折射，常规多波束测深数据处理时，采用声线跟踪法消除或削弱声线的弯曲引起的几何位置误差。当水体中的声速测量存在误差时，将导致每层追踪的波束角度及位置偏移量产生误差。设层 i 的表层入射参数为 C_{i-1}、θ_{i-1}，没有测量和计算误差，层内声速 C_i 的测量误差为 dC_i，根据 Snell 法则，dC_i 对该层折射角的影响为：

$$\mathrm{d}\theta_i = \frac{\sin\theta_{i-1}}{\cos\theta_i C_{i-1}}\mathrm{d}C_i \tag{3-3-40}$$

则 $\mathrm{d}C_i$ 对水平位移的影响为：

$$\mathrm{d}y_i = \Delta z_i \sec^2\theta_i \mathrm{d}\theta_i \tag{3-3-41}$$

则声速误差 $\mathrm{d}C_i$ 对时间的影响为：

$$\mathrm{d}t_i = \frac{\Delta z_i \sec\theta_i \tan\theta_i}{C_i}\mathrm{d}\theta_i - \frac{\Delta z_i \sec\theta_i}{C_i^2}\mathrm{d}C_i \tag{3-3-42}$$

依分层思想，上层声速和入射角测量或计算误差将对下层的折射角产生影响，进而影响波束在下一层的水平位移和传播时间。对下层折射角 $\mathrm{d}\theta_{i+1}$、水平位移、传播时间的影响分别为：

$$\mathrm{d}\theta_{i+1} = \frac{1}{\cos\theta_{i+1}}\left(\frac{C_{i+1}}{C_i}\cos\theta_i \mathrm{d}\theta_i - \frac{C_{i+1}}{C_i^2}\sin\theta_i \mathrm{d}C_i\right) \tag{3-3-43}$$

$$\mathrm{d}y_{i+1} = \Delta z_{i+1} \sec^2\theta_{i+1} \mathrm{d}\theta_{i+1} \tag{3-3-44}$$

$$\mathrm{d}t_{i+1} = \frac{\Delta z_{i+1}\sec\theta_{i+1}\tan\theta_{i+1}}{C_{i+1}}\mathrm{d}\theta_{i+1} \tag{3-3-45}$$

依次类推，则以上误差将依次传播到下一层，可见声速测量误差不但对本层折射参数产生影响，还影响着下一层的折射参数，该影响对于波束经历整个水柱所造成的水平位移和深度误差具有积累性。

3. 传感器安装偏差对多波束测深的影响

多波束测深系统是一个多传感器集成系统，除了换能器本身外，姿态、罗经等均可能存在安装偏差，这些安装偏差将导致测量结果呈现系统性误差，在多波束测深往返或相邻条带数据中具有明显的不符合性特征，因此这类偏差可以通过数据特征探测进行消除。各安装偏差的影响特点及探测方法详见 3.3.3.4 节。

3.3.4.2 影响多波束测深分辨率的因素

作业过程中，多波束测深系统的波束角大小、覆盖宽度、波束数目（每 ping）以及帧率等技术指标的优劣，都会影响多波束测点的分辨率。

决定多波束单个测深点在水下的实际尺寸，即波束在海底的照射面积，也称波束脚印，关键因素是多波束的束控角度。无论是早期的物理多波束还是目前主流的束控多波束，其发射各个波束均为相等的角度，目前有些新型多波束通过更加复杂的电路和信号处理，可以实现波束脚印的等距模式，如图 3.26 所示。在此仅对等角多波束的测点分辨率进行分析。

1. 垂直航迹向分辨率（与束控角、入射角、水深相关）

采用等角束控模式时，波束脚印在垂直航迹方向大小由束控角度 α、入射角 θ、船速 v、水深 H 综合决定，其值为：

$$L_{\text{across}} = \frac{H}{\cos\theta} \cdot \alpha \tag{3-3-46}$$

由上述及图 3.26 可知，多波束波束脚印在扫描线上越靠近中央，波束脚印密度越

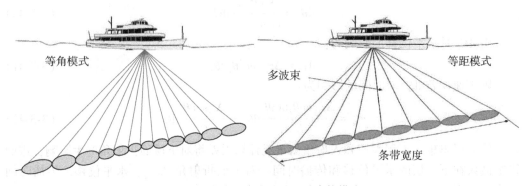

图 3.26 多波束声呐的两种束控模式

小,越靠近两侧,波束脚印越大,束控角为 1°时,波束脚印随深度和入射角的变化如表 3.3 所示。

表 3.3 束控角为 1°时,波束脚印随深度和入射角的变化

水深/m \ 入射角/(°)	10	20	30	40	50	60	70
5	0.09	0.09	0.10	0.11	0.14	0.17	0.26
10	0.18	0.19	0.20	0.23	0.27	0.35	0.51
20	0.35	0.37	0.40	0.46	0.54	0.70	1.02
30	0.53	0.56	0.60	0.68	0.81	1.05	1.53
50	0.89	0.93	1.01	1.14	1.36	1.75	2.55

从表 3.3 可以看出,海底波束脚印的直径随束控角和水深快速变化,图 3.27 为 0.5°×1.0°的多波束测深系统在不同水深条件下扫测铺排工程的结果。

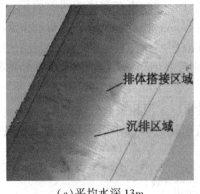

(a) 平均水深 13m

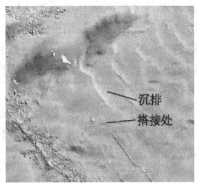

(b) 平均水深 20m

图 3.27 不同水深条件下扫测效果对比(波束角为 0.5°×1.0°)

从图 3.27 可以看出，对于此款多波束系统，在水深 15m 以内效果较好，能够较清晰地反映出水下沉排的细节，如排体长度、宽度和搭接情况；在水深达到 20m 时，反映的细节就会出现一些模糊，特别是搭接情况比较模糊；在水深达到 25m 以上，就比较难反映出水底沉排的情况。因此，实际检测任务时，应根据可变目标的尺寸和水深，确定束控角度，以此合理选择多波束型号。

2. 沿航迹向分辨率（与束控角、脉冲发射频率、船速相关）

多波束沿航迹向分辨率首先与发射波束有关，发射波束的开角决定单 ping 脉冲形成的海底扫描线在航迹方向上的分辨率。根据发射波束的开角，如图 3.28 所示，可知多波束每次发射脉冲在海底的覆盖面积，以此可确定多波束最佳作业模式，即前后两 ping 波束脚印在航迹方向上形成全覆盖，此时，结合脉冲发射频率，可以得到最佳测量船速：

$$v = 2 \times \tan(\alpha/2) \times (H - D) \times N \tag{3-3-47}$$

式中，v 为最大船速，单位为米每秒（m/s）；α 为发射波束角，单位为度（°）；H 为测区内最浅水深（m）；D 为换能器吃水（m）；N 为多波束的实际数据更新率，单位为赫兹（Hz）。

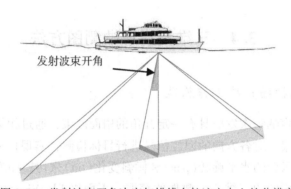

图 3.28 发射波束开角决定扫描线在航迹方向上的分辨率

表 3.4 为发射角为 1°的多波束声呐系统，在不同水深和脉冲频率下要实现全覆盖测量的参考船速，由于波束角随距离的扩展效应，水深增加时，同等角度波束覆盖范围变大，允许的最大船速增加，但测量分辨率会随水深增加而下降。

表 3.4 不同水深和脉冲频率下，发射角为 1°的多波束声呐全覆盖船速

水深	ping 率/Hz 5	10	20
5	0.44	0.87	1.75
10	0.87	1.75	3.49
20	1.75	3.49	6.98
30	2.62	5.24	10.47
50	4.36	8.73	17.45

实际检测工作中，船速应与水深、脉冲更新率相适配，不宜太快，船速过快会在沿航向方向留下空白间隔，大大降低航线方向的地形分辨率，如图 3.29 所示。

图 3.29　船速过快造成的横向上采样不够

3.4　三维扫描声呐测图方法

3.4.1　三维扫描声呐工作原理

三维机械扫描声呐每次发射具有一定开角的扇面波束，通过相关束控技术实现不同方向目标回波的采集，对各方向的回波信号进行目标检测，实现目标空间三维坐标的确定；声呐探头通过云台的水平旋转(pan)和倾斜变化(tilt)来切换探测波束照射视场，进而实现较大视场范围内的三维点云数据的获取。下面以 BlueView5000 系列三维扫描声呐为例，介绍其工作原理。

3.4.1.1　声波的发射与接收原理

三维机械扫描声呐通过声栅阵列将不同频率声波按一定的角度辐射形成扇面，不同频率对应不同的辐射角度，声波经目标反射后被声学接收器所接收，声学接收器也是一个声学闪耀阵列。后期通过短时傅里叶变换(STFT)等方式以不同频率形成不同方向波束，进而形成扇面图。声波接收器闪耀阵列被布置成能够使得目标反射的声场分量，产生具有与被重现的声场成分的入射角对应频率的声波。其基本形成过程如图 3.30 所示。

声栅阵列的阶梯高度是某一常量，为某一频率 f_0 下声波的波长长度或整数倍波长长度。当以频率 f_0 的声波垂直入射到声栅阵列时，声波会以相同的相位到达，如图 3.31(a) 所示。当另一频率为 f_n 的声波垂直入射到声栅阵列时，声波会以不同的相位到达，如图 3.31(b) 所示。通过将声波倾斜一定的角度可以令声波同相位到达，如图 3.31(c) 所示。图 3.32 为 BlueView5000 型声呐声栅阵列换能器。

3.4 三维扫描声呐测图方法

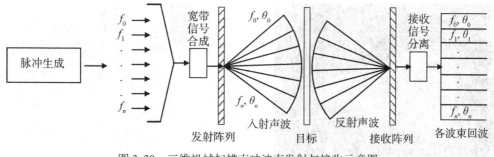

图 3.30 三维机械扫描声呐波束发射与接收示意图

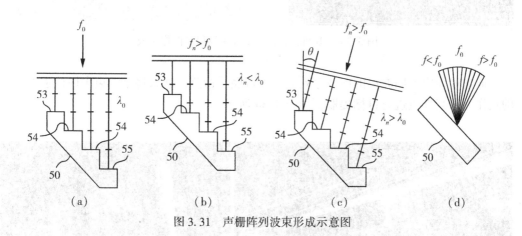

图 3.31 声栅阵列波束形成示意图

图 3.32 BlueView5000 型声呐声栅阵列换能器

3.4.1.2 波束形成与底部检测

扇面内中央波束的频率可以为 1.35MHz 和 2.25MHz 两种,当声波遇到物体时会发生散射,散射回波沿入射路径返回至接收装置处,如图 3.33 所示,接收装置按等时间间隔进行回波信号采样,其采样时间间隔为 10^{-5}s。

69

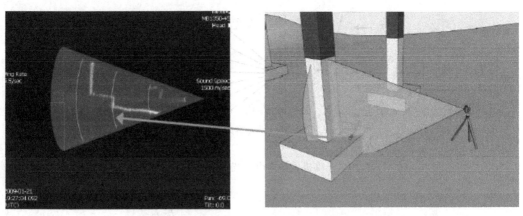

图 3.33　3D 机械扫描声呐波束发射与图像生成

通过扇面内不同波束的回波序列分别进行底质检测，选取每个波束中回拨强度最大的点作为感兴趣点进行目标提取，如图 3.34 所示。

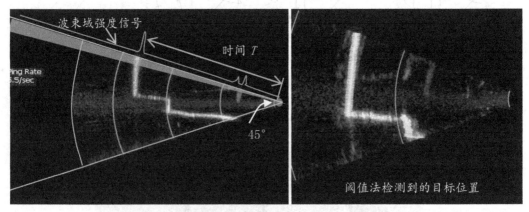

图 3.34　三维图像扫描声呐波束域信号的形成及阈值检测

对各方向波束域信号序列，按阈值法检测波束脚印在各序列中的位置，根据位置序号可测得波束脚印至换能器的传播时间，再结合水体中的声速，可求二者之间的距离，最终，按极坐标法可确定该波束脚印相对于换能器的坐标。

三维图像扫描声呐发射一次脉冲可测量 256 个点云坐标，即 1ping 点云数据在探头云台改变水平指向和垂直倾角的过程中不断重复上述测量过程，便可获得多 ping 点云坐标。

3.4.2　三维扫描声呐系统组成及施测

3.4.2.1　系统组成

三维扫描声呐系统包括硬件部分和软件部分。其中硬件部分主要包括声呐头、云台、接线盒及数据传输电缆等，软件部分主要包括控制与实时采集部分和后处理部分。其中声呐头和云台通过专用线缆连接到接线盒上，接线盒又通过以太网电缆和 USB 传输线与计算机连接，从而实现计算机与声呐和云台之间的通信，系统示意图见图 3.35。声呐头包含发射器、接收器及收发转换器，同时控制波束形成的电路。实时软件部分可控制云台转动及声呐的参数、记录采集数据、显示、查看点云数据，并进行距离、角度等的量测，后处理软件可对点云数据进行编辑、拼接、三维渲染、特征提取、目标识别等处理。

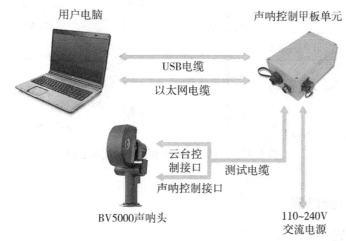

图 3.35　BV5000 型 3D 机械扫描声呐系统连接示意图

3.4.2.2　测量模式

从平台安装上，三维图像扫描声呐分为坐地式测量和舷挂式测量，如图 3.36 所示，无论采用哪种安装方向，在声呐探头测量过程中，平台都应当保持静止、稳定，以确保每 ping 点云数据都在同一坐标框架下。

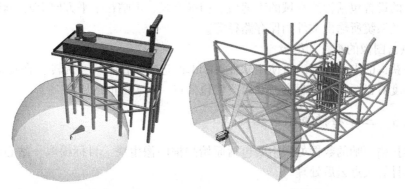

图 3.36　3D 机械扫描声呐的不同安装模式

从扫描方式上，三维图像扫描声呐分为单角度扫描和球形扫描，如图 3.37 所示。单角度扫描指声呐只在水平方向旋转扫描，旋转速度可设置为 1~10(°)/s，旋转角度可设置为 45°、90°、180°或 360°；球形扫描则使声呐依次向上或向下倾斜一定的角度之后再进行水平方向的旋转扫描，扫描的区域是一个球形，倾斜的角度有+45°(向上倾斜)、+15°、-15°、-45°。球形扫描比单角度扫描范围更广，且部分扫描区域重叠，点云密度更大。

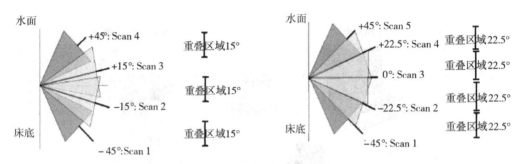

图 3.37　不同角度下扇面重叠角度示意图

3.4.2.3　施测步骤

1. 测站布置

BV5000-1350 声呐系统有效探测范围只有 30m，为获得结构物体或整个区域内的三维图像，通常需设立多个扫描测站，从不同的方位进行观测，获取若干幅扫描图像，然后经过拼接形成一个完整的目标物。一般根据检测目的、目标物形状、尺寸设置一个或多个测站，为完成图形的拼接，每个测站必须设置多个标靶，测站和标靶设置的原则是相邻两个测站，各自的扫描范围内均包含 3 个以上不共线的同名标靶，且相邻测站必须有不少于整个图像的 10%扫描重叠部分。

2. 设置参数

参数的设置包括检测水域的声速值、扫描方式、声呐在水平方向上的旋转角度和旋转速度以及系统所输出文件的保存路径等。

3. 点云图像的查看和编辑

扫描获得的点云数据，可使用软件 MeshLab 进行图像平移、旋转、放大等操作，从不同的角度对目标物进行观察，并可测量包括点、线、面间的距离。

3.4.3　三维扫描声呐数据处理

三维扫描声呐的数据处理主要包括原始扫描图像生成、目标提取、站心坐标计算、地理坐标计算及点云后处理。

3.4.3.1　回波图像生成

原始数据可以生成不同角度下对应距离的 R-Theta 图和真实坐标的 XY 图。其中 R-

Theta 图的显示方式和数据存储方式相似，XY 图和真实的场景相似。

1. R-Theta 图

R-Theta 图和数据存储方式相似，为矩阵方式存储，它的列数表示波束的个数，每一个波束对应一个扇面内的极坐标角度；它的行表示采样点，即不同时间下的采样点的序列。如图 3.38 所示。

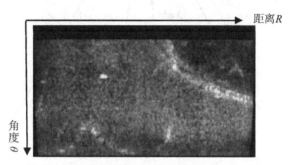

图 3.38　三维扫描声呐原始回波的 R-Theta 图

以矩阵方式存储可以大大减少存储空间，方便进行每一波束的提取和后期计算。

2. XY 图

XY 图是在 R-Theta 图基础上按极坐标信息进行编码形成的二维平面图像。R-Theta 图记录了每一个波束的采样点，每一个波束对应于一个特定的角度，通过极坐标计算恢复实际空间扇面的形状，如图 3.39 所示。

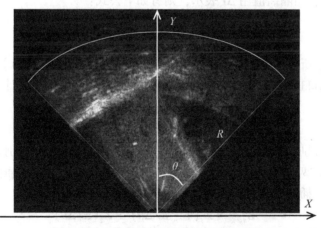

图 3.39　三维扫描声呐原始回波的 XY 图

由 R-Theta 图转换为 XY 图，由于角度的分散使得不同波束之间出现无数据的点，这就需要进行插值，将空白点通过已有的数据进行补全。插值算法的不同将直接导致图像质量的不同，所以选取 R-Theta 插值算法，即一种双线性插值算法是合理的。

3. R-Theta 插值算法基本原理

R-Theta 插值算法是一种常规的二维插值算法，为了能够清晰准确地描述此算法，我们将待求像素点 Z 点及其相邻的波束进行放大，放大后的图像如图 3.40 所示。

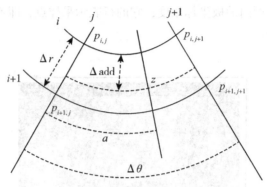

图 3.40 待插值点及其相邻波束示意图

对于等角度、等间隔扫描，假设发射的扫描线有 N 根，每根扫描线上包含 M 个回波采样点，那么对于平面上一点 Z，可以计算它离声呐头的距离和角度。当距离小于最大距离，角度位于两扫描线之间时，其周围的四个采样点的灰度值分别由 $p_{i,j}$，$p_{i+1,j}$，$p_{i+1,j+1}$，$p_{i,j+1}$ 点的灰度值来表示。图中的 j 和 $j+1$ 为 Z 点相邻的两根扫描插线，Z' 和 Z'' 为位于两根扫描线上、且与 Z 点在同一弧线上的两个点。

假设探头的最大扫描角度为 $\theta_{\max}$，那么对于等角度、等间隔扫描的 N 根扫描线来说，每根扫描线上的 M 个采样点中的相邻两个采样点之间的插值就是 1，若探头的角度增量用 $\Delta\theta$ 表示，间隔插值用 Δr 表示，则有如下公式：

$$\Delta r = 1, \quad \Delta\theta = \frac{\theta_{\max}}{N-1} \tag{3-4-1}$$

设 $p_{i,j}$，$p_{i+1,j}$ 所在的弧线与 Z 点所在的弧线的距离（单位为像素）差用 $\Delta\mathrm{add}$ 表示，根据上式可得，$\Delta\mathrm{add}/\Delta r = \Delta\mathrm{add}$，那么 Z' 和 Z'' 两点的灰度值可由下式计算得到：

$$\begin{cases} Z_1 = p_{i,j}(1-\Delta\mathrm{add}) + p_{i+1,j}\Delta\mathrm{add} \\ Z_2 = p_{i,j+1}(1-\Delta\mathrm{add}) + p_{i+1,j+1}\Delta\mathrm{add} \end{cases} \tag{3-4-2}$$

式中，Z_1，Z_2 分别为 Z' 和 Z'' 的灰度值，$p_{i,j}$，$p_{i+1,j}$，$p_{i+1,j+1}$，$p_{i,j+1}$ 分别为相邻四点的灰度值。得到 Z' 和 Z'' 两点的灰度值 Z_1，Z_2 后，再进行一次角度方向的插值，从而得到 Z 点的灰度值 Z_{value}，插值运算公式如下：

$$Z_{\mathrm{value}} = Z_1(1-\alpha/\Delta\theta) + Z_2(\alpha/\Delta\theta) \tag{3-4-3}$$

式中，α 为显示像素 Z 点所在的轴与其相邻的扫描线间沿角度方向的插值。

3.4.3.2 基于扇面回波的目标提取

通过阈值法进行目标提取。阈值的选择要通过图像显示阶段阈值滑块的滑动值进行确定，通过滑块的滑动，去除低于阈值的点而将高于阈值的点凸显出来，当阈值满足用户的要求时，此时的阈值即可用来进行目标提取。

首先提取每条采样线的最大回波强度点,然后判断每条扫描线的最强回波点的回波强度是否大于阈值,若大于设置的阈值,则保留此点,否则删除此点。

3.4.3.3 目标点站心三维坐标计算

目标点三维坐标计算实际是球坐标向直角坐标转化的过程,3D 机械扫描声呐的站心直角坐标系的定义为:坐标原点 O 为扫描声呐的中心,z 轴竖直向上,y 轴与初始声呐发射脉冲中央指向重合或反向,x 轴垂直于 yoz 平面构成右手坐标系,如图 3.41 所示。

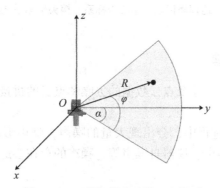

图 3.41 三维扫描声呐站心坐标系

云台转动时,系统通过水平旋转 $\alpha(\text{pan})$ 和竖直方向倾斜角变化 $\phi(\text{tilt})$ 来确定发射波束中央指向,扇面内的目标点相对于中央波束的倾斜角度为 φ,目标点距离 R,进而求得目标点相对于站心坐标系的坐标:

$$\begin{cases} x = R\cos(\phi + \varphi)\sin\alpha \\ y = R\cos(\phi + \varphi)\cos\alpha \\ z = R\sin(\phi + \varphi) \end{cases} \quad (3\text{-}4\text{-}4)$$

3.4.3.4 目标点地理坐标计算

声呐头的地理坐标为 $S(N,E,H)$,可以通过 GNSS 或声学定位等方式获得,通过仪器自带的磁罗经或载体的 MRU 等确定站心坐标系(图 3.42)y 轴的方位角为 A。

则目标点地理坐标计算公式为

$$\begin{matrix} \begin{bmatrix} X \\ Y \end{bmatrix} = \begin{bmatrix} \cos A & -\sin A \\ \sin A & \cos A \end{bmatrix} \begin{bmatrix} y \\ x \end{bmatrix} + \begin{bmatrix} N \\ E \end{bmatrix} \\ Z = z + H \end{matrix} \quad (3\text{-}4\text{-}5)$$

整理得

$$\begin{cases} X = N + R\cos(\phi + \varphi)\cos(\alpha + A) \\ Y = E + R\cos(\phi + \varphi)\sin(\alpha + A) \\ Z = H + R\sin(\phi + \varphi) \end{cases} \quad (3\text{-}4\text{-}6)$$

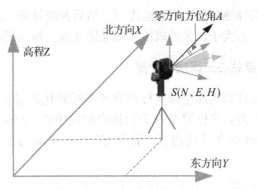

图 3.42 地理坐标系与站心坐标系、探头坐标系之间的关系

3.4.3.5 点云后处理

点云数据的后处理主要涉及点云数据的去噪和点云的拼接。

1. 点云去噪

3D 扫描声呐扫描的过程中,会出现大量的噪声,噪声形成的主要因素包括:海洋环境噪声、水中悬浮物噪声、仪器自噪声等。噪声的存在会造成数据拼接的不准确,三维建模形成虚假物体等。

根据 3D 机械声呐数据形成的过程及数据处理的方法,三维点云去噪的方法主要有:阈值法、k-d 树法、移动趋势面法等。

2. 点云拼接

点云拼接主要有两种方法:根据特征地物进行人工拼接;利用重合数据进行自动拼接,自动拼接算法主要为 ICP 算法。

1) 根据特征地物进行人工拼接

分布式获取的点云数据通过选取特征物体对应位置的特征点对,进行点云的平移、旋转,进而将多站点云成果拼接在一起。三维摄影变换矩阵 H 的形式如下所示:

$$H = \begin{bmatrix} a_{11} & a_{12} & a_{13} & t_x \\ a_{21} & a_{22} & a_{23} & t_y \\ a_{31} & a_{32} & a_{33} & t_z \\ v_x & v_y & v_z & s \end{bmatrix} \tag{3-4-7}$$

式中,$R = \begin{bmatrix} a_{11} & a_{12} & a_{13} \\ a_{21} & a_{22} & a_{23} \\ a_{31} & a_{32} & a_{33} \end{bmatrix}$ 为旋转变量,$T = \begin{bmatrix} t_x & t_y & t_z \end{bmatrix}^T$ 为平移变量,$V = \begin{bmatrix} v_x & v_y & v_z \end{bmatrix}$ 为透视变量,一般都设为零,s 为缩放因子,一般同一台仪器,相同环境下测量的数据设为 1。

其中 $R = R(\alpha) \, R(\beta) \, R(\gamma)$,坐标系绕 x 轴旋转角度 α,绕 y 轴旋转角度 β,绕 z 轴旋转角度 γ。实现两个点集的配准,只需要选取 3 个以上已知坐标值的同名点,求出 3 个角度值 α、β、γ,三个平移参数 t_x、t_y、t_z。这些参数的求解可根据测量平差原理,由三维旋转矩阵的特性,即三维直角坐标系统自身坐标轴旋转时属于正交变换,建立误差方程求解6个参数。

三维直角坐标系统自身坐标轴旋转属于正交变换,满足下式:

$$\begin{cases} R_z(\gamma)^T R_z(\gamma) = E \\ R_y(\beta)^T R_y(\beta) = E \\ R_x(\alpha)^T R_x(\alpha) = E \\ R(\alpha, \beta, \gamma)^T R(\alpha, \beta, \gamma) = E \end{cases} \quad (3\text{-}4\text{-}8)$$

由正交矩阵的性质推得,三维旋转矩阵的9个方向余弦之间,存在6条非线性关系式:

$$\begin{cases} \sum_{i=1}^{3} \alpha_{ij}^2 = 1 & (j = 1, 2, 3) \\ \sum_{i=1}^{3} \alpha_{ij} \cdot \alpha_{ik} = 0 & (j = 1, 2, k = 2, 3, j \neq k) \end{cases} \quad (3\text{-}4\text{-}9)$$

分别对12个参数(t_x, t_y, t_z, a_{11}, a_{12}, a_{13}, a_{21}, a_{22}, a_{23}, a_{31}, a_{32}, a_{33})用级数展开得到线性转换模型的误差方程式:

$$V_j = B_j \hat{x} - L_j \quad (j = 1, 2, \cdots, n) \quad (3\text{-}4\text{-}10)$$

根据式(3-4-9)写出9个方向余弦的关系式作为平差模型的6个约束条件。

$$C\hat{x} - W_x = 0 \quad (3\text{-}4\text{-}11)$$

这样就可以使用3个及以上的点对解算模型参数。

2) ICP 自动拼接

ICP(Iterative closest point,迭代最近点)算法是一种自动点云拼接的算法。假设两片点云 P、Q 有重合的区域,ICP 算法首先对点云 P 中的每个点 p_i 搜索其在点集 Q 上的最近点 q_i 作为其对应点。建立误差测度:

$$f(q) = \frac{1}{N_p} \sum_{i=1}^{N_p} \| q_i - R(q_R) p_i - T(q_T) \|^2 \quad (3\text{-}4\text{-}12)$$

通过不断进行最近点 q_i 的搜索,并通过奇异值分解、单位四元素等方法计算相应的旋转矩阵和平移矩阵,计算误差测度。当前后两次误差测度小于设置的阈值迭代停止,此时的旋转矩阵和平移矩阵可将两个点集拼接在一起。

3.4.4 三维扫描声呐测图影响因素分析及误差量级估计

由式(3-4-6)可知,参与三维扫描声呐测点位置计算的参量主要有回波至换能器斜距 r(即声速与时间的乘积)、波束束控角 θ、换能器中心指向俯仰角 φ、换能器中心指向水平角 α、换能器水平零方向方位角 Λ 等。影响上述参量测量精度的主要因素包括以下几个:

1. 表层声速误差

表层声速误差是换能器波束形成回波波束的重要参数,在温度变化较快的季节和水域,水温变化 1°可引起表层声速变化 5m/s。当表层声速存在误差时,会引起束控波束入射角度发生变化,二者之间的关系可用式(3-4-13)描述:

$$\sin\theta = \frac{C \cdot \tau}{l} \qquad (3\text{-}4\text{-}13)$$

式中,τ 为相邻阵元相延,l 为相邻阵元间隔(取为 1mm),将其线性化微分形式:

$$\frac{\mathrm{d}\theta}{\rho} = \frac{\tau \mathrm{d}C}{l\cos\theta} \qquad (3\text{-}4\text{-}14)$$

从式(3-4-14)可以看出,当 $\theta=0$ 时,表层声速误差不会造成中心指向波束产生角度误差;当 $\theta \neq 0$ 时,考虑 45°边缘波束情况,真实声速为 1500m/s,按常声速计算回波的位置,可以得到表层声速变化对束控方向及回波位置计算的影响曲线,如图 3.43 所示。

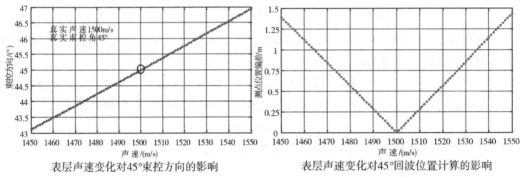

图 3.43 表层声速变化对束控方向及回波位置计算的影响

将上述曲线抽稀列表可得表 3.5:

表 3.5　　束控方向及回波位置计算偏差随表层声速变化列表

变量	表层声速变化/(m/s)(45°方向,30m 距离时)										
	-20	-10	-5	-2	-1	1500	+1	+2	+5	+10	+20
$\mathrm{d}\theta/(°)$	-0.76	-0.38	-0.19	-0.08	-0.04	0	+0.04	+0.08	0.19	+0.38	+0.76
$\mathrm{d}S/\mathrm{m}$	+0.56	+0.28	+0.14	+0.06	+0.03	0	+0.03	+0.06	+0.14	+0.28	+0.57

从表 3.5 可以看出,表层声速 1m/s 的误差变化可引起边缘波束 0.04°的角度变化,引起 30m 距离处目标产生 3cm 的位置偏差,当表层声速误差达 10m/s 时,上式误差可分别达 0.38°和 0.28m。

若使用声速剖面仪测得的表层声速与实际声速存在偏差,或一起设置的声速与实际声速有差别,影响了波束指向角,导致图像的相邻子扇区不能够严密拼接,图 3.44(a)

显示了声速设置不正确对图像的影响,此时声速设置为1440m/s。方框内反射强度较大的物体不能很好地拼接在一起,出现错位现象。后期通过调整声速参数,改善后的扇面图如图3.44(b)所示,此时声速设置为1496m/s。

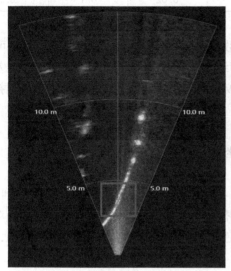 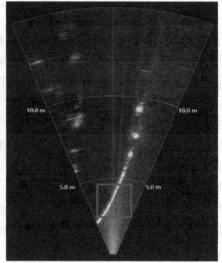

(a)存在声速误差图像拼接错位　　　　　(b)不存在声速误差图像拼接正常

图3.44　表层声速误差造成三维扫描声呐切片图像的分离

因此,实际外业测量过程中,应精密测量换能器处的声速,在温度变化较快的水域和季节应增加声速测量的频次。

2. 声场变化

三维扫描声呐发射高频声波,其最佳作业范围一般不超过30m,水域内声场速度稳定,因此主流三维扫描声呐数据处理时,多不顾及声线弯曲对测距的影响,回波斜距多采用表层声速按常声速计算。若测量所在水域,声场结构变化复杂,则声线在传播过程中将发生弯曲,进而引起回波计算位置发生偏差。

为分析声场变化及声线弯曲对三维扫描声呐回波的计算,假设声速沿传播路径在传播时间内均匀变化,声速与传播时间 t 存在如下线性函数关系:

$$C(t) = kt + C_0 \tag{3-4-15}$$

式中,k 反映了单位时间上声速变化的剧烈程度,C_0 为表层声速,将该式沿时间轴积分,即可求得回波走过的真实路程 S:

$$\begin{aligned} S &= \int (kt + C_0) \, dt \\ &= \frac{1}{2} k t^2 + C_0 t \end{aligned} \tag{3-4-16}$$

令上式中 C_0 为1500m/s,30m范围处回波至换能器走过的路径因声线弯曲而产生的偏差与声场变化参数 k 的关系如表3.6所示:

表 3.6　声线传播路径偏差（30m 处）与参数 k、声速变化量的关系列表

k	10	50	100	500	1000
dC/(m/s)	0.2	1	2	10	20
dS/m	0.002	0.01	0.02	0.1	0.2

表 3.6 中 dC 为 30m 范围内，不同参数 k 对应的最大声速变化量。从上表可以看出，作业范围内 1m/s 声速变化所引起的声线弯曲会造成 2cm 的传播距离计算误差。实际测量时，小距离作业范围内声速场一般较稳定，因此可以忽略声线弯曲对三维扫描声呐测点坐标计算的影响。

3. 安装及平台运动

安装及平台运动因素涉及换能器中心坐标误差、测量云台姿态偏差等。

1) 换能器中心坐标误差

舷挂安装时，换能器中心坐标 (N, E, H) 可根据换能器中心相对于定位接收机在船体坐标系下的坐标以及船体姿态进行严密计算；坐底式安装时，换能器中心绝对坐标可通过铅锤法或超短基线声学定位法实现绝对地理坐标的确定，但定位精度有限，约为分米级甚至米级。

无论采用上述何种方式，三维扫描声呐的静态旋转扫描作业模式，决定了单站测量过程中，各回波点所测坐标均为同一基准下的相对坐标，测站中心的绝对坐标误差对同站测量表现为系统性。

2) 测量云台姿态偏差

三维扫描声呐安装时，云台旋转中轴应保持竖直，旋转水平角零方向与船体艏尾向相同，若系统内置罗经传感器，水平旋转零方向始终指北。

测量过程中，受船体姿态变化、水底不平坦及水下定向困难等因素影响，旋转云台难以满足理想安装要求，从而致使单站测量过程中，水平角和俯仰角存在系统偏差。

上述换能器中心坐标误差和测量云台姿态偏差对单站测量均为系统性，二者引起的位置和角度偏差导致单站测量点云坐标在三维空间坐标系内发生六个自由度的整体平移和旋转，进而造成多站测量结果的归算基准的不统一。因此，在进行三维扫描声呐点云数据处理时，需开展点云拼接工作，实现不同测站点云坐标的基准统一。

4. 三维扫描声呐测点精度估计

3D 机械扫描声呐是通过发射和接收波束探测目标的，而波束有一定的波束宽度，波束宽度越大，精度越低。以 BV5000 为例，波束宽度为 1°×1°，如图 3.45 所示。

1) 误差传播方法

在声速、角度测量等都测量并设置正确的情况下，水平旋转角的取值范围为 [$\alpha-0.5°, \alpha+0.5°$]，扇面内的波束角的取值范围为 [$\varphi-0.5°, \varphi+0.5°$]，所以水平旋转角和扇面内波束角的精度为 $\sigma_\alpha^2 = \sigma_\varphi^2 = 7.6 \times 10^{-5}$，对式 (3-4-4) 进行微分，然后求得三个方向的精度：

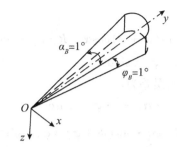

图 3.45 BV5000 单个波束的波束宽度

$$\begin{cases} dx = -R\sin(\phi + \varphi)\sin\alpha d\varphi + R\cos(\phi + \varphi)\cos\alpha d\alpha \\ dy = -R\sin(\phi + \varphi)\cos\alpha d\varphi - R\cos(\phi + \varphi)\sin\alpha d\alpha \\ dz = R\cos(\phi + \varphi)d\varphi \end{cases}$$
$$\Downarrow \tag{3-4-17}$$
$$\begin{cases} \sigma_x^2 = [R\sin(\phi + \varphi)\sin\alpha]^2\sigma_\varphi^2 + [R\cos(\phi + \varphi)\cos\alpha]^2\sigma_\alpha^2 \\ \sigma_y^2 = [R\sin(\phi + \varphi)\cos\alpha]^2\sigma_\varphi^2 + [R\cos(\phi + \varphi)\sin\alpha]^2\sigma_\alpha^2 \\ \sigma_z^2 = [R\cos(\phi + \varphi)]^2\sigma_\varphi^2 \end{cases}$$

式(3-4-17)只考虑了水平旋转角 α 和扇面内波束指向角 φ 的误差。若考虑距离误差，即 R 的误差，距离误差与声速和脉冲长度有关，其具体计算公式为：

$$R_\Delta = \frac{c\Delta\tau}{2} = \frac{c}{2B} \tag{3-4-18}$$

式中 c 为声速，$\Delta\tau$ 为脉冲长度，B 为带宽。则此时精度为：

$$\begin{cases} \sigma_x^2 = [R\sin(\phi + \varphi)\sin\alpha]^2\sigma_\varphi^2 + [R\cos(\phi + \varphi)\cos\alpha]^2\sigma_\alpha^2 + \underbrace{\left[\frac{x}{R}\right]^2\sigma_R^2}_{\text{添加项}} \\ \sigma_y^2 = [R\sin(\phi + \varphi)\cos\alpha]^2\sigma_\varphi^2 + [R\cos(\phi + \varphi)\sin\alpha]^2\sigma_\alpha^2 + \underbrace{\left[\frac{y}{R}\right]^2\sigma_R^2}_{\text{添加项}} \\ \sigma_z^2 = [R\cos(\phi + \varphi)]^2\sigma_\varphi^2 + \underbrace{\left[\frac{z}{R}\right]^2\sigma_R^2}_{\text{添加项}} \end{cases} \tag{3-4-19}$$

2) 插值方法

在声速、角度测量等都测量并设置正确的情况下，x 轴方向误差可表示为

$$\Delta x = R\cos(\phi + \varphi + \varphi_\Delta)\sin(\alpha + \alpha_\Delta) - R\cos(\phi + \varphi)\sin\alpha \tag{3-4-20}$$

式中，$\varphi_\Delta \in [-0.25°, 0.25°]$，$\alpha_\Delta \in [-0.25°, 0.25°]$，由于 φ_Δ，α_Δ 很小，则可以得到

$$\begin{cases} \sin\varphi_\Delta \approx \varphi_\Delta \\ \cos\varphi_\Delta \approx 1 \\ \sin\alpha_\Delta \approx \varphi_\Delta \\ \cos\alpha_\Delta \approx 1 \\ \sin\varphi_\Delta\sin\alpha_\Delta \approx 0 \end{cases} \tag{3-4-21}$$

将 Δx 展开化简为：

$$\begin{aligned}\Delta x &= R \cdot \alpha_\Delta \cdot \cos(\phi + \varphi)\cos\alpha - R \cdot \varphi_\Delta \cdot \sin(\phi + \varphi)\sin\alpha \\ &= y \cdot \alpha_\Delta - z \cdot \varphi_\Delta \cdot \sin\alpha\end{aligned} \quad (3\text{-}4\text{-}22)$$

同理，可获得 y、z 轴方向误差为：

$$\begin{aligned}\Delta y &= -x \cdot \alpha_\Delta - z \cdot \varphi_\Delta \cdot \cos\alpha \\ \Delta z &= R \cdot \varphi_\Delta \cdot \cos(\phi + \varphi) = \varphi_\Delta \cdot \sqrt{x^2 + y^2}\end{aligned} \quad (3\text{-}4\text{-}23)$$

上式只考虑了水平旋转角 α 和扇面内波束指向角 φ 的误差。若考虑距离误差，即 R 的误差，设 $R_\Delta = \kappa R$，κ 是一个随距离变化的参数，则

$$\begin{cases}\Delta x' = \Delta x + R_\Delta \cdot \Delta x + R_\Delta \cos(\phi + \varphi)\sin\alpha = (1 + R_\Delta) \cdot \Delta x + \kappa x \\ \Delta y' = \Delta y + R_\Delta \cdot \Delta y + R_\Delta \cos(\phi + \varphi)\cos\alpha = (1 + R_\Delta) \cdot \Delta y + \kappa y \\ \Delta z' = \Delta z + R_\Delta \cdot \Delta z = (1 + R_\Delta) \cdot \Delta z\end{cases} \quad (3\text{-}4\text{-}24)$$

使用两种方法中的任意一种，坐标精度应该是相同的。所以利用第一种精度估计方法（误差传播方法）得到 x、y、z 三个方向的误差值，如图 3.46 所示。

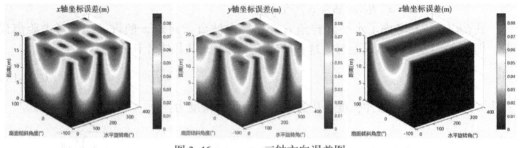

图 3.46　x、y、z 三轴方向误差图

图 3.46 利用不同的颜色表示误差值的大小，由蓝到红误差值逐渐变大，此图只显示了三个坐标轴方向的误差值，对于实际生产更加关注的是点位误差，点位误差如图 3.47 所示。

可根据图 3.47 选择合适的测量距离和测量角度来提高测量精度。由图 3.46 可发现测量距离较短时，误差随角度缓慢变化，当测量距离增加时，误差随角度变化较大。假设测量误差控制在 10cm 范围内，那么由图 3.47 可以发现，距离 10m 以内几乎都满足要求，扇面倾斜角度变大会减小误差。

图 3.47 是理想情况下的最大误差，实际测量误差与水体环境、载体、扫描角度等有关，实际测量误差需要经过大量的实验进行评定。

5. 实际测量精度分析

选取岸边码头作为实验对象，码头由 9 根主要铁柱和一些横梁组成，在 3D 机械扫描声呐工作的同时，利用 GNSS 接收机测量了靠近平台 5 根铁柱的坐标，其他 4 根铁柱由于离平台较远，无法安全到达，所以利用交会的方法测量，9 根铁柱的位置关系如图 3.48 所示。

3.4 三维扫描声呐测图方法

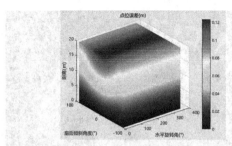

图 3.47 三维扫描声呐测量点位误差图

图 3.48 9 根铁柱和仪器位置图

图中 P1~P9 为主要铁柱，E3、E4 为三维机械扫描声呐安置位置。由于 P6~P9 是交会得到的坐标，坐标精度较低，所以不进行精度估计。P1~P5 坐标如表 3.7 所示。

表 3.7　　　　　　　　　　　　**P1~P5 坐标值表**

坐标 点号	X	Y	H	斜距 S	平距 S'
P1	3451424.705	599592.330	9.822		
P2	3451426.523	599596.957	9.694	4.973	4.971
P3	3451428.588	599601.744	9.790	5.214	5.213
P4	3451430.567	599606.328	9.689	4.995	4.994
P5	3451432.379	599611.122	9.812	5.126	5.125

利用三维机械扫描声呐生成的点云数据也可以量取两铁柱之间的距离，假设由 GNSS-RTK 接收机测量的坐标为真值，三维点云量测的距离为测量值，则可求取两距离的误差。实验共采集了 3 个位置的码头数据，所以可以多次测量以提高精度。由点云数据测得的两相邻铁柱间距离如表 3.7 所示。其中一测站的三维点云结果如图 3.49 所示，铁柱可清晰辨认。

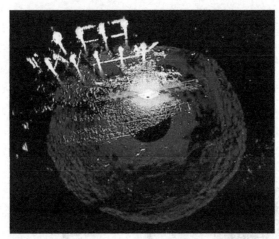

图 3.49 码头点云数据

表 3.8 实际距离、点云测量距离和误差

相邻两点 距离和误差	相邻铁柱点云距离/m	误差/m（测量值-真值）
P1—P2	5.102	0.131
	4.909	−0.062
	4.924	−0.047
P2—P3	4.912	−0.301
	4.865	−0.348
P3—P4	5.002	0.008
	5.086	0.092
P4—P5	4.978	−0.012
	5.113	−0.065
P2—P4	9.826	−0.381

表 3.8 给出了点云实际距离及其与测量距离的误差值。误差曲线如图 3.50 所示。

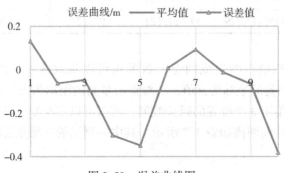

图 3.50 误差曲线图

由图 3.50 可以看出，误差变化较大，最小误差为 -0.381m，最大误差为 0.131m，误差平均值为 -0.0985m，标准差为 0.181m，可满足水下一般检测的需要。

3.5 侧扫声呐测图方法

3.5.1 侧扫声呐工作原理

侧扫声呐在垂直航迹方向上发射大开角扇形波束，而该波束在平行航迹方向上则很窄，发射波束形状如图 3.51 所示。这种波束使得每次接收到的回波仅反映航迹两侧很窄的线状区域的地表特征。接收时，侧扫声呐采用等时间采样记录反射的回波，每个回波的准确方向无法确定，为了区分从左、右两侧同时返回的回波，侧扫声呐两侧各有一个水听器，分别接收左、右舷的回波，如图 3.52 所示。

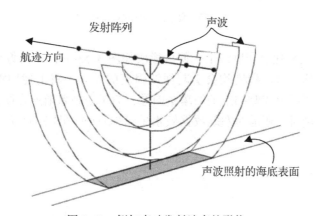

图 3.51 侧扫声呐发射波束的形状

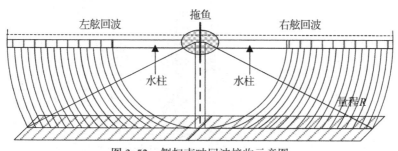

图 3.52 侧扫声呐回波接收示意图

随着船体的运动，侧扫声呐不断地向海底垂直发射扇形窄波束并记录回波，将采集的每 ping 回波按测量的先后顺序堆叠在一起即可形成侧扫声呐图像。

图 3.53 为侧扫声呐实时测量的过程，针对水下某一目标，侧扫声呐共扫描了四次，每次的回波序列如图 3.53 所示，回波强度的变化反映了海底表面特征的变化。

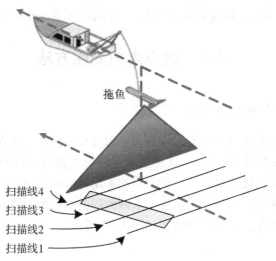

图 3.53　侧扫声呐连续测量过程

将每 ping 回波量化至灰度级上，便可形成如图 3.53 的回波图像序列，水下目标介质硬度、表面形状、粗糙程度均会引起回波强度的差异。将上述回波图像序列左右对接，上下堆叠，便可形成侧扫声呐的瀑布图像，为了使拖鱼航迹在图像的中央以便于识图，在左右舷对接时，还需对左舷数据做水平镜像处理。图 3.54 为一实测侧扫声呐瀑布图像。

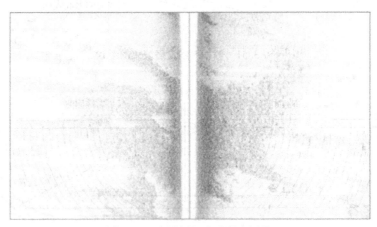

图 3.54　实测侧扫声呐瀑布图像

从图 3.54 可以看出，因声波随传播距离增加而产生的扩展损失和吸收损失，侧扫声呐瀑布图像横向灰度分布不均衡，距离中央越远回波能量越弱，随距离损失的能量可根据声能方程进行补偿。然而，由于作业环境的复杂性，增益系数 n、α、γ 需要测量人员根据经验多次调整，直至声呐图像各处灰度达到较好的一致性。

3.5.2 侧扫声呐系统组成与施测

3.5.2.1 侧扫声呐系统组成

侧扫声呐系统由多部分组成,如图 3.55 所示,一般包括工作站、绞车、拖曳电缆、拖鱼、GPS 接收机等,另外还需要压力传感器、罗经、运动传感器等辅助设备,在侧扫声呐精确测量时,还需要配备拖鱼水下定位系统,如超短基线系统(Ultra Short Base Line,USBL)。

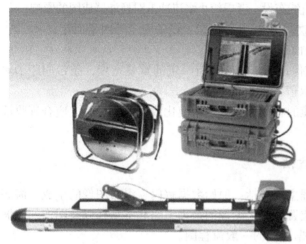
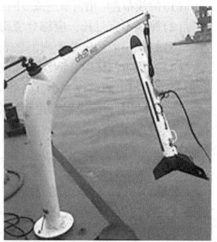

图 3.55 侧扫声呐系统组成及拖曳模式安装

1. 工作站

工作站是侧扫声呐系统的中枢,为整个系统提供了统一的时间框架,解决了信号收发、导航数据、罗经数据、姿态数据和实时显示及存储的同步问题。它由硬件和软件两部分组成,硬件主要包括高性能计算机及接收机,软件包括系统软件和应用软件。

2. 绞车及拖曳电缆

绞车一般附带有吊杆,其作用是便于拖鱼的收放。拖曳电缆一头与绞车上的滑环相连,另一头与侧扫声呐的拖鱼相连,拖缆既要实现对拖鱼的拖曳操作,同时也是传递信号的通道。

3. 拖鱼

侧扫声呐的拖鱼是一个流线型稳定拖曳体,它由鱼前部和鱼后部组成。鱼前部由鱼头、换能器舱和拖曳钩等部分组成,换能器是侧扫声呐负责声波收放的核心部件,拖曳钩用于连接拖缆与鱼体的机械连接和电连接;鱼后部由电子舱、鱼尾、尾翼等部分组成,尾翼主要用来稳定拖鱼。

4. GNSS 接收机

GNSS 接收机是侧扫声呐系统的外部设备,主要为测量过程提供位置数据,用户根据需要可以选择不同型号和功能的接收机，常用的侧扫声呐系统主机都有标准的导航数据接口。

上述主要设备可以满足一般测量的需要，当前高端的侧扫声呐系统，在拖鱼中还安装有磁罗经、运动传感器、压力传感器等辅助设备，以实时监控拖鱼的航向、姿态及深度信息。

3.5.2.2 外业施测

侧扫声呐外业作业前，应了解测区测量对象分布范围、水下障碍物、施工标志、特殊水深等信息，合理布设测线，其布设一般参考如下经验：

(1) 测线布置应沿河道逆流方向直线布设，考虑较小水流冲击对换能器成图的影响；

(2) 测线不宜过长，应综合考虑水下目标分布范围、设备安全等因素而定；

(3) 扫幅一般为拖鱼距离海底表面高度的 3~8 倍；

(4) 多条带扫床时，测线间距应保证条带之间具有一定的重叠宽度，条带间距 $D \leqslant 2nR$（R 为侧扫单侧量程，系数 n 的取值范围为 0.5~0.8）。

施测过程中合理设置船速和拖缆的收放长度，航向变化或船速变化时，应合理收放拖缆长度，防止拖鱼触底。

3.5.3 侧扫声呐数据处理方法

完整的侧扫声呐条带图处理流程主要包括：原始数据解码、瀑布图像的生成、海底追踪、灰度均衡、斜距改正、拖鱼位置确定、图像的地理编码和重采样以及图像的滤波消噪等，图 3.56 为侧扫声呐条带数据处理的一般流程图。

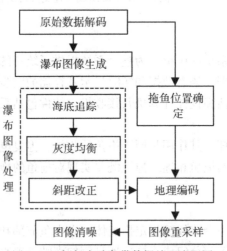

图 3.56 侧扫声呐条带数据处理流程图

3.5.3.1 海底追踪

当水体中悬浮物较少时，在瀑布图像中可以观察到，水柱与海底回波图像之间存在一条明显的界线,即所谓的海底线,它是由每行的第一个海底回波组成的强回波线。通常将确定每行第一个海底回波位置的过程称为海底追踪,如图 3.57 所示。一般情况下,左右两侧的海底线关于发射线对称,海底第一个回波都来自拖鱼正下方,海底线与发射线的横向距离即为拖鱼至海底的高度。

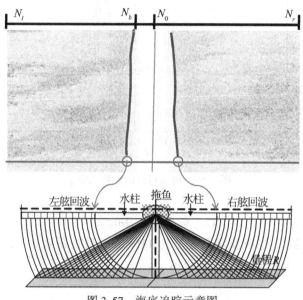

图 3.57 海底追踪示意图

图 3.57 中,N_0 为发射线的位置,N_b 为海底线的位置,声呐图像单个像素的横向尺寸为 Δd,则拖鱼距海底的高度可以表示为

$$H_{拖鱼} = |N_b - N_0| \times \Delta d \tag{3-5-1}$$

海底线是侧扫声呐横向增益的起始线,也是斜距改正的基准线,正确提取海底线是瀑布图像后续处理的基础,海底追踪的常用振幅阈值法。

在第一个海底回波返回之前,侧扫声呐的水听器仅能监听到微弱的噪声信号,当第一个海底回波到达之后,水听器接收到的信号会产生阶跃变化,因此,可以通过设置合适的阈值 T(如图 3.58 所示),按接收时间先后顺序,在回波序列中寻找首个强度 $I_n > T$ 的回波,认为该回波即为海底表面的第一个回波,该回波至拖鱼的距离即为拖鱼到海底的高度。

3.5.3.2 灰度均衡

时变增益(Time Vary Gain,TVG)主要用于侧扫声呐图像的实时横向均衡。其基本原理是利用经验公式来补偿侧扫声呐的回波随传播时间(距离)增加而产生的扩展损失和吸收损失。式(3-5-2)是计算声波传播损失的一般形式,式中的系数 n 与波束形状有关,吸收系数 a 与声波的发射频率、海水温度及盐度等有关系。根据侧扫声呐的发射波束,可取 $n = 1.5$,考虑往返路程,侧扫声呐的回波补偿量 GL_r 可以写为

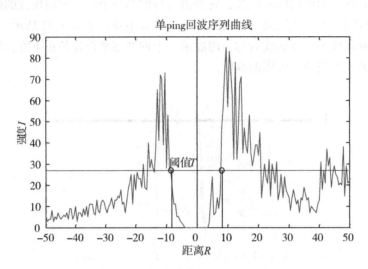

图 3.58　海底追踪的振幅阈值法

$$GL_r = 30\lg r + 2ar/10^3 \qquad (3\text{-}5\text{-}2)$$

式中，r 的单位为 km。当声波发射频率为 110kHz，吸收系数 $a = 29\text{dB/km}$ 时，侧扫声呐回波随距离的增益曲线如图 3.59 所示。

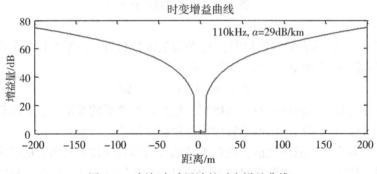

图 3.59　侧扫声呐回波的时变增益曲线

实际采集数据过程中，测量人员常根据经验多次调整系数 n 和 a，直至声呐图像达到较好的效果。

3.5.3.3　斜距改正

受斜距记录影响，侧扫声呐图像横向上存在倾斜几何畸变；水柱的存在，也导致拖鱼正下方目标被分离在两侧，因此，当侧扫声呐图像横向均衡化以后，还需要对侧扫声呐图像进行斜距改正。受测量机理的制约，侧扫声呐换能器无法分辨每个回波的方向，仅能得到拖鱼至每个回波的斜距，在现有条件下进行斜距改正，只能引入如下假设：

(1) 第一个海底回波来自换能器正下方；

(2)海底表面平缓，近似平坦，目标至拖鱼的垂直距离等于拖鱼至海底的高度；
(3)忽略声速的变化，认为声波在海水中直线传播。

基于以上假设，便可以利用拖鱼、海底及回波的三角关系，计算每个回波的平距。图 3.60 为瀑布图像的某 ping 回波，N 为每侧回波总采样个数，n_h 为海底第一个回波至发射线的斜距像素宽度，n_i 为当前回波至发射线的斜距像素宽度，该回波至海底第一个回波的平距像素宽度为：

$$n'_i = \sqrt{n_i^2 - n_h^2} \tag{3-5-3}$$

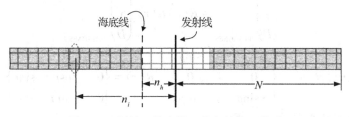

图 3.60　回波、海底线、拖鱼的位置关系

经过斜距改正后的侧扫声呐图像，如图 3.61 所示，该图像既去除了水柱区域，也削弱了倾斜几何畸变对目标形状的影响。

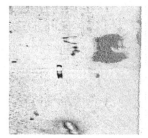

(a)斜距改正之前　　　　　　　　　　(b)斜距改正之后

图 3.61　侧扫声呐瀑布图像斜距改正实例

3.5.3.4　拖鱼位置确定

拖曳模式下拖鱼位置的确定需顾及船体姿态对拖点位置的影响、拖缆长度及自重对拖鱼推估位置的影响，因此拖鱼位置的确定包括船体姿态改正、拖点地理坐标计算、拖鱼船体坐标推估等步骤。

1. 船体姿态改正

拖鱼坐标是通过绞架拖挂点位置推算而来的，绞架安装在船上，船体姿态(roll(r)，pitch(p))变化，将改变拖挂点、GNSS 和 MRU 等设备在理想船体坐标系下的坐标，而所有的计算需在理想(设计)船体坐标系下进行，为此，需要进行姿态改正，消除姿态因素的影响，获得各设备在理想船体坐标系下的实时坐标。

理想状态下,若拖挂点在静止状态下测定的船体坐标为$(x,y,z)_{\text{VFS-}T_0}$,受船体姿态影响,拖挂点在理想船体坐标系下的瞬时坐标为$(x,y,z)_{\text{VFS-}T}$:

$$\begin{pmatrix} x \\ y \\ D \end{pmatrix}_{\text{VFS-}T} = \boldsymbol{R}(p)\boldsymbol{R}(r) \begin{pmatrix} x \\ y \\ D \end{pmatrix}_{\text{VFS-}T_0} \tag{3-5-4}$$

类似地,若 GNSS 在初始安装时测定的船体坐标为$(x,y,z)_{\text{VFS-GNSS}_0}$,受船体姿态影响,瞬时 GNSS 在理想船体坐标系下的坐标为$(x,y,z)_{\text{VFS-GNSS}}$:

$$\begin{pmatrix} x \\ y \\ D \end{pmatrix}_{\text{VFS-GNSS}} = \boldsymbol{R}(p)\boldsymbol{R}(r) \begin{pmatrix} x \\ y \\ D \end{pmatrix}_{\text{VFS-GNSS}_0} \tag{3-5-5}$$

以上各式中,$\boldsymbol{R}(p) = \begin{Bmatrix} \cos p & 0 & \sin p \\ 0 & 1 & 0 \\ -\sin p & 0 & \cos p \end{Bmatrix}$,$\boldsymbol{R}(r) = \begin{Bmatrix} 1 & 0 & 0 \\ 0 & \cos r & \sin r \\ 0 & -\sin r & \cos r \end{Bmatrix}$。

2. 拖点地理坐标计算

结合 GNSS 天线处给出的地理坐标$(X,Y,Z)_{\text{GRF-GNSS}}$以及测量船的当前方位$A$,通过归位计算,便可获得拖点的地理坐标,其求解原理如图 3.62 所示。

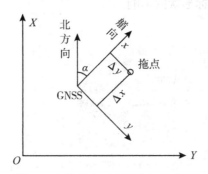

图 3.62 拖点地理坐标求解示意图

式(3-5-6)中,Δx、Δy 为拖点相对于 GNSS 在理想船体坐标系下的坐标差,根据该坐标差及行驶方位角,按式(3-5-7)即可求出拖点的地理坐标。

$$\begin{pmatrix} \Delta x \\ \Delta y \end{pmatrix}_{\text{VFS-}T\text{-GNSS}} = \begin{pmatrix} x \\ y \end{pmatrix}_{\text{VFS-}T} - \begin{pmatrix} x \\ y \end{pmatrix}_{\text{VFS-GNSS}} \tag{3-5-6}$$

$$\begin{pmatrix} X \\ Y \end{pmatrix}_{\text{GRF-}T} = \begin{pmatrix} X \\ Y \end{pmatrix}_{\text{GRF-GNSS}} + \boldsymbol{R}(A) \begin{pmatrix} \Delta x \\ \Delta y \end{pmatrix}_{\text{VFS-}T\text{-GNSS}} \tag{3-5-7}$$

式(3-5-7)中,$\boldsymbol{R}(A)$为由A构建的3×3阶矩阵,$\boldsymbol{R}(A) = \begin{pmatrix} \cos A & -\sin A \\ \sin A & \cos A \end{pmatrix}$。

3. 拖鱼船体坐标推估

拖鱼位置一般通过拖缆长度近似计算,缆线一般都有较好的强度和柔性,在拖曳过程中,拖缆很大程度上减弱了船体姿态变化对拖鱼的影响。因此,当船匀速直线航行时，可以认为拖鱼仅受向前的牵引力，拖鱼至拖点的水平距离按图 3.63 中三角形几何关系推算。

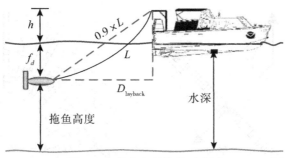

图 3.63 拖鱼坐标推算示意图

$$D_{\text{layback}} = \sqrt{(0.9L)^2 - (h + f_d)^2} \tag{3-5-8}$$

由于拖缆自重，三角形的斜边常取拖缆长度 L 的 0.9 倍，拖鱼至拖点的水平距离按上式计算，式中 h 为绞架至水面的高度，f_d 为拖鱼至水面的距离，该值可由压力传感器求得。最后，由拖鱼与船体的航向一致性，通过拖点位置求出拖鱼地理坐标，如式(3-5-9)所示。

$$\begin{pmatrix} x \\ y \end{pmatrix}_{\text{VFS\_TOW}} = \begin{pmatrix} x \\ y \end{pmatrix}_{\text{GRF\_T}} + \begin{pmatrix} D_{\text{layback}} \times \cos(A + \pi) \\ D_{\text{layback}} \times \sin(A + \pi) \end{pmatrix} \tag{3-5-9}$$

3.5.3.5 地理编码

瀑布图像经过斜距改正后，每行正中间像素理论上对应拖鱼正下方位置，根据拖鱼的位置，可以确定每行正中间像素的地理坐标，每行像素皆与拖鱼当前航向垂直，每个像素至中央的宽度均为平距。基于上述关系，可以计算每个回波在地理坐标下的位置。

如图 3.64 所示，在平面直角坐标系中，该 ping 回波测量时拖鱼正下方投影点的地理坐标为 $P_0(X_0, Y_0)$，侧扫声呐单侧扫幅为 R，每个通道的采样率为 N，航行方位角为 α，由于每 ping 回波垂直于航行方向，因此，左舷通道回波的方位角 $\theta = \alpha - \pi/2$，右舷通道回波的方位角则为 $\theta = \alpha + \pi/2$，P_i 为某通道的第 i 个回波，则 P_i 的地理坐标(X_i, Y_i)为：

$$\begin{aligned} X_i &= X_0 + R \times \cos(\alpha \pm \pi/2) \times i/N \\ Y_i &= Y_0 + R \times \sin(\alpha \pm \pi/2) \times i/N \end{aligned} \tag{3-5-10}$$

若要考虑运动姿态对拖鱼的影响，则上述式子还需添加相应改正：

$$\begin{aligned} X_i &= X_0 + \Delta X_{\text{pitch}} + R \times \cos(\alpha + \text{yaw} \pm \pi/2) \times i/N \\ Y_i &= Y_0 + \Delta Y_{\text{pitch}} + R \times \sin(\alpha + \text{yaw} \pm \pi/2) \times i/N \end{aligned} \tag{3-5-11}$$

当每个回波的地理坐标确定以后，就可以获得条带声呐图像的实际地理范围($X_{\min}$, $Y_{\min}$; $X_{\max}$, $Y_{\max}$)。根据设定的像素尺寸 Δd，求得图像的分辨率以及点 $P_i(X_i, Y_i)$ 对应的像素坐标 $p_i(x_i, y_i)$ 为：

$$\begin{cases} x_i = (X_i - X_{\min})/\Delta d \\ y_i = (Y_i - Y_{\min})/\Delta d \end{cases} \tag{3-5-12}$$

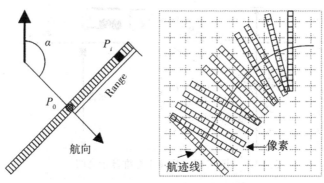

回波位置计算示意图　　瀑布图像地理编码示意图

图 3.64　侧扫声呐回波位置计算及地理编码

计算侧扫声呐每一个回波的像素坐标，并根据回波强度确定对应的像素值，从而得到形如图 3.65 的侧扫声呐瀑布图像。然而受侧扫声呐回波纵横向采样率不一致影响，地理编码后的声呐图像各扫描线之间产生缝隙，航向的变化还使得缝隙大小在各处不均匀，由航迹向弯道外侧，扫描线之间的缝隙越来越大，由航迹向弯道内侧，扫描线之间的缝隙逐渐减小甚至相互交叉，这使得图像上的目标难以识别，如图 3.65 所示。因此还需要对地理编码后的声呐图像进行重采样，以消除扫描线之间的缝隙。

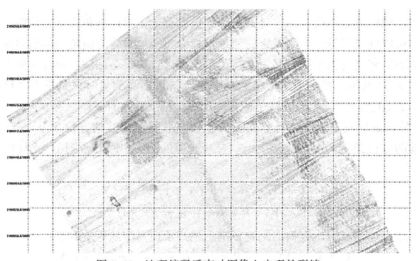

图 3.65　地理编码后声呐图像上出现的裂缝

3.5.3.6　图像的重采样

侧扫声呐地理编码图像的重采样，有别于传统图像的降分辨率采样，这里的重采样是用于填补声呐图像中由于航迹向上采样率不够而产生的缝隙。缝隙填补的关键是确定缝隙区域及其填补原则。这里给出了两种可以用于侧扫声呐缝隙填补的方法，即扇形填充法和扫描填充法。

1. 扇形填充法

侧扫声呐图像的横向回波采样率一般远远高于纵向脉冲发射频率，瀑布图像中一个像素的横向实际尺寸要远小于其纵向实际尺寸。当前，主流的侧扫声呐数据处理软件，通常设置地理编码图像的像素尺寸不小于原始瀑布图像的纵向像素尺寸，这样基本可以保证扫描线在中央航迹区域实现全覆盖，仅在拖鱼航向发生变化时，扫描线的边缘才会产生缝隙。

针对扫描线边缘的缝隙，可以重新考察侧扫声呐的发射波束。侧扫声呐的发射波束在垂直于航迹方向上指向性较好，但仍有一定的波束角度，随着传播距离的增加，波束照射海底的面积越来越大，声波在整个海底的照射区域近似于扇形，如图 3.66 所示，因此可以根据侧扫声呐发射波束的角度，结合横向距离，计算出每个回波代表的实际纵向高度，距离越远，回波代表的实际高度越大。如图 3.66 中的 a 点，$H_a = R \cdot \theta$，以 a 点为中心，纵向上 H_a 高度内所有的像素点的像素值应该与 a 点相同，利用这种方法可以实现扫描线边缘缝隙的填补。

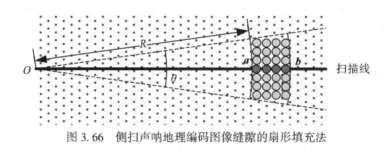

图 3.66　侧扫声呐地理编码图像缝隙的扇形填充法

2. 扫描填充法

扫描填充法是计算机图形图像领域的一种常见区域填充方法（张玉芳等，2005；张志龙，李吉成等，2005）。它的基本原理是，对任意封闭区域，用水平扫描线从上往下按顺序扫描区域的每行像素，计算出每根扫描线与边界产生的一系列交点，将这些交点按横轴排序，将排序后的交点依次成对地取出，作为左右边界点，将左右边界点内的所有像素标定为填充点，当整个区域被扫描完毕，即完成区域的填充。

侧扫声呐地理编码图像中的缝隙，也可以采用这种扫描填充法逐步进行填充。在相邻两 ping 扫描线上选取距离最近的四个点，如图 3.67 所示，A_1、A_2 为同一扫描线上的相邻两个回波，B_3、B_4 为邻近扫描线上的两个相邻点，A_1、A_2、B_3、B_4 组成一个闭合的连通区域，采用扫描填充法，可以标定区域内部所有的像素点，每个像素点的像素值，可按反距离加权法求得，如式（3-5-13）。

$$I = \left(\frac{1}{s_1}I_{A_1} + \frac{1}{s_2}I_{A_2} + \frac{1}{s_3}I_{B_3} + \frac{1}{s_4}I_{B_4} \right) \bigg/ \sum_{i=1}^{4} \frac{1}{s_i} \qquad (3\text{-}5\text{-}13)$$

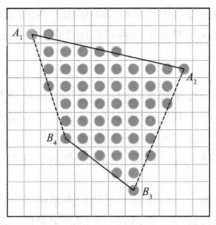

图 3.67　侧扫声呐图像的扫描填充法

扫描填充法相较扇形填充法更具优势，这种方法对编码图像的成像分辨率没有限制。图 3.68(a)为根据实测 XTF 文件提取的回波数据生成的地理编码图像，图 3.68(b)为采用扫描填充法对地理编码图像进行缝隙填补后的效果。

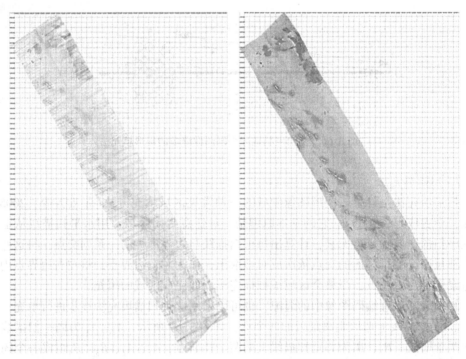

(a)缝隙填补前的地理编码图像　　(b)扫描填充法处理后的地理编码图像

图 3.68　侧扫声呐地理编码图像缝隙填补实例

从图 3.68(b)可以看出，最终的地理编码图像灰度过度均衡，目标轮廓清楚，左右侧成为一个整体，并且具有相对准确的方位和地理坐标。该幅图像极大地方便了海底目标的判读与量测。

3.5.3.7 声呐图像的消噪

侧扫声呐系统作业环境复杂，容易受大量噪声的干扰，各种噪声在声呐图像上可能以不同的方式显示出来，从而降低了侧扫声呐图像质量，造成特征提取和目标识别困难，并引起不良的视觉效果。

侧扫声呐图像中的噪声有些只能在测量时尽量避免，如水中悬浮物、鱼群的回波，一旦在声呐图像上留下噪声，将很难消除；而有些则可以通过数字图像处理方法削弱或消除，如高斯随机噪声、椒盐噪声以及有拖鱼状态不稳形成的横向条纹噪声等。根据不同的噪声类型，有条件的可以适当选择消噪方法进行消除。常见的消噪方法有空间域滤波和频域滤波，空间域滤波根据模板选择的不同可分为均值滤波、中值滤波、高斯滤波等；频域滤波根据滤波选择的不同，可分为低通滤波、高通滤波以及带通带阻滤波等。根据这些滤波方法，这里给出几种常见噪声的消除方法。

1. 高斯噪声及椒盐噪声的消除

高斯噪声和椒盐噪声是侧扫声呐图像中最常见的两种噪声，如图 3.69 所示。高斯噪声往往大量分布于声呐图像的整个区域，这种噪声是导致声呐图像目标轮廓模糊，像素颗粒化明显的主要原因，高斯噪声可以通过选择合适尺寸的模板，采用均值滤波或高斯滤波来消除。椒盐噪声主要是换能器在接收回波时受到随机信号干扰，从而在单 ping 回波内出现孤立的强回波，而在相邻 ping 之间则没有连续性，因此，可以选择沿纵向的带状模板，利用中值滤波对其进行剔除。

图 3.69(b) 为采用 3×3 均值滤波和 3×1 中值滤波分别消除高斯噪声和椒盐噪声的效果，滤波后声呐图像中的各种噪声显著降低，图像质量大大提高，但空间域计算也导致部分细节信息的丢失。

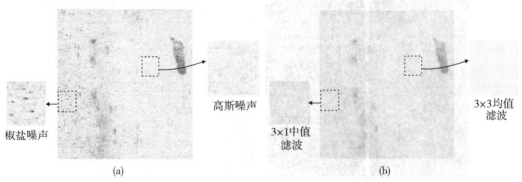

图 3.69　侧扫声呐图像中高斯噪声和椒盐噪声消除前(a)后(b)

2. 条纹噪声的消除

当船行速度过快，拖鱼贴近水面，涌浪和尾流都造成拖鱼运动状态的不稳定，从而影响换能器对声波的正常接收，并在声呐图像上形成周期性的条纹状或波浪状明暗反馈(图 3.70)。这种纵向的条纹噪声将严重影响声呐图像的判读，一般很难直接消除。针对这种有规律的条纹噪声,考虑从频域滤波角度对其进行消除。频域滤波的关键是根据噪声类型,选择合适的滤波器。

 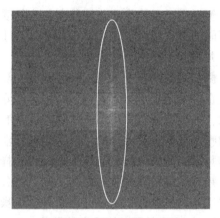

(a)侧扫声呐图像中的条纹噪声　　　　(b)条纹噪声的频谱分布图像

图 3.70　侧扫声呐图像条纹噪声

条纹噪声多呈水平分布,经过傅里叶变换后,这些条纹噪声将在频域内沿纵轴集中分布,如图 3.70 所示,如果条纹噪声纵向规律性较好,则在频域图像的纵轴上会出现多个明显的尖峰区域。因此可以沿着傅里叶变换的垂直轴建立一个简单的理想陷波滤波器,从频域消除这些条纹噪声的影响。图 3.71(a)为一理想陷波滤波器的补码形式。

(a)理想陷波滤波器　　　　　　(b)条纹噪声的消除效果

图 3.71　侧扫声呐图像条纹噪声消除效果

图 3.71(b)为经过陷波滤波器处理后的声呐图像,从图像中可以看出,原来的条纹状噪声几乎被完全消除,图像质量得到提高。

3.5.4 侧扫声呐成图影响因素分析及作业性能评估

侧扫声呐系统成图质量主要受侧扫声呐换能器技术参数、设备安装及平台运动以及其他环境因素影响。

3.5.4.1 主要技术指标对成图质量的影响分析

侧扫声呐的成图质量与采用的声波发射频率、脉冲长度、扫描速度、成像范围、运行速度等技术参数直接相关。

1) 发射频率对侧扫声呐成图的影响

发射频率对侧扫声呐成图的影响机制与二维机械式扫描声呐类似，主要表现为，发射声波频率越高，垂直航迹向上探测目标细节越丰富，但能量衰减越迅速。

2) 侧扫声呐理论分辨率

侧扫声呐理论分辨率分为沿航迹分辨率和垂直航迹分辨率。沿航迹分辨率是指平行于航迹方向上声呐能够分辨的最小目标尺寸，沿航迹分辨率 R_{along} 与侧扫声呐换能器的发射波束主瓣角度 θ_h 及传播距离 L 有关：

$$R_{along} = L\theta_h \tag{3-5-14}$$

垂直航迹分辨率是指垂直于航迹方向上，声呐能够区分两个目标的最小距离，R_{across} 主要与声波脉冲长度 τ、入射角度 φ 有关，如下式所示：

$$R_{across} = \frac{C\tau}{2\sin\varphi} \tag{3-5-15}$$

为了定量地说明侧扫声呐系统的分辨率，以 EdgeTech 4200FS 型侧扫声呐低频为例，发射声波频率为 110kHz，脉冲宽度为 12kHz，沿航迹波束角宽度为 1.1°，拖鱼距离海底的高度为 20m，该型侧扫声呐沿航迹和垂直航迹方向上的分辨率随入射角的变化曲线如图 3.72 所示。从图中可以看出，随着传播距离的增加，沿航迹向的分辨率逐渐下降，垂直于航迹向上的分辨率逐渐增加，并趋近于发射声波的脉冲宽度，在 15°到 60°范围内，沿航迹向、垂直航迹向的分辨率均相对较高。

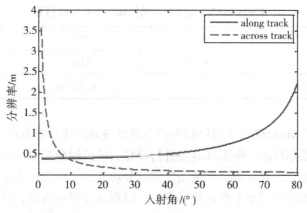

图 3.72 拖鱼距海底 20m 时的分辨率（发射频率 110kHz）

3) 脉冲长度对垂直航迹向分辨率的影响

发射声波脉冲长度对侧扫声呐成图的影响机制与二维机械式扫描声呐类似，脉冲长度变化会引起侧扫声呐图像垂直航迹向分辨率变化，宽脉冲图像垂直航迹向细节模糊、亮度大、噪声多，窄脉冲图像垂直航迹向细节特征尖锐、亮度低、噪声相对少，如图 3.73 所示。

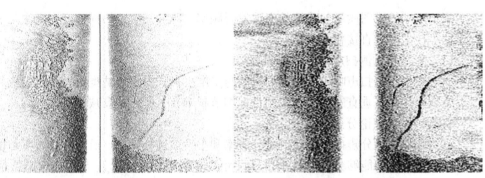

频率：410kHz，脉冲长度：50kHz　　　　频率：120kHz，脉冲长度：12kHz

图 3.73　EdgeTech 4200FS 型不同频率和脉冲长度下侧扫声呐成图效果对比

4) 瀑布图像纵向分辨率

侧扫声呐瀑布图像纵向分辨率既与单 ping 回波沿航迹向理论分辨率有关，也受船速 V 和发射脉冲间隔 Δt 影响，顾及船速变化时，侧扫声呐瀑布图像纵向分辨率可按下式计算：

$$R_{\text{along}} = \min\{V \times \Delta t, L\theta_h\} \tag{3-5-16}$$

5) 采样分辨率与成图分辨率

采样分辨率为根据换能器回波采样个数和采样量程换算而成的分辨率，目前主流侧扫声呐系统多根据自身分辨能力按等采样分辨率来接收数据。以 Klein5000V2 型侧扫声呐为例，不同扫幅对应的采样个数如表 3.9 所示。

表 3.9　**Klein5000V2 型侧扫声呐扫幅与采样个数列表**

扫幅	50m	75m	100m
采样个数	1444	2166	2888
采样分辨率	0.0346m		

不同扫幅下，Klein5000V2 型侧扫声呐垂直航迹向采样分辨率均为 0.0346m。

侧扫声呐成图分辨率一般根据需要进行设置，但成图分辨率并不能真实地表征对水下目标的分辨能力。在判断侧扫声呐图像实际分辨率时，应综合考虑其理论分辨率和成图分辨率：当成图分辨率小于理论分辨率时，以理论分辨率为准，反之，以成图分辨率为准。

图 3.74 中，两幅侧扫声呐成图（下）分辨率均为 0.1m，二维机械式扫描声呐成图（上）分辨率为 0.06m，目标轮胎尺寸约为 1m。受侧扫声呐纵向船速变化影响，在投放区域，侧扫声呐图像上难以发现投放目标。

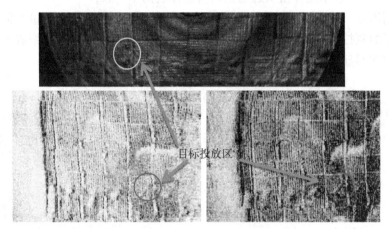

图 3.74 侧扫声呐实际成图分辨率与二维机械式扫描声呐成图分辨率对比

3.5.4.2 安装及运动对成图质量的影响

1) 安装模式

侧扫声呐常采用拖曳模式作业，可尾拖或侧拖，拖曳模式常综合船体形状、马达位置等多种因素进行选择，并通过调整拖缆长度，使拖鱼作业尽可能不受船体回波、马达噪声、尾流等不稳定因素影响。

图 3.75 分别为侧拖和尾拖模式下，船体回波和尾流对侧扫声呐成图的影响。

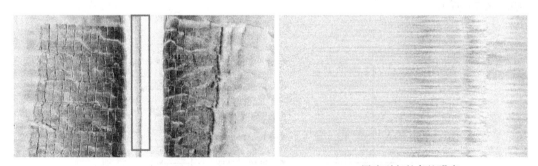

侧拖船体回波噪声　　　　　　　　尾流引起的条纹噪声

图 3.75 不同拖曳模式下侧扫声呐噪声类型

2) 拖鱼定位误差

侧扫声呐实时位置可采用短基线定位系统（USBL）进行实时测量，但目前 USBL 定位精度有限（约为米级），在常规侧扫声呐测量中，拖鱼位置常根据船体位置并结合拖缆长度进行估计。引起拖鱼定位误差的主要因素包括：

(1) 拖缆长度自重产生的弯曲；

(2) 不同船速下，拖鱼、拖挂点、拖缆之间几何关系的变化；

(3) 航向变化、水流冲击引起的拖鱼与船体航向不一致；

上述诸因素，使得拖鱼实时位置难以精确确定，定位误差难以定量评估，进而使得地理编码后的侧扫声呐图像各处存在大小不同的畸变，并导致多条带镶嵌图像公共区域共视目标存在明显错位和重影，如图3.76所示。

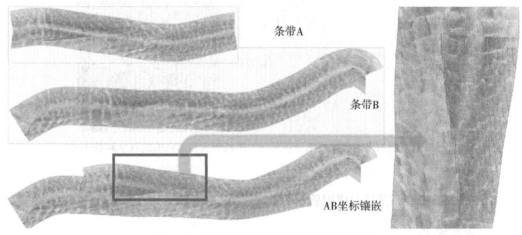

图3.76 拖鱼定位误差引起的镶嵌图像错位

3) 船速变化对成图质量的影响

侧扫声呐图像垂直于航迹方向的量程和采样个数都是固定的，但沿航迹方向的分辨率与船速及声波脉冲发射频率有关。船速的变化，直接影响了声呐图像纵向的分辨率，如图3.77所示。

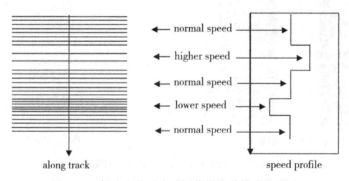

图3.77 船速变化对声呐图像纵向分辨率的影响

当船速适当，侧扫声呐瀑布图像单个像素在纵、横向上的实际尺寸相等时，声图能够反映真实的目标形状；当船速过大时，同一目标被声波扫描次数减少，目标在声呐图像上产生纵向压缩失真；当船速较慢时，远场目标被多次照射，目标在声呐图像上被拉伸，甚至形成拖尾效应，严重时多个目标连接在一起，导致目标识别困难，如图3.78所示。

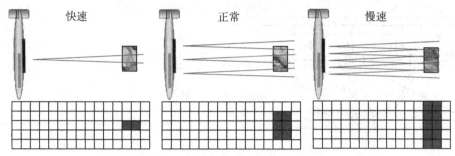

图3.78 船速变化对目标的成图影响

侧扫声呐回波信号的采样周期记为 T_p（ping 采样率 $Sr = 1/T_p$），海水中声速为 c，最边缘回波对应斜距为 R，则 ping 更新周期 T_R 可通过下式表示：

$$T_R = 2 \times R/c \tag{3-5-17}$$

全覆盖测量时，测船速度 V 须小于相邻两 ping 中心间隔 d 与采样率 Sr 的乘积，即

$$V < d \cdot Sr \tag{3-5-18}$$

由此可知，侧扫声呐测量时最大航速可以表示为：

$$V_{max} = \frac{d}{T_p} = d \times c/(2 \times R) \tag{3-5-19}$$

4）姿态变化对成图质量的影响

引起侧扫声呐图像畸变的主要姿态参数为拖鱼的横摇 roll、纵摇 pitch 等。

(1) roll 角对侧扫声呐成图的影响

当拖鱼没有 roll 角变化时，左、右舷回波的水柱长度应该相等，且都等于拖鱼至海底的高度 h。当拖鱼受环境影响，产生了 r 角度的横摇变化时，如图3.79(a)所示，换能器的波束中心偏向左舷一侧，由于海底表面各点与拖鱼的距离没有发生变化，因此横摇变化对大多数海底回波没有影响。然而，侧扫声呐为左右两侧分别接收回波，上述 r 角度的变化，使得左侧水听器接收到的第一个海底回波，来自拖鱼的正下方偏左侧 dl 位置，左舷回波的水柱长度也将增加 dx，右侧水听器的水柱长度虽然没有改变，但拖鱼正下方左侧 dl 段产生的回波与右侧对称区域产生的回波将同时被右侧水听器接收，右侧回波受影响的长度也为 dx。横摇变化影响了拖鱼左右两侧水听器对拖鱼正下方一定区域回波的正常接收，影响区域的半径 $dl = h \cdot \tan r$，在声呐图像上的宽度 $dx = h/\cos r - h$。

图3.79(b)给出了 roll 角度变化对声呐图像的影响，如果成像分辨率为 0.1m，roll 角不超过 5°，拖鱼至海底的高度小于 30m，此时横摇对声呐图像的影响量级一般不超过 1 个像素，可见，横摇的变化使得侧扫声呐图像左右两侧水柱长度略有差异，但肉眼一般很难察觉。

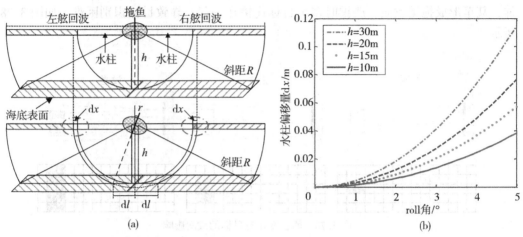

图 3.79 roll 角变化引起的水柱偏移及其随拖高 h 的变化

(2) pitch 角对侧扫声呐成图的影响

当拖鱼水平行进时,声波在海底表面的照射区域落在拖鱼的正下方,海底第一个回波的平面位置与拖鱼的平面位置重合。受波浪、海流及船速的影响,拖鱼在行进过程中可能产生 p 角度的纵摇,发射波束在航迹方向的指向角度发生变化,声波在拖鱼正下方的投射点将沿航迹向前或向后平移一段距离 $dl = h \times \tan p$,如图 3.80 所示。

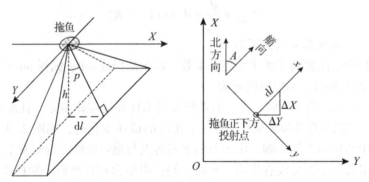

图 3.80 拖鱼纵摇对侧扫声呐成图的影响

考虑船航行方向,pitch 角的变化,引起拖鱼正下方声波投射点的地理坐标偏差为:

$$\Delta X_{\text{pitch}} = dl \times \cos A$$
$$\Delta Y_{\text{pitch}} = dl \times \sin A$$
(3-5-20)

在用拖鱼位置进行地理编码时,应当对上述 pitch 角产生的投射点位误差进行修正。

5) 拖鱼航向变化对成图质量的影响

侧扫声呐的拖鱼多为流线型稳定拖曳体,拖鱼内装有尾鳍,对拖鱼运动状态具有较好的稳定作用,换能器发射波束始终垂直于拖鱼的中轴线,正常情况下鱼体方向与航向方向一致,即射波束也垂直于航迹方向。但受船体瞬时航向变化、水流冲击影响,拖鱼沿竖直轴可能产生艏摇 yaw，艏摇的产生使得鱼体方向与航向方向不再一致，从而使声呐图像上目标发生变形，如图 3.81 所示。

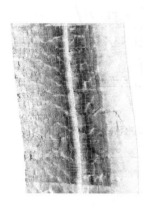 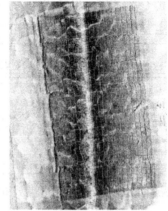 

条带 A 艏摇改正不彻底　　　条带 B 艏摇改正彻底　　　条带 C 艏摇改正不彻底

图 3.81　艏摇改正不彻底引起的侧扫声呐图像目标变形

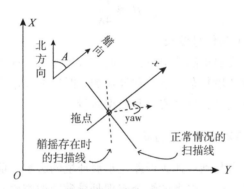

图 3.82　拖鱼艏摇对侧扫声呐成图的影响

在地理编码时应该对拖鱼的航向进行艏摇改正，如图 3.82 所示，每 ping 回波产生时，拖鱼的实时航向为 $\alpha = A + \text{yaw}$。

6）拖鱼高度对声呐图像的成图影响

受船速和地形的影响，拖鱼在行进过程中，相对于海底表面的高度会发生变化，拖鱼高度的变化，将引起声呐图像上水柱长度及扫幅宽度的变化，如图 3.83 所示。

当拖鱼相对于海底的高度增加时，侧扫声呐每 ping 回波的采样个数及扫幅宽度不会变，因此，瀑布图像的像素宽度没有变化，但瀑布图像上的水柱长度将增加，海底表面的扫幅宽度将减少。拖鱼高度变化对其平面位置没有影响。

在实际作业过程中拖鱼高度选择对声呐图像质量影响较大。线列阵发射声脉冲后，在近场区内，由于阵列表面不同位置点声源产生干涉现象，脉冲能量并不随距离衰减，而是在该区域内振荡起伏；在远场区内，干涉现象迅速减少，可忽略不计，脉冲能量随距离衰减。由上述分析可知，近场区内信号不符合声波衰减的规律，其信号抖动不代表

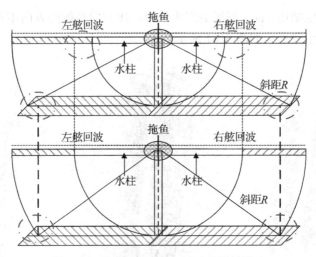

图 3.83 拖鱼高度对侧扫声呐成图的影响

目标或海底对声波的反射能力，故拖鱼距离海底高度 H 应满足下式：

$$H \geqslant \frac{L^2}{4\lambda} \quad (3\text{-}5\text{-}21)$$

式中，L 是阵列长度；λ 为信号波长。

侧扫声呐在满足上式要求的情况下，一般越接近海底，成图质量越好，采集效率越高。然而由于海上作业环境复杂多变，在外业测量时应在技术书指导下，因地制宜，合理安排拖鱼高度，确保人员、仪器安全和数据质量。

3.5.4.3 作业环境对成图影响分析

侧扫声呐扫测作业会受到声速场误差及水流环境的影响，前者引起距离误差；后者会引起拖鱼姿态、航向变化，二者的综合表现是导致图像产生几何畸变。

1) 声速误差

侧扫声呐成图采用单一表层声速计算各回波位置，表层声速误差对回波位置计算的影响机理及量级与三维扫描声呐类似，具体内容可参考相关章节。

2) 水流（速度和方向）

当作业水域存在水流变化时，拖曳船应尽可能沿水流方向逆向行驶，以避免水流对拖鱼的冲击产生艏摇变化。

3.6 二维机械式扫描声呐测图方法

二维机械式扫描声呐通过云台旋转实现对探头正下方一定范围内目标的探测，工作时系统多采用静态扫描模式，测量成果为以探头为圆心，以探测距离为半径的圆形或扇形声呐图像，基于二维扫描声呐图像可开展水下目标的发现、属性定性判读、简单距离量测工作。

3.6 二维机械式扫描声呐测图方法

3.6.1 二维机械式扫描声呐工作原理

二维机械式扫描声呐发射竖直面内大开角、水平面内小开角的扇形高频声脉冲(如图 3.84 所示),发射波束形状有效保证了声呐的径向照射范围和垂直径向分辨率。

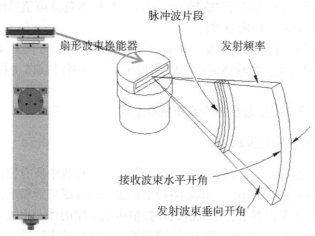

图 3.84 二维机械式扫描声呐工作原理

发射声波在物体或河床表面发生吸收、反射及散射,部分散射能量沿发射方向返回换能器处而被接收,按接收先后顺序可形成 1ping 回波序列,声呐探头以一定角速度绕竖直轴步进旋转,每次旋转重复声波的发射和接收,从而实现对周围一定角度范围内目标的扫描探测(如图 3.85 所示)。

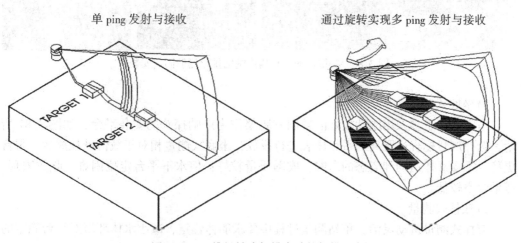

图 3.85 二维机械式扫描声呐的扫描示意图

3.6.2 二维机械式扫描声呐系统组成与作业模式

3.6.2.1 系统组成

二维机械式扫描声呐系统主要由以下几部分组成。

(1)测量主单元：由换能器和旋转云台组成，换能器负责声信号的发射和接收，旋转云台实现换能器指向的精确步进；

(2)内置罗经和姿态传感器：负责测量声呐装置零方向的方位角及姿态变化；

(3)GNSS 定位系统：为载体提供实时地理坐标，并通过载体坐标系实现换能器地理坐标的求解；

(4)计算机：负责定位数据的传输和显示组成。

3.6.2.2 安装及作业模式

二维机械式扫描声呐采用探头静态扫描，单站扫描过程中所有回波采用同一基准进行成图，为形成高质量扫描图像，单站测量中采集平台应尽可能稳定，避免平台运动和姿态变化。基于上述平台要求，二维机械式扫描声呐采用的作业模式主要有支架坐底式和载体舷挂式两种。图 3.86 为长雁 19 号铺排船上二维机械式扫描声呐侧舷固定安装。

图 3.86 二维机械式扫描声呐铺排船侧舷固定安装

1)坐底式测量

坐底式测量多采用刚性较好的特制三脚架作为声呐探头的安装平台，如图 3.87 所示，选择离目标合适距离的平坦床表进行投放；坐底式测量相对于载体舷挂测量，平台更稳，不受载体运动和姿态的影响，成图质量较好；但水下平台定位困难，收放繁琐，测量效率较低。

2)舷挂式测量

舷挂式测量机动灵活，单站测量过程中要求船体锚定，减小水体环境对平台稳定的影响；舷挂测量时可接入 GNSS GGA 格式定位信息，从而便于多站测量数据的融合，GPS 测量常采用 RTK/PPK/CORS 几种模式。

3.6 二维机械式扫描声呐测图方法

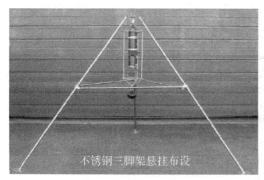
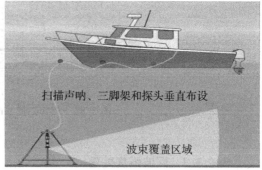

扫描声呐、三脚架和探头垂直布设

不锈钢三脚架悬挂布设

波束覆盖区域

图 3.87　二维机械式扫描声呐坐底式安装

3.6.3　二维机械式扫描声呐数据处理模式

二维机械式扫描声呐采用极坐标斜距成图，原始图像存在倾斜和灰度畸变，无地理坐标信息。因此，二维机械式扫描声呐数据处理包括数据质量控制、极坐标成图、回波强度处理、斜距改正、探头地理坐标求解、图像地理镶嵌等环节。

3.6.3.1　数据质量控制

对载体 GNSS 定位、姿态、罗经等数据，换能器内置罗经及姿态传感器数据质量进行控制，采用 2σ 原则剔除粗差。

3.6.3.2　换能器坐标系下极坐标成图

二维机械式扫描声呐的回波数据常以极坐标形式成图，成图的关键是确定每个回波的像素位置。二维机械式扫描声呐发射声波的同时，换能器按等时间间隔开始采样回波，每个回波相对于换能器的距离 L 可根据采样序号、采样频率及声速计算得到：

$$L_{i,j} = \frac{j \times C_{声}}{2 \times f_{采}} \tag{3-6-1}$$

式中，$L_{i,j}$ 为第 i ping 第 j 个回波的实际距离，$C_{声}$ 为声速；探头旋转角度 α 的零方向由声呐内置磁罗经提供，考虑磁偏角的影响，第 i ping 回波的方位角 α_i 为：

$$\alpha_i = A_{磁偏} + A_i \tag{3-6-2}$$

根据每个回波的传播距离和方位角，便可按极坐标形式对每个回波进行镶嵌成图，结合成像分辨率 Δd，每个回波的像素坐标为：

$$\begin{aligned} \Delta X_{i,j} &= L_{i,j} \cos\alpha_i / \Delta d \\ \Delta Y_{i,j} &= L_{i,j} \sin\alpha_i / \Delta d \end{aligned} \tag{3-6-3}$$

由于每 ping 脉冲发射时都具有一定的开角，所以垂直于采样方向，每个回波都具有一定的厚度，成图作业时可按扇形填充法对相邻扫描 ping 进行重采样。

如图 3.88 中的 a 点，$H_a = R \cdot \theta$，以 a 点为中心，纵向上 H_a 高度内所有的像素点的像素值应该与 a 点相同。

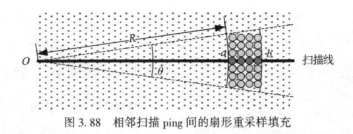

图 3.88 相邻扫描 ping 间的扇形重采样填充

3.6.3.3 回波强度处理

受声能传播过程中的扩展、吸收等损失的影响，二维机械式扫描声呐接收的回波强度随传播时间逐渐衰减，难以表征远场目标的特征。因此，在成图之前需要对回波进行增益，依据声能方程，二维机械式扫描声呐回波强度的衰减补偿量 TL 按下式计算：

$$\mathrm{TL} = n \cdot 10\lg L + \alpha L + \gamma \tag{3-6-4}$$

式中，n 为与波束形状有关的参数，$n=1$ 适用于柱面波传播；$n=1.5$ 适用于估计床表声吸收时的浅海声传播；$n=2$ 适用于开阔水域的球面波传播；α 为水体的吸收系数，与声波的频率、海水的盐度、温度有直接关系；γ 为整体增益系数。

将增益后的回波强度按图 3.89 所示方法线性映射至灰度级，并对每个像素位置进行赋值，从而形成一幅扫描图像。

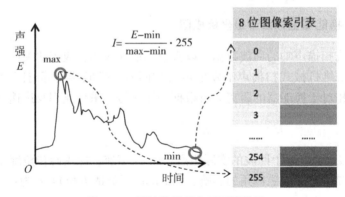

图 3.89 回波数据量化至图像数据

3.6.3.4 扫描图像斜距改正

二维机械扫描声呐采用等时间记录回波强度，并按斜距成图。因此，要确定目标相对于探头的水平位置 (X, Y)，需要根据目标和探头之间的三角几何关系，将目标至换能器的斜距 L 转化为水平距离 L'。然而，受二维机械式扫描声呐成图机理的制约，目标与探头之间的垂向距离难以精确获得。

实际作业时，认为水下地形变化平缓，探头至目标的垂向距离近似等于探头至其正下方床表的高度，即各扫描线径向上第一个强回波至扫描中心的距离。由于这段距离内的回波均为水体中的弱噪声回波,因此也被称为水柱区域,其外边界可通过图像强度的阶跃变化进行判断,依此可确定声呐探头高度 H。

图 3.90 中,探头至其正下方的高度在图上宽度为 N_h,目标至探头斜距在图上宽度为 N_t,则目标至探头的图上平距 N_s 为:

$$N_s = \sqrt{N_t^2 - N_h^2} \tag{3-6-5}$$

结合目标旋转角度及像素分辨率可估算目标相对探头水平位置:

$$\Delta X = N_s \times \cos\alpha \times \Delta d$$
$$\Delta Y = N_s \times \sin\alpha \times \Delta d \tag{3-6-6}$$

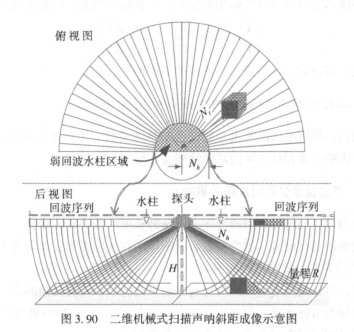

图 3.90 二维机械式扫描声呐斜距成像示意图

根据扫描图像上任意两个目标至探头的相对位置,可计算目标间的相对距离 ΔS,如下式所示:

$$\Delta S = \sqrt{(\Delta X_A^2 - \Delta X_B^2) + (\Delta Y_A^2 - \Delta Y_B^2)} \tag{3-6-7}$$

3.6.3.5 声呐探头地理坐标求解

当船体姿态发生变化时,探头与 GNSS 的相对船体坐标 $(\Delta x, \Delta y)_{\text{VFS-}T\text{-GNSS}}$ 为:

$$\begin{bmatrix} \Delta x \\ \Delta y \\ D \end{bmatrix}_{\text{VFS-}T\text{-GNSS}} = \boldsymbol{R}(p)\boldsymbol{R}(r) \left(\begin{bmatrix} x \\ y \\ D \end{bmatrix}_{\text{VFS-}T} - \begin{bmatrix} x \\ y \\ D \end{bmatrix}_{\text{VFS-GNSS}} \right) \tag{3-6-8}$$

上式中,$\boldsymbol{R}(p) = \begin{Bmatrix} \cos p & 0 & \sin p \\ 0 & 1 & 0 \\ -\sin p & 0 & \cos p \end{Bmatrix}$,$\boldsymbol{R}(r) = \begin{Bmatrix} 1 & 0 & 0 \\ 0 & \cos r & \sin r \\ 0 & -\sin r & \cos r \end{Bmatrix}$。

结合 GNSS 天线处给出的地理坐标$(X, Y, Z)_{GRF\text{-}GNSS}$以及测量船的当前方位$\alpha$，通过归位计算，便可获得探头地理坐标：

$$\begin{pmatrix} X \\ Y \end{pmatrix}_{GRF\text{-}T} = \begin{pmatrix} X \\ Y \end{pmatrix}_{GRF\text{-}GNSS} + R(\alpha) \begin{pmatrix} \Delta x \\ \Delta y \end{pmatrix}_{VFS\text{-}T\text{-}GNSS} \tag{3-6-9}$$

式中，$R(A)$为由A构建的3×3阶矩阵，$R(A) = \begin{pmatrix} \cos A & -\sin A \\ \sin A & \cos A \end{pmatrix}$。

3.6.3.6 扫描图像地理镶嵌

根据扫描图像上回波至探头的相对位置，可获得各回波的绝对地理坐标：

$$\begin{pmatrix} X \\ Y \end{pmatrix}_{GRF\text{-}A} = \begin{pmatrix} X \\ Y \end{pmatrix}_{GRF\text{-}T} + \begin{pmatrix} \Delta X \\ \Delta X \end{pmatrix}_A \tag{3-6-10}$$

基于上式可实现对二维扫描声呐图像的地理镶嵌。

3.6.4 二维机械式扫描声呐成图影响因素分析

二维机械式扫描声呐成图质量主要受声呐技术参数、平台运动以及环境参数影响，上述因素主要影响二维扫描声呐的成图清晰度和像素坐标精度。

3.6.4.1 声呐技术参数对成图的影响

声呐设置参数主要包括发射声波频率、脉冲长度、扫描旋转步长、采样分辨率、成图分辨率、探头距底高度等，这些参数将影响声呐探测距离和成像分辨率。

1. 发射声波频率对成图范围的影响

理论上讲，目标对声波的反射特性与发射声波的频率具有较强的耦合性，声波频率越高，探测目标细节越丰富，但能量衰减得也越厉害。根据 MS1000 生产商的测试，二维机械式扫描声呐不同发射频率的适用距离范围如下：

①675kHz，range<100m；
②625kHz，100m≤range<150m；
③475kHz，150m≤range<200m；
④350kHz，200m=<range<250m；
⑤300kHz，range≥250m。

2. 理论分辨率

二维机械式扫描声呐按等时间采样回波，不区分回波方向，单位时间内回波强度为局部目标面积混响综合结果。因此，不同于束控和干涉声呐，其探测分辨率与发射声波脉冲宽度、扫描旋转步长等参数有直接关系，其理论分辨率可用径向分辨率、垂直径向分辨率、综合分辨率来描述，各分辨率的关系如图 3.91 所示。

径向分辨率 R_{radial} 表征了二维机械式扫描声呐沿波束发射方向对目标的分辨能力，主要与声波脉冲长度τ、入射角度φ有关，如下式所示：

3.6 二维机械式扫描声呐测图方法

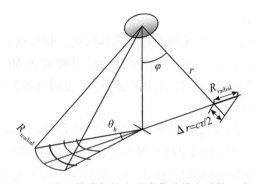

图 3.91 二维机械式扫描声呐成像分辨率计算示意图

$$R_{\text{radial}} = \frac{C\tau}{2\sin\varphi} \tag{3-6-11}$$

二维机械式扫描声呐垂直径向分辨率与声波束控角度 θ_h（扫描旋转步长为 0.225°的倍数）和传播距离 L 有关：

$$R_{\text{tradial}} = L\theta_h \tag{3-6-12}$$

综合考虑上面两个式子，二维机械式扫描声呐成像的综合分辨率为：

$$\begin{aligned} R_{\text{综}} &= \sqrt{R_{\text{radial}}^2 + R_{\text{tradial}}^2} \\ &= \sqrt{\frac{C^2\tau^2(1+H^2/L^2)}{4} + L^2\theta_h^2} \end{aligned} \tag{3-6-13}$$

上述分辨率为二维机械式扫描声呐图像的理论分辨率，令扫描旋转步长为 0.225°、脉冲宽度为 25μs、声速为 1500m/s、探头距底高度为 20m，可以绘制二维机械式扫描声呐理论分辨率曲线，如图 3.92 所示。

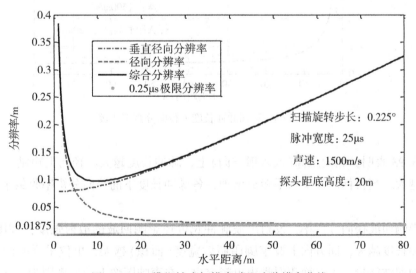

图 3.92 二维机械式扫描声呐理论分辨率曲线

113

从图 3.92 可以看出：

(1) 当脉冲宽度一定时，因采用等时间采样回波，越靠近声呐探头正下方，声呐可识别的最小径向尺寸急剧增大；而传播距离越远，声呐可识别的最小径向尺寸渐近减小(图中虚线)，并趋近于其极限分辨率(图中点线)。发射脉冲长度为 25μs 时，系统径向分辨率极限为 0.01875m。

(2) 二维机械式扫描声呐垂直径向分辨率与扫描角度和距离有关，当扫描角度一定时，垂直径向分辨率与扫描距离呈线性增大变化(图中点划线)。

(3) 二维机械式扫描声呐的综合分辨率，沿扫描距离上先变小后变大(图中黑色实线)，当目标离探头水平距离为 10m 左右时，二维机械式扫描声呐对目标的识别质量最好(综合分辨率约为 10cm)。

3. 脉冲长度对成图质量的影响

由式(3-6-12)知，二维机械式扫描声呐发射脉冲长度直接影响回波径向分辨率，为了定量分析脉冲长度变化对二维机械式扫描声呐成图分辨率的影响，分别对 25μs、50μs、75μs、100μs 脉冲长度下回波径向分辨率比较如图 3.93 所示。

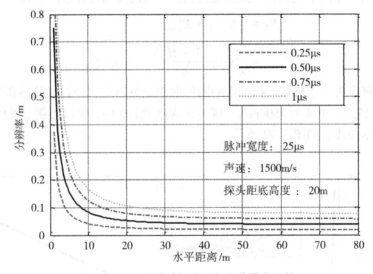

图 3.93 不同脉冲长度下径向分辨率比较

图 3.93 表明，相同距离(或入射方向)上，脉冲长度越大，径向上声呐可识别的最小尺寸越大，当目标离探头水平距离增加，各脉冲长度下的径向分辨率收敛于各自极限分辨率。

除影响回波径向分辨率，发射声波脉冲长度还影响回波的散射强度，如图 3.94 所示，脉冲长度越大，同方向上波束脚印照射宽度(面积)越大，单位采样时间内，返回至探头的回波能量越大，面积混噪声也越突出，在声呐图像上的表现则为：宽脉冲图像细节模糊、亮度大、噪声多，窄脉冲图像细节特征尖锐、亮度低、噪声相对少。

3.6 二维机械式扫描声呐测图方法

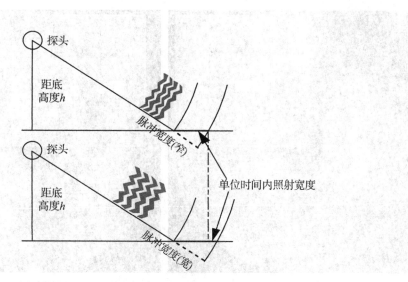

图 3.94 不同脉冲长度下单位时间波束脚印宽度对比

4. 扫描旋转步长对成图质量的影响

扫描旋转步长直接决定了二维机械式扫描声呐的成图效率，同时也影响扫描图像的垂直径向分辨率。结合径向分辨率计算公式，分别对 0.225°、0.45°、0.9°、1.8° 等不同扫描旋转步长下的垂直径向分辨率进行比较，如图 3.95 和图 3.96 所示。

从图 3.95 可以看出：

(1) 垂直径向分辨率与斜距呈正线性关系，同一距离上，扫描旋转步长越大，垂直径向上可识别的最小尺寸越大；

(2) 理论上，垂直径向分辨率与探头距底高度无关，当目标至探头水平距离大于探头高度后，垂直径向分辨率与探头平距逐渐呈正线性关系。

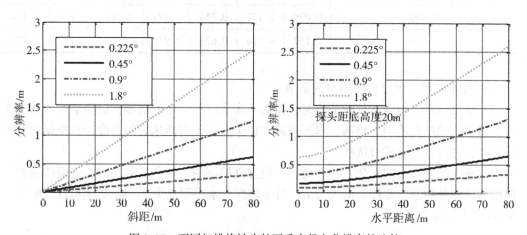

图 3.95 不同扫描旋转步长下垂直径向分辨率的比较

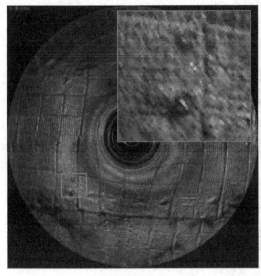 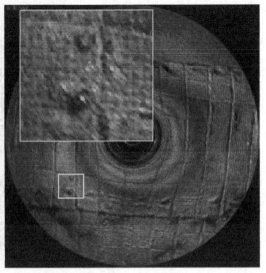

扫描旋转步长0.45°　　　　　　　　　　　　扫描旋转步长0.225°

图 3.96　不同扫描旋转步长下扫描图像比较

为便于外业采集时合理选择扫描旋转步长，将不同扫描旋转步长下特征斜距处的垂直径向分辨率列于表 3.10 中。

表 3.10　　　　　**不同扫描旋转步长下特征斜距处的垂直径向分辨率**

扫描旋转步长/(°) \ 分辨率/m \ 斜距/m	5	10	20	30	50	70	90
0.225	0.020	0.039	0.079	0.118	0.196	0.275	0.353
0.450	0.039	0.079	0.157	0.236	0.393	0.550	0.707
0.900	0.079	0.157	0.314	0.471	0.785	1.100	1.414
1.800	0.157	0.314	0.628	0.942	1.571	2.199	2.827

5. 探头距底高度对成图质量的影响

二维机械式扫描声呐外业采集时，探头离床表应有一定的高度，以保证探头的安全和发射声波的照射范围。目前，水下检测工作中，探头距离床表的高度往往根据探测目标深度，并结合经验进行选择。

探头至床表高度的变化，将改变同一位置处回波的入射和反射方向，进而改变此处回波的成像分辨率，令探头高度为 H，目标离探头水平距离为 L，则式(3-6-11)和式(3-6-12)可变换为：

$$R_{\text{radial}} = \frac{C\tau\sqrt{H^2 + L^2}}{2L} \tag{3-6-14}$$

3.6 二维机械式扫描声呐测图方法

$$R_{综} = \sqrt{\frac{C^2\tau^2(H^2+L^2)}{4L^2} + (H^2+L^2)\theta^2} \quad (3\text{-}6\text{-}15)$$

将上式对水平距离的平方 L^2 求导可得：

$$f'(L^2) = -\frac{C^2\tau^2 H^2}{4L^4} + \theta^2 \quad (3\text{-}6\text{-}16)$$

上式等于零式，综合分辨率 R 取极值，此时水平距离 L 为：

$$L_{\min} = \sqrt{\frac{C\tau H}{2\theta}} \quad (3\text{-}6\text{-}17)$$

令探头高度 H 分别为 5m、10m、15m、20m，脉冲长度 τ 为 25μs，扫描角度 θ 为 0.225°，分别在平距和斜距模式下绘制各高度下声呐综合分辨率随距离的变化曲线，如图 3.97 所示。

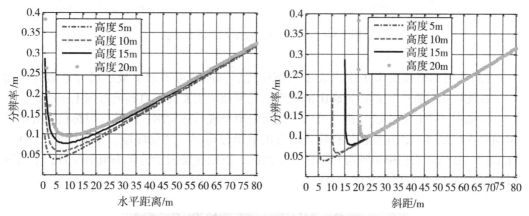

图 3.97 不同高度下声呐分辨率随距离的变化曲线

根据式(3-6-17)，并结合图 3.97 可知，当脉冲长度一定时，探头距底高度主要影响扫描声呐的径向分辨率，进而使得最小综合分辨率大小及位置发生改变：

（1）探头距底高度越小，综合分辨率的极值也越小，取极值时的水平距离也越小；

（2）对同一水平距离处目标，探头距底高度越小，可识别的目标尺寸越小；

（3）当目标离探头水平距离远大于探头距底高度时，不同探头高度下，声呐的综合分辨率趋近相同，如图 3.98 所示。

6. 成图距离的选择

由前文各技术参数对成图质量的影响分析可知，二维机械式扫描声呐在水平距离上并非等分辨率成图，如图 3.99 所示，二维机械式扫描声呐成图综合分辨率在空间分布上有如下特点：

（1）综合分辨率有极小值，当脉冲长度和扫描旋转步长一定时，极小值位置主要与探头高度有关；

（2）当目标至探头水平距离由零逐渐接近极小值位置时，声呐可识别最小尺寸由大急剧减小，单位距离上分辨率的快速变化，将导致局部目标严重畸变，难以识别；

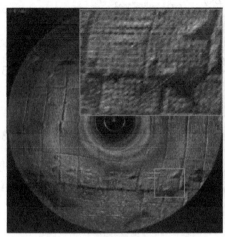
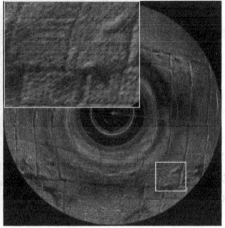

距底高度6m　　　　　　　　　距底高度8.8m

图 3.98　不同距底高度下扫描图像比较

（3）当目标至探头水平距离大于极值位置后，声呐可识别的最小尺寸近似线性增大，在此增大过程中，目标轮廓由清晰逐渐变模糊，主要在垂直径向方向上变模糊。

根据上述理论和实践分析，可以认为要清晰呈现目标轮廓，声呐在目标位置处的可识别尺寸应足够小，并且在目标位置附近的成图分辨率应变化缓慢，不能剧烈。因此，在选择二维机械式扫描声呐与目标作业距离时，下限应略大于分辨率极值位置，上限则可根据表 3.10 和目标尺寸进行选择。

图 3.99　适宜的成像距离范围

3.6 二维机械式扫描声呐测图方法

为便于外业数据采集时合理设置探头至目标距离,将探头距底高度设置为 5m、10m、15m、20m,扫描旋转步长设置为 0.225°、0.45°、0.9°、1.8°,不同情况下分辨率极值及其对应距离如表 3.11 所示。

表 3.11　　不同高度和扫描旋转步长下分辨率极值及其对应距离

距底高度/m	扫描旋转步长/(°) 极值及距离/m	0.225	0.45	0.9	1.8
5	分辨率	0.038	0.058	0.097	0.176
	平距	4.886	6.910	9.772	13.820
	斜距	6.991	8.529	10.977	14.696
10	分辨率	0.058	0.097	0.176	0.333
	平距	6.910	9.772	13.820	19.544
	斜距	12.155	13.982	17.058	21.954
15	分辨率	0.078	0.137	0.254	0.490
	平距	8.463	11.968	16.926	23.937
	斜距	17.223	19.190	22.616	28.248
20	分辨率	0.097	0.176	0.333	0.647
	平距	9.772	13.820	19.544	27.640
	斜距	22.260	24.310	27.964	34.117

7. 斜距成图的畸变分析

测量机理决定了二维机械式扫描声呐为斜距成像,扫描图像上存在倾斜畸变,从而导致基于声呐图像像素坐标量测的目标距离产生偏差。图 3.100 中,对任意径向两点 A 和 B,至探头水平距离分别为 L_a 和 L_b,斜距分别为 S_a 和 S_b,径向夹角为 θ,探头距底高度为 H,则目标 A 与 B 的平距 L_{ab} 和图上斜距 S_{ab} 分别满足余弦定理:

$$L_{ab}^2 = L_a^2 + L_b^2 - 2L_aL_b\cos\theta \tag{3-6-18}$$

$$S_{ab}^2 = 2H^2 + L_a^2 + L_b^2 - 2\sqrt{H^2+L_a^2}\sqrt{H^2+L_b^2}\cos\theta \tag{3-6-19}$$

当 A 与 B 径向夹角为零时,径向量测距离偏差可表示为:

$$\Delta L = S_{ab} - L_{ab} = \sqrt{H^2+L_b^2} - \sqrt{H^2+L_a^2} - L_a + L_b \tag{3-6-20}$$

扫描图像上倾斜畸变的特点如图 3.101 所示。

从图 3.101 可知,沿着半径方向,目标 A_1 和 A_2 的水平距离均为 L_1,其反映在声呐图像上的倾斜距离分别为 D_1 和 D_2,$D_1<D_2<L_1$,在未经斜距改正的扫描图中,目标距换能器近的位置径向压缩大,在距离远的位置径向压缩小。为定量分析径向方向上单位斜

距成图的量测偏差,在不同探头高度下,分别绘制量测偏差随距离的变化曲线,如图 3.102 所示。

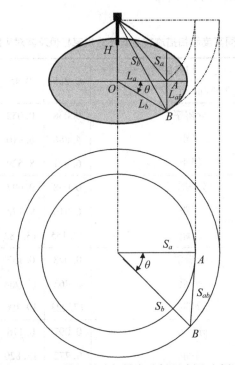

图 3.100 二维机械式扫描声呐斜距成图示意图

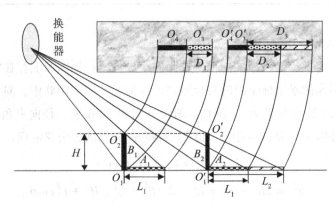

图 3.101 二维机械式扫描声呐倾斜畸变示意图

图 3.102 中,纵轴代表沿径向上每米水平距离的实际量测偏差,如距底高度 5m 时,水平距离 10m 位置处,径向方向 1m 距离的量测偏差约为 -0.1m。

当 A 与 B 径向夹角 θ 不为零时,令 $L_a = L_b = r$,则垂直径向量测距离偏差为:

$$\Delta L = S_{ab} - L_{ab} = 2\sin\frac{\theta}{2}(\sqrt{r^2 + H^2} - r) \tag{3-6-21}$$

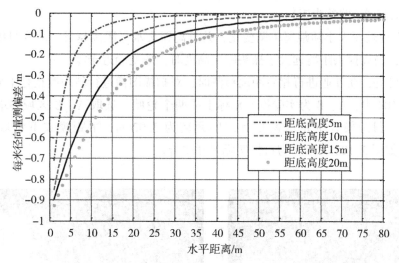

图 3.102　不同高度下，径向方向上斜距量测偏差曲线

不同探头距底高度下，斜距成图引起的垂直径向每米量测偏差随距离的变化曲线如图 3.103 所示。

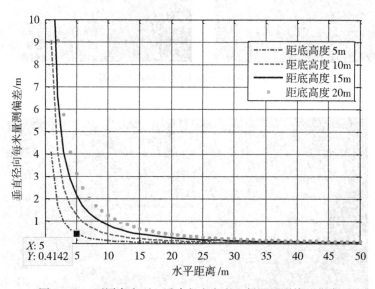

图 3.103　不同高度下，垂直径向方向上斜距量测偏差曲线

图 3.103 中，纵轴代表垂直径向方向每米水平距离的实际量测偏差，如距底高度 5m 时，水平距离 5m 位置处，径向方向 1m 距离的量测偏差约为+0.4142m。

综合图 3.102 和图 3.103 可以看出：

(1) 采用二维机械式扫描声呐采集的斜距图像进行水下相对距离检测时，相对距离在径向方向上的投影距离存在压缩畸变（偏差为负），相对距离在垂直径向上的投影距离存在拉伸畸变（偏差为正）；

（2）上述畸变大小随距离单调变化，并且离探头水平距离越近，畸变量级越大，变化越明显，当离探头距离远大于探头距底高度时，畸变趋近于零。

由此可见，在外业进行相对距离检测时，对扫描图像进行斜距改正是十分必要的。

图 3.104 中，A、B 为实验投放靶标上的两个轮胎，选取 A、B 区域前端亮沿特征作为目标，斜距模式下量取两目标之间距离为 3.026m，平距模式下量取距离则为 2.900m，如图 3.105 所示，与目标实际尺寸吻合。

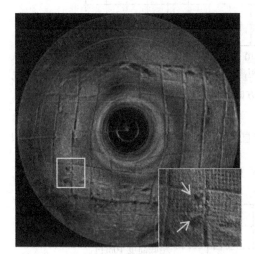 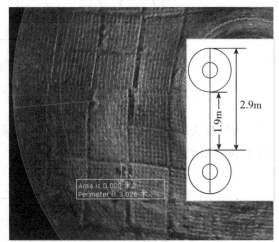

图 3.104　斜距模式下靶标量测距

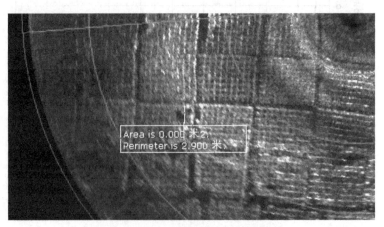

图 3.105　平距模式下靶标量测距

8. 采样分辨率

采样分辨率为根据换能器回波采样个数和采样量程换算而成的分辨率，如 MS1000

扫描声呐最小采样分辨率为 2.5mm，当采样量程为 50m 时，换能器每发射一次脉冲可采集 20000 个回波。

采样分辨率主要用于表征声呐设备自身的采样性能，当采样分辨率小于声呐可识别的最小尺寸时，采样回波产生信息冗余，并增加数据处理量，反之，则不能发挥声呐设备的极限性能。

9. 成图分辨率

受数据传输速度、处理效率限制，二维机械式扫描声呐常对原始回波进行抽稀后再进行处理、显示和储存，抽稀后用于成图的采样回波分辨率称成图分辨率。通过实践发现，MS1000 二维机械式扫描声呐抽稀后的采样回波个数始终为 476 个，并不因扫幅变化而改变。由此可知，MS1000 二维机械式扫描声呐成图分辨率如表 3.12 所示。

表 3.12　　　　　　　MS1000 二维机械式扫描声呐成图分辨率

扫幅/m	10	20	30	50	70	90
成图分辨率/m	0.021	0.042	0.063	0.105	0.147	0.189

3.6.4.2　安装及平台运动对成图的影响

舷挂安装时，声呐探头存在位置偏差、安装方向、安装倾角，上述偏差、方向、倾角以及平台瞬时运动都会引起探头偏离默认的坐标基准。

1. 声呐探头位置偏差分析

扫描声呐探头的实时位置是顾及船体姿态、航向变化，将探头与 GNSS 在船体坐标系下的坐标经过一系列严密的坐标旋转计算得到的。GNSS 与探头在船体坐标系下的相对坐标为(x_0, y_0, z_0)，声呐探头位置偏差主要与坐标系的量测误差、GNSS 的定位误差、姿态和航向的角度量测误差有关，上述各测量误差引起声呐探头最终的位置偏差可参考单波束测深系统精度分析相关内容。

2. 安装方向对成图影响分析

通过对 MS1000 原始数据解码发现，二维机械式扫描声呐以内置磁罗经所指方向为零方向，每 ping 扫描线的方位角应等于其扫描角与罗经所指方位的总和，如图 3.106 所示。因此，安装方向对二维机械式扫描声呐成图没有直接影响。

实际作业时，声呐探头附近的安装支架、通信电缆也会对声波的发射和接收造成影响，从而使声呐图像上遮挡物背侧目标回波强度较弱，成像清晰程度差于其他区域。

图 3.107 为实验中安装支架对二维机械式扫描声呐成图的影响，由于支架具有缩放功能，在改变投放高度时，支架轴会绕其中心水平旋转，从而使被遮挡方向发生改变。外业测量时，应微调投放高度，使探测目标不落在被遮挡区域。

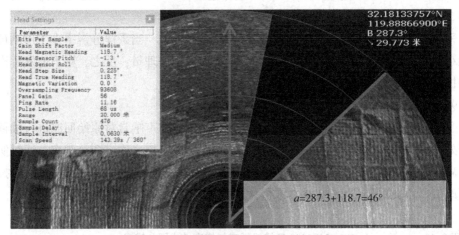

图 3.106 二维机械式扫描声呐扫描线方位角计算

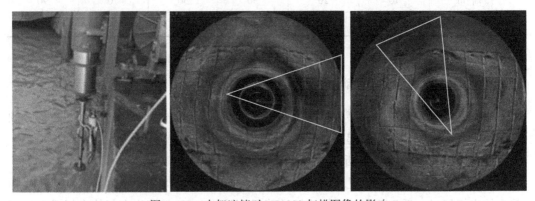

图 3.107 支架遮挡对 MS1000 扫描图像的影响

3. 探头倾角对成图影响分析

当采用二维机械式扫描声呐对平坦床表进行扫描探测时,其默认工作状态是纵轴竖直向下,这样可以保证扫描过程中发射波束对探头四周的床表进行均匀扫测。然而受设备安装、配重不均匀等因素的影响,二维机械式扫描声呐纵轴偏离竖直轴,探头倾角的存在使得发射波束在探头偏斜两侧的照射范围产生差异,如图 3.108 所示。

从图 3.108 可知,探头倾角使得发射声波在一侧的照射范围减小,而对侧照射范围增加。

由于二维机械式扫描声呐采用等时间采样回波,并不区分回波方向,只要目标还在声波照射区域内,目标回波仍能被探头正常接收;当倾角很小时($<10°$时),倾角变化引起的探头位置偏差相对于目标至探头的距离可以忽略不计,同一目标的回波序号几乎不变,因此,小角度倾角的存在,对二维机械式扫描声呐成图影响很小,从图 3.109 可以看出,声呐探头倾角的存在,并未使倾角方向产生明显的位置偏移。

3.6 二维机械式扫描声呐测图方法

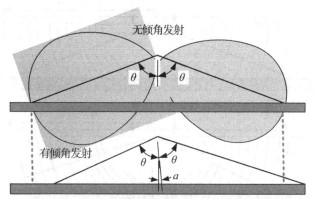

图 3.108 探头倾角对发射波束照射范围的影响

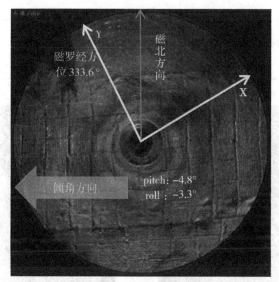

图 3.109 探头有倾角时的实测扫描图像

然而，当倾角较大，造成倾斜一侧声波照射范围小于回波接收量程时，如图 3.110 所示，声呐图像远端出现无回波的弱强度区域。

4. 载体瞬时运动变化对成图影响分析

受施工、水流、潮汐等环境因素的影响，载体可能发生瞬时位置移动和姿态变化，进而使扫描声呐探头在计算回波位置和方向时发生偏差，导致图像上目标发生扭曲和畸变。

1) 载体位置移动对扫描成图的影响

图 3.111 为实验过程中实测两站数据，站 1 在采集右上角数据的过程中，铺排船发生位移，由于移动速度较慢，局部目标仍轮廓清晰可辨，但与静止状态采集的图像相比，目标轮廓变形较大，难以进行精准量测。

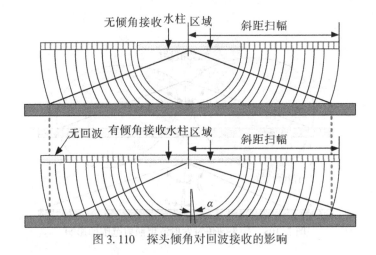

图 3.110　探头倾角对回波接收的影响

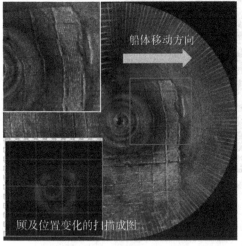

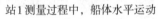

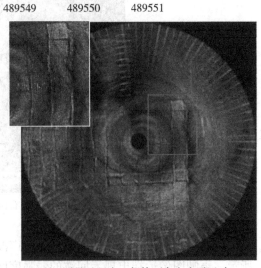

站1测量过程中，船体水平运动　　　　　　　站2测量过程中，船体不存在水平运动

图 3.111　船体运动与静止状态下采集图像对比

当船体瞬时运动速度过大时，将造成单 ping 数据接收产生明显的拉伸和压缩，ping 间数据产生明显错位，导致图像模糊、目标难以识别。为了保证某一扫描范围内图像目标的轮廓清晰，载体瞬时运动引起的位移偏差应小于声呐可识别的最小尺寸，由此给出载体运动速度的上限为：

$$V < \frac{\Delta L c}{2R} \tag{3-6-22}$$

式中，ΔL 为 R 距离处声呐可识别的最小尺寸，当声速 c 为 1500m，R 为 30m，ΔL 为

0.1m 时，为形成轮廓可辨的图像，船速瞬时运动应小于 2.5m/s。

2) 载体姿态变化对扫描成图的影响

除船体位置移动外，载体瞬时姿态变化同样会导致声呐探头位置在数据接收过程中发生偏移，图 3.112 为实测数据中记录的声呐探头瞬时姿态变化曲线。

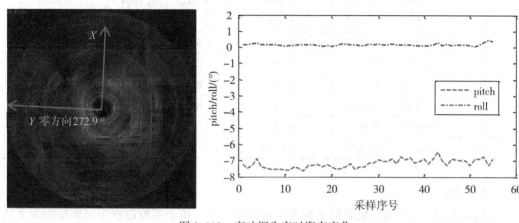

图 3.112　声呐探头实时姿态变化

从图 3.112 可以看出，该站测量过程中，声呐探测存在常倾角，由于声呐探头零方向为 272.9°，近似垂直于船体左舷，常倾角主要表现为 pitch 角，约为 7°(考虑为排布重力牵引所致)；除常倾角外，探头还随船体瞬时运动而发生姿态变化，为分析瞬时姿态变化对回波接收和成图的影响，对该次实验各站数据姿态统计参数如表 3.13 所示。

表 3.13　　各站实测姿态数据统计

序号	pitch			roll		
	均值/(°)	标准差/(°)	最大变化率/((°)/s)	均值/(°)	标准差/(°)	最大变化率/((°)/s)
2	-7.1871	0.2716	0.0931	0.152	0.0788	0.0359
3	-7.0508	0.1854	0.0752	0.1604	0.0592	0.0359
4	-7.0797	0.1146	0.0323	-0.5777	0.0508	0.0215
5	-7.1321	0.1914	0.0215	-0.5985	0.0589	0.0143
7	-7.1237	0.1497	0.0502	1.1931	0.0576	0.0214
8	-7.1697	0.1529	0.0179	1.2017	0.0519	0.0142
10	-6.8653	0.0532	0.0142	1.1142	0.046	0.0143
11	-6.262	0.026	0.0143	0.2451	0.0223	0.0072
12	-6.2422	0.0314	0.0143	0.2406	0.0252	0.0143
13	-6.0868	0.022	0.0108	-0.0423	0.1122	0.0931
14	-3.099	0.1121	0.0179	-2.3762	0.3475	0.0287
15	-7.345	0.261	0.0251	0.0264	0.0524	0.0215

续表

序号	pitch			roll		
	均值/(°)	标准差/(°)	最大变化率/((°)/s)	均值/(°)	标准差/(°)	最大变化率/((°)/s)
16	-7.4753	0.0833	0.0179	-0.0088	0.0507	0.0143
17	-6.9683	0.206	0.0249	-1.5123	0.1064	0.0143
18	-5.5187	0.1622	0.0215	2.541	0.254	0.0215
19	-4.4731	0.0427	0.0143	3.3541	0.2941	0.0215
20	-4.4583	0.0235	0.0072	3.2661	0.158	0.0287
21	-1.3384	0.2411	0.0215	1.8126	0.1573	0.0215
22	-1.2749	0.0728	0.0179	1.8271	0.0604	0.0143
23	-6.9528	0.0983	0.0179	-1.2121	0.0655	0.0143
24	-6.8807	0.2031	0.0215	-1.1727	0.0979	0.0143

上表中：

①pitch 和 roll 角的均值表征了探头的常倾角大小，由于实验过程中需调整探头下放高度，所以各站测量过程中探头常倾角发生变化；

②标准差表征了探头姿态变化幅度，由于实验开展所基于的铺排船采用多向锚定，施工过程中船体姿态变化幅度较小，姿态角的变化多不超过±0.3°；

③最大变化率反映了船体姿态瞬时变化大小，此次实验其值不超过 0.1(°)/s；

以该次实验所采用的船体坐标系(图 3.113(a))，可以计算探头位置偏差(相对于 GNSS)随船体瞬时姿态变化曲线如图 3.113(b)所示：

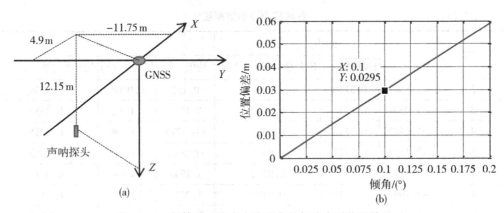

图 3.113　船体瞬时姿态变化引起的探头实时位置偏差

从图 3.113 可以看出，在此次实验所处的铺排施工环境下，船体瞬时姿态变化引起的探头实时位置偏差一般小于 3cm/s，与 MS1000 声呐识别能力及其他测量误差相比，其对成图质量的影响几乎可以忽略。

3.6.4.3 作业环境对成图影响分析

声波在水体中并不是匀速传播，声速变化主要受水体温度、盐度、压力的影响，尤其受温度的影响最为显著。

(1) 温度变化 1°，声速约变化 4m/s；
(2) 盐度变化 1ppt，声速约变化 1.4m/s；
(3) 深度变化 100m（10 个标准大气压），声速约变化 1.7m/s。

图 3.114 为实验区不同时段采集的声速剖面。不同声速剖面之间，水温越高，声速剖面整体值越大；同一声速剖面，水深越深，声速值越大。距离声呐探头 30m 处，1m/s 的声速误差约产生 0.04m 的传播距离误差，图中整个作业区声速变化范围在 0.5m/s 范围内，声速剖面误差引起的测距误差应不超过 0.02m。

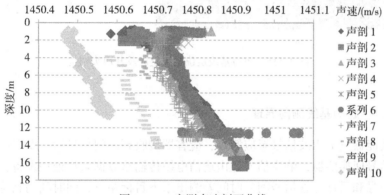

图 3.114 实测声速剖面曲线

声速随温度、盐度、压强的变化，本质原因是传播路径上水体密度的变化，因此，声波在水体中的传播路径常发生弯曲，从而使基于单一声速计算得到的目标至探头距离产生偏差。从图 3.114 可以看出，实验过程中，所在水域声速随时间和空间变化较小，声速代表性误差较小。

3.7 超短基线声呐定位方法

3.7.1 定位原理

超短基线定位系统（Ultra-short Baseline System，USBL）由水下声学测量设备和水上数据采集处理设备两大部分组成，其中水下声学测量设备由安装在船体的声学换能器（发射接收单元）和安装在水下移动载体的声学应答器组成。

声学换能器是安装在载体上的发射换能器，它和两个或更多水听器可以组成一个直径只有几厘米~几十厘米的水听器基阵，称为声头，水听器阵列一般呈"L"或"十"字正交形，如图 3.115 所示。待测目标一般为声学信标或声学应答器单元，信标常放置在海底，声学应答器单元则为放置在其他载体上的发射接收器，只有在收到询问信号时才回答，通常每一应答器对应一种频率。

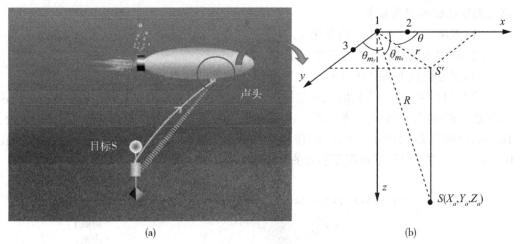

图 3.115　超短基线定位系统组成及其声头结构

3.7.1.1　超短基线测向原理

声学换能器发射声波信号至应答器，应答器接收到询问信号后，发射区别于询问信号的响应信号回换能器，响应信号经由通信电缆传输给数据采集处理设备，根据收到换能器询问信号和目标应答信号间的时间差测出水下目标距离，同时利用到达各阵元的应答信号相位差测出目标方位，从而得到目标位置。

图 3.115(b) 给出了超短基线系统的声头结构，1 号换能器无方向发射声脉冲信号，当目标 S 上的应答器接收到信号后立即无方向性发射应答回波信号，目标 S 的回波信号到达三个阵元的时间并不相同，三者之间存在相位差，分别检测 2 号和 1 号的相位差 φ_{12} 以及阵元 3 号和 1 号的相位差 φ_{13}，可分别求得 S 目标信号与阵元中心连线方向相对于 x 轴和 y 轴的角度 θ_{m_x} 和 θ_{m_y}：

$$\theta_{m_x} = \arccos\left(\frac{\lambda \varphi_{12}}{2\pi d}\right)$$
$$\theta_{m_y} = \arccos\left(\frac{\lambda \varphi_{13}}{2\pi d}\right)$$

（3-7-1）

式中，λ 为发射声波波长，d 为阵元之间的距离。

基于上述两个角度可以求出目标 S 回波方向相对于 Z 轴的夹角 θ_{m_z}：

$$\theta_{m_z} = \sqrt{1 - \cos^2\theta_{m_x} - \cos^2\theta_{m_y}}$$

（3-7-2）

然而基于上述回波声线方向，并不能直接结算目标 S 相对于中心换能器的位置，还需要辅助测深或测距条件，超短基线求解位置的方式主要分为两类：

（1）根据声线入射角和已知深度进行位置解算；

(2）根据测量的距离和声线入射角进行定位解算。

3.7.1.2　根据声线入射角和深度解算位置

有缆水下潜航器可以通过压力传感器获取所处深度 h，床表上的目标也可通过测深获得其深度，对于这类目标的定位，可以将深度 h 作为已知量，目标处安置信标单元用于反射回波信号，然后根据超短基线系统的测向信息实现目标位置的确定，根据图3.115（b）的几何关系，可以由目标深度 h，声线方向角 θ_{m_x} 和 θ_{m_y} 求得目标的平面位置 X_a 和 Y_a：

$$\begin{cases} X_a = \dfrac{h \cdot \cos\theta_{m_x}}{\sqrt{1 - \cos^2\theta_{m_x} - \cos^2\theta_{m_y}}} \\ Y_a = \dfrac{h \cdot \cos\theta_{m_y}}{\sqrt{1 - \cos^2\theta_{m_x} - \cos^2\theta_{m_y}}} \end{cases} \tag{3-7-3}$$

3.7.1.3　根据声线入射角和斜距解算位置

大多数时候难以直接确定目标所处的深度信息，此时若在目标处安装有应答器装置，便可实现换能器与应答器的通信和测距，1号阵元与目标之间的斜距 R 通过往返信号的时间结合声速求得，进而可求得目标的三维坐标：

$$\begin{cases} X_a = R\cos\theta_{m_x} \\ Y_a = R\cos\theta_{m_y} \\ h = \sqrt{1 - X_a^2 - Y_a^2} \end{cases} \tag{3-7-4}$$

3.7.2　系统组成及特点

USBL 系统主要由以下部分组成：①测量主单元：由换能器和水听器阵列组成，负责声信号的发射和接收。②应答器：负责接收信号，并编码应答信号。应答器借助固定支架可安装在待沉管上。③计算机：负责定位数据的传输和显示，如图3.116所示。

USBL 的优点：使用方便，将换能器和应答器安装在待沉管和已沉管的设定位置上，即可确定二者间的相对标矢量；若换能器安装在驳船上，应答器分别安装在待沉管和已沉管的设定位置上，可以直接获得二者相对驳船的坐标矢量；数据传输非常方便。

不足之处：受多路径效应的影响相对显著，受声速剖面的影响较显著，受海水浑浊度影响显著，受波束角效应的影响比较显著，定位精度与测量距离相关，距离越远定位精度越差，设备安装和校准要求严格，数据传输须通过特殊处理方可实现，作业前后需潜水员安装和拆卸设备。

3.7.3　超短基线定位数据处理流程

超短基线数据处理流程主要包括：观测数据滤波、声线弯曲改正、目标相对坐标计算、目标绝对点位计算、定位数据滤波等环节。

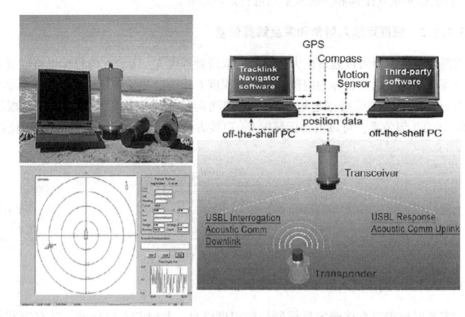

图 3.116　USBL 组成及工作原理示意图

1）观测数据滤波

对超短基线系统实测的距离、时间差（或相位差）基于 2σ 原则进行粗差剔除。

2）声线弯曲改正

海水中声速不是一个常值，导致声线为曲线而非直线，需将曲线改正到直线，计算后续点位坐标。

3）目标相对坐标计算

USBL 可基于相位/脉冲实现测距，以脉冲为例，换能器与应答器间实测空间距离 R 为：

$$R = ct/2 \tag{3-7-5}$$

式中，t 为声波在换能器和应答器间传输的时间；c 为声波在海水中的传播声速。

换能器与应答器实测的空间直线 S 与 USBL 测站空间直角坐标三个轴的夹角分别为 θ_{m_x}、θ_{m_y} 和 θ_{m_z}，可通过如下模型计算得到：

$$\begin{aligned} \cos\theta_{m_x} &= \frac{C \cdot \Delta t_1}{b_x} = \frac{\lambda \Delta\phi_x}{2\pi b_x} \\ \cos\theta_{m_y} &= \frac{C \cdot \Delta t_2}{b_y} = \frac{\lambda \Delta\phi_y}{2\pi b_y} \\ \cos\theta_{m_z} &= (1 - \cos^2\theta_{m_x} - \cos^2\theta_{m_y})^{\frac{1}{2}} \end{aligned} \tag{3-7-6}$$

则基于实测距离 S，换能器与水听器间的坐标矢量 (x, y, z) 为：

$$x = S \cdot \cos\theta_{m_x}, \quad y = S \cdot \cos\theta_{m_y}, \quad z = S \cdot \cos\theta_{m_z} \tag{3-7-7}$$

$b_x = b_y = b$，$\Delta \Phi_x$ 为 S 与 H_1 和 H_2 水听器间相位差，$\Delta \Phi_y$ 为 S 与 H_2 和 H_3 间相位差，则：

$$x = S\cos\theta_{m_x} = \frac{1}{2}ct\frac{\lambda\Delta\phi_x}{2\pi b} = \frac{ct\lambda\Delta\phi_x}{4\pi b}$$

$$y = S\cos\theta_{m_y} = \frac{1}{2}ct\frac{\lambda\Delta\phi_y}{2\pi b} = \frac{ct\lambda\Delta\phi_y}{4\pi b} \tag{3-7-8}$$

$$z = S\cos\theta_{m_z} = \frac{1}{4\pi b}ct\sqrt{(4\pi b)^2 - (\lambda\Delta\phi_x)^2 - (\lambda\Delta\phi_y)^2}$$

4）目标绝对点位计算

基于上述模型，获得了应答器 S 相对发射换能器的坐标，要获得 S 在工程坐标系下的坐标$(X_s,\ Y_s,\ Z_s)^T$，还需结合发射换能器的方位 A 和姿态参数（r-roll 和 p-pitch）、换能器（安装在载体上）的工程坐标$(X_t,\ Y_t,\ Z_t)^T$，通过归位计算获得。

$$(X_s\ \ Y_s\ \ Z_s)^T = (X_{GNSS}\ \ Y_{GNSS}\ \ Z_{GNSS})^T + \boldsymbol{R}(A)\boldsymbol{R}(p)\boldsymbol{R}(r)\,(X_t\ \ Y_t\ \ Z_t)^T \tag{3-7-9}$$

若认为换能器此时不存在姿态变化，则上式可简化为：

$$(X_s\ \ Y_s\ \ Z_s)^T = (X_{GNSS}\ \ Y_{GNSS}\ \ Z_{GNSS})^T + \boldsymbol{R}(A)\,(X_t\ \ Y_t\ \ Z_t)^T \tag{3-7-10}$$

式中，$\boldsymbol{R}(A)$、$\boldsymbol{R}(p)$ 和 $\boldsymbol{R}(r)$ 分别为 A、p 和 r 组成的 3×3 旋转矩阵。

5）定位数据滤波

USBL 为动态定位，受复杂海洋声场环境的影响，定位数据不可避免存在随机误差和跳变粗差，粗差实质是错误结果，此时可以采用滤波算法对定位数据进行质量控制，常见的滤波算法有中值滤波、均值滤波、高斯滤波、趋势滤波、Kalman 滤波等。

3.7.4 超短基线定位精度及环境因素对定位的影响

3.7.4.1 超短基线定位误差改正模型

以上数据处理中，两个误差改正模型，即声速改正（或声线弯曲改正）和归位计算，需深入研究。

1. 声线弯曲改正模型

声线是一条曲线，而沉管点位计算时应采用直线。因此在测距结果中应加声线曲率改正。

如图 3.117 所示，在声速垂直剖面内取直角坐标系，x 轴平行于海面，y 轴垂直向下。将声线穿越的整个水体分层，并假定每层声速垂直变化梯度 G_c 为常数。图中 α_0 为声线入射角，α_1 为声线折射角，入射角与海平面夹角为 φ_0，每层中的声速为 C_i，则根据图 3.117 有：

$$\tan\alpha_1 = \frac{\Delta x}{\Delta y} = \frac{\sin\alpha_1}{\sqrt{1-\sin^2\alpha_1}} \tag{3-7-11}$$

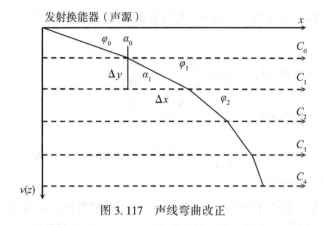

图 3.117 声线弯曲改正

根据 Snell 定律，$\dfrac{C_1}{\sin\alpha_1} = \dfrac{C_0}{\sin\alpha_0} = \dfrac{C_0}{\cos\varphi_0}$，则有：$\sin\alpha_1 = \dfrac{C_1}{C_0}\cos\varphi_0$，将其代入式（3-7-11），
则有：

$$\dfrac{\Delta x}{\Delta y} = \dfrac{\dfrac{C_1}{C_0}\cos\varphi_0}{\sqrt{1 - \dfrac{C_1^2}{C_0^2}\cos^2\varphi_0}} \tag{3-7-12}$$

顾及分层声速 $C(Z)$，则有：

$$C(Z) = C_0 + G_C Z = C_0(1 + \alpha Z), \quad \alpha = \dfrac{1}{C_0}\dfrac{dC}{dZ} \tag{3-7-13}$$

式中，α 为声速的相对速度；C_0 为速度入射海面层的声速。

式（3-7-12）可写成：

$$\dfrac{\Delta x}{\Delta y} = \dfrac{(1 + \alpha y)\cos\varphi_0}{\sqrt{1 - (1 + \alpha y)^2 \cos^2\varphi_0}} \tag{3-7-14}$$

当海水分层很小时，将上式对 x 进行积分，整理后可得：

$$\left(x - \dfrac{C_0}{G_C}\tan\varphi_0\right)^2 + \left(y + \dfrac{C_0}{G_C}\right)^2 = \dfrac{C_0^2}{G_C^2 \cos^2\varphi_0} \tag{3-7-15}$$

声线为一条半径为 $R = \dfrac{C_0}{|G_C|\cos\varphi_0}$ 的圆弧。则声线曲率改正可取弧长与弦长差来确定，即

$$\Delta S = -2R\left(\dfrac{\varepsilon}{\rho'} - \sin\varepsilon\right) \tag{3-7-16}$$

式中，ε 为弦切角，其定义如图 3.118 所示。

若取 $R = 50\text{m}$，$\varepsilon = 20°$，则相应的声线曲率改正为：

$$\Delta S = -2R\left(\dfrac{\varepsilon}{\rho'} - \sin\varepsilon\right) = -0.704\text{m} \tag{3-7-17}$$

3.7 超短基线声呐定位方法

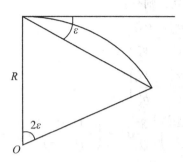

图 3.118 声线弯曲弦切角 ε 定义

由于声线是在垂直面内弯曲,可视斜距测量为声线的水平方向的测量,因此,在声标深度 z 已知情况下,无须另加声线曲率改正,而根据如下近似公式计算声标位置。

$$x = (S^2 - z^2)^{\frac{1}{2}} \cos A, \quad y = (S^2 - z^2)^{\frac{1}{2}} \sin A, \quad A = \arctan\left(\frac{\cos\theta_{m_y}}{\cos\theta_{m_x}}\right) \quad (3\text{-}7\text{-}18)$$

2. 归位计算模型

归位计算中,须将测站坐标系经过旋转变换,使其与工程坐标系坐标轴平行,这就须进行旋转变化,旋转变换矩阵采用如下矩阵形式:

$$\begin{pmatrix} \delta_x \\ \delta_y \\ \delta_z \end{pmatrix} = \begin{pmatrix} \cos A & -\sin A & 0 \\ \sin A & \cos A & 0 \\ 0 & 0 & -1 \end{pmatrix} \begin{pmatrix} \cos p & 0 & \sin p \\ 0 & 1 & 0 \\ -\sin p & 0 & \cos p \end{pmatrix} \begin{pmatrix} 1 & 0 & 0 \\ 0 & \cos r & \sin r \\ 0 & -\sin r & \cos r \end{pmatrix} \begin{pmatrix} f \\ g \\ h \end{pmatrix} \quad (3\text{-}7\text{-}19)$$

式中,(f, g, h) 为控制点在管节坐标系下的坐标;$(\delta_x, \delta_y, \delta_z)$ 为归位变换改正量。

上式不但实现了坐标轴间的平行,还消除了姿态因素的影响。

3.7.4.2 USBL 定位精度评估

根据以上测量定位原理,下面讨论 USBL 的定位误差。由式(3-7-8)可得:

$$x = S\frac{C\Delta t_1}{b_x}, \quad y = S\frac{C\Delta t_2}{b_y}, \quad z = S \cdot \sqrt{1 - \left(\frac{C \cdot \Delta t_1}{b_x}\right)^2 - \left(\frac{C \cdot \Delta t_2}{b_y}\right)^2} \quad (3\text{-}7\text{-}20)$$

将上式进行全微分有:

$$\begin{cases} \mathrm{d}x = \dfrac{C \cdot \Delta t_1}{b_x}\mathrm{d}S + \dfrac{S \cdot \Delta t_1}{b_x}\mathrm{d}c + \dfrac{S \cdot C}{b_x}\mathrm{d}\Delta t_1 - \dfrac{S \cdot C \cdot \Delta t_1}{b_x^2}\mathrm{d}b_x \\ \mathrm{d}y = \dfrac{C \cdot \Delta t_2}{b_y}\mathrm{d}S + \dfrac{S \cdot \Delta t_2}{b_y}\mathrm{d}c + \dfrac{S \cdot C}{b_y}\mathrm{d}\Delta t_2 - \dfrac{S \cdot C \cdot \Delta t_2}{b_y^2}\mathrm{d}b_y \end{cases} \quad (3\text{-}7\text{-}21)$$

令 $Q = \sqrt{1 - \left(\dfrac{C \cdot \Delta t_1}{b_x}\right)^2 - \left(\dfrac{C \cdot \Delta t_2}{b_y}\right)^2}$,则有

$$\mathrm{d}z = Q\mathrm{d}S - \left(\frac{C\Delta t_1^2}{b_x^2} + \frac{C\Delta t_2^2}{b_y^2}\right)\frac{S}{Q}\mathrm{d}C - S\frac{C^2\Delta t_1}{Q \cdot b_x^2}\mathrm{d}\Delta t_1 - S\frac{C^2\Delta t_2}{Q \cdot b_y^2}\mathrm{d}\Delta t_2 + S\frac{C^2\Delta t_1^2}{Q \cdot b_x^3}\mathrm{d}b_x + S\frac{C^2\Delta t_2^2}{Q \cdot b_y^3}\mathrm{d}b_y$$

$$(3\text{-}7\text{-}22)$$

由于观测量之间相互独立,则有:

$$\begin{cases} \sigma_X^2 = x^2 \left\{ \dfrac{\sigma_S^2}{S^2} + \dfrac{\sigma_{\Delta t_1}^2}{(\Delta t_1)^2} + \dfrac{\sigma_c^2}{c^2} + \dfrac{\sigma_{b_x}^2}{b_x^2} \right\} \\ \sigma_Y^2 = y^2 \left\{ \dfrac{\sigma_S^2}{S^2} + \dfrac{\sigma_{\Delta t_2}^2}{(\Delta t_2)^2} + \dfrac{\sigma_c^2}{c^2} + \dfrac{\sigma_{b_y}^2}{b_y^2} \right\} \\ \sigma_Z^2 = Q^2 \sigma_S^2 + \left(\dfrac{C \Delta t_1^2}{b_x^2} + \dfrac{C \Delta t_2^2}{b_y^2} \right)^2 \dfrac{S^2}{Q^2} \sigma_c^2 + \left(S \dfrac{C^2 \Delta t_1}{Q \cdot b_x^2} \right)^2 \sigma_{\Delta t_1}^2 + \left(S \dfrac{C^2 \Delta t_2}{Q \cdot b_y^2} \right)^2 \sigma_{\Delta t_2}^2 \\ \qquad + \left(S \dfrac{C^2 \Delta t_1^2}{Q \cdot b_x^3} \right)^2 \sigma_{b_x}^2 + \left(S \dfrac{C^2 \Delta t_2^2}{Q \cdot b_y^3} \right)^2 \sigma_{b_y}^2 \end{cases} \qquad (3\text{-}7\text{-}23)$$

若认为观测时精度相等,即 $\sigma_{\Delta t_1}^2 = \sigma_{\Delta t_2}^2$ 且对于 USBL 有 $b_x = b_y = b$,则上式简化为:

$$\begin{cases} \sigma_X^2 = x^2 \left\{ \dfrac{\sigma_S^2}{S^2} + \dfrac{\sigma_{\Delta t_1}^2}{(\Delta t_1)^2} + \dfrac{\sigma_c^2}{c^2} + \dfrac{\sigma_b^2}{b^2} \right\}, \\ \sigma_Y^2 = y^2 \left\{ \dfrac{\sigma_S^2}{S^2} + \dfrac{\sigma_{\Delta t_2}^2}{(\Delta t_2)^2} + \dfrac{\sigma_c^2}{c^2} + \dfrac{\sigma_b^2}{b^2} \right\} \\ \sigma_Z^2 = Q^2 \sigma_S^2 + \left[S \dfrac{C(\Delta t_1^2 + \Delta t_2^2)}{Q \cdot b^2} \right]^2 \sigma_c^2 + \left(S \dfrac{C^2}{Q \cdot b^2} \right)^2 (\Delta t_1^2 + \Delta t_2^2) \sigma_{\Delta t}^2 \\ \qquad + \left(S \dfrac{C^2}{Q \cdot b^3} \right)^2 (\Delta t_1^4 + \Delta t_2^4) \sigma_b^2 \end{cases} \qquad (3\text{-}7\text{-}24)$$

上式说明,收发器越接近声标上方,定位精度越高,相反,若水平位移很大,则定位精度降低。同时,定位精度还与测距误差、声速误差及测时误差有关。

若测距长度为 30m,声速误差最大为 2.5m/s,测时精度为 0.1ms,测距精度为 0.2m(按照 1%测距精度计算),则其定位误差为:

$$\sigma_x = 0.23\text{m}, \ \sigma_y = 0.23\text{m}, \ \sigma_z = 0.06\text{m} \qquad (3\text{-}7\text{-}25)$$

其点位确定精度为 $\sigma_P = 0.33\text{m}$。

以上分析了 USBL 自身测量精度对最终定位精度的影响,尚未顾及环境因素的影响。

3.7.4.3 环境因素对测量定位的影响

影响超短基线定位质量的环境因素主要有声场多次反射引起的多路径效应、海水温度变化引起的声场结构改变。

1. 多路径效应影响

USBL 借助超声波实施测量,受应答器附近沉管物件分布影响,部分发射波经物件反射后到达应答器,由于是反射波而不是直射波,因此声程相对直线波要长,在应答器点位计算时,则会出现定位误差,甚至出现错误的定位解。此外,当直射波和反射波交替进入应答器时,定位解则易出现错误和正确定位解交替出现的现象,导致无法借助前面所述的滤波算法实现对异常定位解的有效剔除,USBL 解无法使用。

2. 海水温度影响

USBL 测时精度一定时,声速成为影响测距定位精度的第一要素。

海水中声速主要受温度影响。若在测距计算中采用表层声速或平均声速,则必然会给声程计算带来较大的误差,也最终导致 USBL 定位精度显著降低。

上述环境因素将综合影响 USBL 定位精度,并最终导致控制点点位精度降低。

3.8 机械拉线定位方法

3.8.1 拉线系统定位原理

水下拉线测距测向定位系统(TSMS)可以精确测量拉线仪中心与目标的相对位置,其拉线测量部分一般包括摆臂机构、测距轮、拉线、伺服电机、绞盘、测距传感器、倾斜传感器等,图 3.119 为国内某单位自主研发的拉线仪原型系统。其内置电机伺服系统可实现拉线自动收放;内置测距传感器通过测定测距轮转动角度测定拉线收放距离;内置倾斜传感器用于测定摆臂系统俯仰角和水平角。

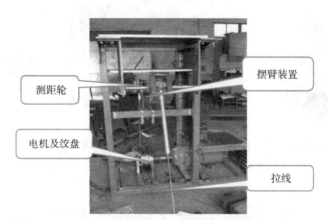

图 3.119 某国产自研拉线测量部分构成

其定位原理如图 3.120 所示。TSMS 借助实测空间拉线长度 r 及其与水平面 X 轴夹角(水平偏角 β)与 Z 轴夹角(倾角 α),进而以拉线测量单元原点为参考,计算挂钩点相对摆臂中心的三维坐标(ΔX, ΔY, ΔZ)。

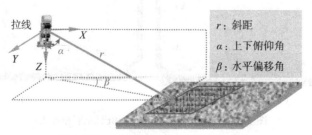

图 3.120 水下拉线测距测向定位方法

其计算公式如下：

$$\begin{cases} \Delta X = r\sin\alpha\cos\beta \\ \Delta Y = r\sin\alpha\sin\beta \\ \Delta Z = r\cos\alpha \end{cases} \quad (3\text{-}8\text{-}1)$$

根据上式即可求得水下目标(拉钩处)相对于拉线仪中心的坐标，若要利用拉线仪确定水下目标在工程坐标系或地理坐标系下的坐标，则还应辅助载体定位、定向等设备。

3.8.2 拉线系统组成及特点

根据拉线仪使用目的的不同，拉线系统组成也有所差异，如水下沉管对接时，更关心待沉管和已沉管之间的相对位置关系，从施工安全和效率等方面考虑，拉线系统还应辅助测距传感器，如图 3.121 所示，该系统应用于水下管节对接工程时的安装示意图如图 3.122 所示。

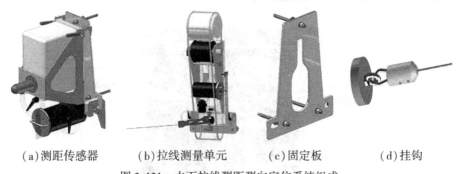

(a)测距传感器　　(b)拉线测量单元　　(c)固定板　　(d)挂钩

图 3.121　水下拉线测距测向定位系统组成

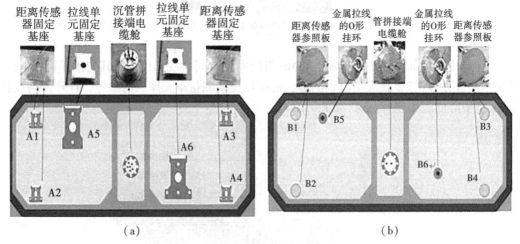

图 3.122　待沉管对接端(a)和已沉管尾端(b)

采用拉线仪进行水下管节对接，充分利用了拉线仪拉线距离越近精度越高的特点，当管间距小于2m时，距离 S 测量误差小于10mm，最优为5mm，最差为20mm；仰俯角 β 和方位角 $A(\alpha)$ 造成误差小于5mm，最大1cm的精度，并且受水文、气象等环境因素影响较小，便于精确地计算待沉管和已沉管在管节坐标系下的精确坐标。

与水下沉管对接不同，水下铺排须测定排布边缘工程或地理坐标，以确定相邻排布搭接宽度是否合格。此时，若选择拉线仪来进行水下定位，拉线仪只能安装于水面载体平台上，且应辅助导航、定位、定向、姿态等传感器设备，以便于将拉线仪坐标系下测量坐标转换至工程坐标系或地理坐标系下。图3.123为拉线仪用于水下铺排定位时的安装示意图。

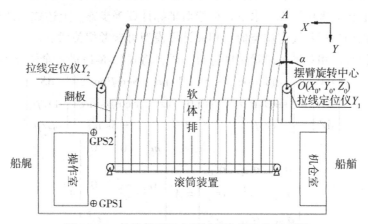

图3.123 拉线仪用于水下铺排定位安装示意图

采用船基拉线系统进行水下目标定位时，定位、罗经、姿态等传感器安装方法及要求与多波束等测深系统相同，而拉线仪安装、测量应满足如下要求：

（1）拉线仪应安装于船舷边缘稳定区域，船舷外监视面应尽可能避免遮挡，待测量目标上拉线挂钩位置及拉线走向选择不得干扰施工作业；

（2）拉线仪倾角测量起始基面应保持水平，水平角测量标定零方向应与罗经安装方向一致；

（3）采用多波束测深船体坐标系测定方法，测定拉线仪中心相对于其他传感器在船体坐标系下的相对坐标，以此实现对拉线仪测量单元的定位、定向；

（4）测量前，将拉钩固定于待测目标上，在拉钩随目标下放过程中，拉线仪应处于松弛状态，避免拉线与船舷或其他干扰物发生触碰和受力摩擦；

（5）当拉钩随目标到达设定布放区域后，启动拉线仪电机收紧拉线，收紧过程中应密切观察拉线方向变化与收紧程度，防止拉线因缠绕或摩擦出现断裂；

（6）拉线收紧后，在确保拉线仪处于正常工作状态下后，记录拉线伸缩长度、倾角及水平角，并按式（3-8-1）计算水下目标相对拉线仪的中心坐标；

（7）测量接收后，应采用人工或者自动脱扣装置，分离水下目标与拉钩，并收回拉线。

上述船基拉线仪水下定位系统，拉线极易受到施工环境干扰，与载体平台其他部件发生摩擦、缠绕、锁死，甚至断裂，存在一定的安全隐患；与此同时，拉线受到水流冲击而弯曲，距离越远测距误差越大。因此，拉线定位系统更适用于水下短距离目标的相对定位(如水下管节对接)。

3.8.3 拉线系统数据处理及定位精度分析

拉线定位系统的测量数据包括拉线长度 $r(S)$、拉线与拉线系统测站空间直角坐标系 Z 轴的夹角(即仰角) β、拉线与拉线系统测站空间直角坐标系 X 轴的夹角(即偏角) α 以及用于绝对定位的导航、罗经、姿态等数据。其数据处理主要包括预处理、水下目标与拉线仪中心相对坐标计算、水下目标绝对坐标计算等步骤。上述数据处理过程及原理与多波束测深和超短基线定位类似，相关计算模型可参考相关章节。

下面对拉线仪相对坐标测量精度进行分析，将式(3-8-1)进行全微分得：

$$\begin{bmatrix} dX \\ dY \\ dZ \end{bmatrix} = \begin{bmatrix} \sin\beta\cos\alpha & -S\sin\beta\sin\alpha & S\cos\beta\cos\alpha \\ \sin\beta\sin\alpha & S\sin\beta\cos\alpha & S\cos\beta\sin\alpha \\ \cos\beta & 0 & -S\sin\beta \end{bmatrix} \begin{bmatrix} dS \\ d\alpha/\rho \\ d\beta/\rho \end{bmatrix} \quad (3\text{-}8\text{-}2)$$

$$\begin{bmatrix} \sigma_X^2 & \sigma_{XY} & \sigma_{XZ} \\ \sigma_{YX} & \sigma_Y^2 & \sigma_{YZ} \\ \sigma_{ZX} & \sigma_{ZY} & \sigma_Z^2 \end{bmatrix} = \boldsymbol{A} \begin{bmatrix} m_S^2 & 0 & 0 \\ 0 & \dfrac{m_\alpha^2}{\rho^2} & 0 \\ 0 & 0 & \dfrac{m_\beta^2}{\rho^2} \end{bmatrix} \boldsymbol{A}^{\mathrm{T}} \quad (3\text{-}8\text{-}3)$$

式中，$\boldsymbol{A} = \begin{bmatrix} \sin\beta\cos\alpha & -S\sin\beta\sin\alpha & S\cos\beta\cos\alpha \\ \sin\beta\sin\alpha & S\sin\beta\cos\alpha & S\cos\beta\sin\alpha \\ \cos\beta & 0 & -S\sin\beta \end{bmatrix}$，则各方向方差为：

$$\sigma_X^2 = \sin^2\beta\cos^2\alpha\, m_s^2 + S^2\sin^2\beta\sin^2\alpha\, \frac{m_\alpha^2}{\rho^2} + S^2\cos^2\beta\cos^2\alpha\, \frac{m_\beta^2}{\rho^2} \quad (3\text{-}8\text{-}4)$$

$$\sigma_Y^2 = \sin^2\beta\sin^2\alpha\, m_s^2 + S^2\sin^2\beta\cos^2\alpha\, \frac{m_\alpha^2}{\rho^2} + S^2\cos^2\beta\sin^2\alpha\, \frac{m_\beta^2}{\rho^2} \quad (3\text{-}8\text{-}5)$$

$$\sigma_Z^2 = \cos^2\beta\, m_s^2 + S^2\sin^2\beta\, \frac{m_\beta^2}{\rho^2} \quad (3\text{-}8\text{-}6)$$

于是可得点位误差：

$$\sigma_P^2 = \sigma_X^2 + \sigma_Y^2 + \sigma_Z^2 = S^2\sin^2\beta\, \frac{m_\alpha^2}{\rho^2} + \frac{S^2 m_\beta^2}{\rho^2} + m_s^2 \quad (3\text{-}8\text{-}7)$$

$$\sigma_P = \sqrt{S^2\sin^2\beta\, \frac{m_\alpha^2}{\rho^2} + \frac{S^2 m_\beta^2}{\rho^2} + m_s^2} \quad (3\text{-}8\text{-}8)$$

机械拉线系统的测角精度为 0.01°；距离测量精度受水流冲击作用影响，精度随拉线长度而变化，测距精度采用流速 2.5m/s 下给出的最弱测距精度（表 3.14）。则由式（3-8-8）可计算不同长度的拉线系统综合定位精度（如图 3.124 所示）。

表 3.14　　　　　　　拉线测距测向定位系统最弱定位精度

斜距 S/m	0.5	1	2	4	6	8	10	15	20	30	40	50	60
测距精度/mm	1.0	1.0	1.0	1.0	1.0	1.0	1.0	1.5	2.5	4.3	6.2	8.0	9.9
最差点位误差/mm	1.0	1.0	1.0	1.0	1.0	1.0	1.0	1.5	2.5	4.4	6.3	8.1	10.0

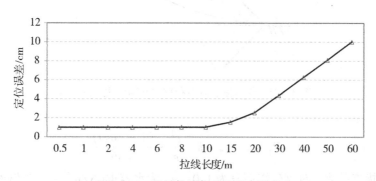

图 3.124　机械拉线仪理论最大误差

3.8.4　水文环境因素对拉线的影响分析

作业水域水文环境复杂多变，因此在研究因水文要素产生的钢丝绳变形所导致的测距误差时，仅研究最大变形，并根据定位误差极限值，给出最大钢绳变形所对应的水文要素极限参数，以期指导实际作业。

根据水流动力学理论，水流冲击力、重力以及钢丝绳在一个平面内，且水流冲击力和重力垂直于钢丝绳弦线方向的分力的方向相同，这种情况下的整体受力如图 3.125 所示。

钢丝变形后是一条如图所示的弧线，弧线函数的微分方程为：

$$\frac{\mathrm{d}^2}{\mathrm{d}x^2}\left(EI\frac{\mathrm{d}^2y}{\mathrm{d}x^2}\right) - P\frac{\mathrm{d}^2y}{\mathrm{d}x^2} = -F \tag{3-8-9}$$

式中，$E=200\mathrm{GPa}$，为钢丝弹性模量；$I=\pi d^4/64$ 为钢丝横截面对 Z 轴的惯性矩，Z 轴垂直 XOY 平面，d 为横截面直径；$P=500\mathrm{N}$，为拉线系统对钢丝绳系统对钢丝施加的拉力；F 为水流冲击力和重力垂直于钢丝绳弦线方向的分力的合力，即

$$F = P_2 + \frac{mg}{L}\cos\theta \tag{3-8-10}$$

θ 为钢丝绳与水平面的夹角；P_2 为 $F_{冲}$ 垂直于钢丝方向的分力，是速度的函数，线性分布力（N/m）。

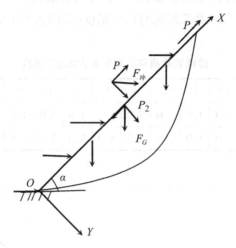

图 3.125 受水流、重力和拉力共同作用下的拉线

$$P_2 = k \cdot \gamma_W \cdot h \cdot \frac{v^2}{g} \cdot \frac{(1-\cos\theta)}{\sin\theta} \tag{3-8-11}$$

式中，k 为扰流系数，对钢丝绳而言为 1.0；γ_W 为水容重(N/m³)；h 为钢丝直径在垂直面内投影的长度，$h = d\cos\theta$；g 为重力加速度；v 为靠近钢丝绳处水流断面的平均流速，单位为 m/s。

对上述微分方程求解，求得弧线方程的一阶导数为：

$$y'(x) = -\sqrt{\frac{EI}{P}} \frac{F}{P} \frac{(1-e^{\sqrt{\frac{P}{EI}}L})}{e^{\sqrt{\frac{P}{EI}}L} - e^{-\sqrt{\frac{P}{EI}}L}} e^{-\sqrt{\frac{P}{EI}}x} + \sqrt{\frac{EI}{P}} \frac{F}{P} \frac{(e^{-\sqrt{\frac{P}{EI}}L}-1)}{e^{\sqrt{\frac{P}{EI}}L} - e^{-\sqrt{\frac{P}{EI}}L}} e^{\sqrt{\frac{P}{EI}}x} + \frac{F}{P}x$$

$$+ \sqrt{\frac{EI}{P}} \frac{F}{P} \frac{(1-e^{\sqrt{\frac{P}{EI}}L})}{e^{\sqrt{\frac{P}{EI}}L} - e^{-\sqrt{\frac{P}{EI}}L}} e^{-\sqrt{\frac{P}{EI}}\frac{L}{2}} + \sqrt{\frac{EI}{P}} \frac{F}{P} \frac{(1-e^{-\sqrt{\frac{P}{EI}}L})}{e^{\sqrt{\frac{P}{EI}}L} - e^{-\sqrt{\frac{P}{EI}}L}} e^{\sqrt{\frac{P}{EI}}\frac{L}{2}} - \frac{F}{P}\frac{L}{2} \tag{3-8-12}$$

求出 $y(x)$ 后可通过弧线函数对弧长积分即可得到弧线的长度。由于弧线曲率较大，在计算弧长时可不采用弧长积分，而是通过将弧线当成一个圆弧求出该圆弧的弧长。求解过程为：

$$y'(0) = -\sqrt{\frac{EI}{P}} \frac{F}{P} \frac{(1-e^{\sqrt{\frac{P}{EI}}L})}{e^{\sqrt{\frac{P}{EI}}L} - e^{-\sqrt{\frac{P}{EI}}L}} + \sqrt{\frac{EI}{P}} \frac{F}{P} \frac{(e^{-\sqrt{\frac{P}{EI}}L}-1)}{e^{\sqrt{\frac{P}{EI}}L} - e^{-\sqrt{\frac{P}{EI}}L}}$$

$$+ \sqrt{\frac{EI}{P}} \frac{F}{P} \frac{(1-e^{\sqrt{\frac{P}{EI}}L})}{e^{\sqrt{\frac{P}{EI}}L} - e^{-\sqrt{\frac{P}{EI}}L}} e^{-\sqrt{\frac{P}{EI}}\frac{L}{2}} + \sqrt{\frac{EI}{P}} \frac{F}{P} \frac{(1-e^{-\sqrt{\frac{P}{EI}}L})}{e^{\sqrt{\frac{P}{EI}}L} - e^{-\sqrt{\frac{P}{EI}}L}} e^{\sqrt{\frac{P}{EI}}\frac{L}{2}} - \frac{F}{P}\frac{L}{2} \tag{3-8-13}$$

$$\alpha = \arctan(|y'(0)|) \tag{3-8-14}$$

α 为过原点作弧线的切线与 x 轴的夹角，即该切线的斜率。则圆弧半径 R 和弧长 s 为：

$$R = \sqrt{\left(\frac{L}{2}\right)^2 + \left(\frac{L}{2\tan\alpha}\right)^2} \quad (3\text{-}8\text{-}15)$$

$$s = 2R\alpha = 2\alpha\sqrt{\left(\frac{L}{2}\right)^2 + \left(\frac{L}{2\tan\alpha}\right)^2} \quad (3\text{-}8\text{-}16)$$

弧线与弦线的差值为:

$$\Delta S = s - L = 2\alpha\sqrt{\left(\frac{L}{2}\right)^2 + \left(\frac{L}{2\tan\alpha}\right)^2} - L \quad (3\text{-}8\text{-}17)$$

由于 $e^{\sqrt{\frac{P}{EI}}L}$ 较大,因此需对 $\tan\alpha$ 的求解过程化简,简化后可得:

$$\tan\alpha = |y'(0)| = \left|\frac{F}{P}\left(\sqrt{\frac{EI}{P}} - \frac{L}{2}\right)\right| \quad (3\text{-}8\text{-}18)$$

$$\Delta S = s - L = 2\alpha\sqrt{\left(\frac{L}{2}\right)^2 + \left(\frac{L}{2\left|\frac{F}{P}\left(\sqrt{\frac{EI}{P}} - \frac{L}{2}\right)\right|}\right)^2} - L \quad (3\text{-}8\text{-}19)$$

上式反映了长度 L、不同流速 v 和拉力 P 下拉线实际长度与两连接点间直线距离的差值。正确的点位计算需借助直线段距离来计算,而弧线段借助拉线测距定向系统获得,因此,差值 ΔS 实际上反映了水流冲击对定位的影响。为了获得流速对测距影响的极限值,下面以 α 和 β 测角精度为 0.01°,拉力 P 为 500N 情况下,研究不同流速对拉线测距精度的影响。试验结果如图 3.126 和表 3.15 所示。

从图 3.126 和表 3.15 可以看出:
(1)流速一定时,随着拉线长度的增大,流速对测距的影响愈来愈大;
(2)拉线长度一定时,随着流速的增大,对测距的影响随之增大;
(3)拉线长度小于 10m 时,测距精度最差可达到 1.1mm,满足高精度测量要求;
(4)当流速为 2.8m/s 时,最弱测距精度为 10cm。

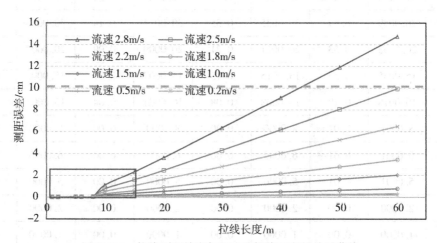

图 3.126 拉线测距精度与流速和拉线距离的关系曲线

表 3.15　　　　　　　　　　　　流速对不同拉线长度的影响

L/m	$V=2.8$m/s 弧线 S/m	偏差/cm	$V=2.5$m/s 弧线 S/m	偏差/cm	$V=2.2$m/s 弧线 S/m	偏差/cm	$V=1.8$m/s 弧线 S/m	偏差/cm
60	60.1473	14.73	60.0994	9.94	60.0646	6.46	60.0341	3.41
50	50.1191	11.91	50.0804	8.04	50.0524	5.24	50.0277	2.77
40	40.0911	9.11	40.0616	6.16	40.0401	4.01	40.0213	2.13
30	30.0633	6.33	30.0429	4.29	30.0280	2.80	30.0150	1.50
20	20.0362	3.62	20.0246	2.46	20.0162	1.62	20.0088	0.88
15	15.0232	2.32	15.0158	1.58	15.0105	1.05	15.0057	0.57
10	10.0109	1.09	10.0076	0.76	10.0051	0.51	10.0029	0.29
8	8.0007	0.07	8.0005	0.05	8.0003	0.03	8.0002	0.02
6	6.0005	0.05	6.0003	0.03	6.0002	0.02	6.0001	0.01
5	5.0004	0.04	5.0003	0.03	5.0002	0.02	5.0001	0.01
2	2.0001	0.01	2.0001	0.01	2.0000	0.00	2.0000	0.00
1	1.0000	0.00	1.0000	0.00	1.0000	0.00	1.0000	0.00

L/m	$V=1.5$m/s 弧线 S/m	偏差/cm	$V=1.0$m/s 弧线 S/m	偏差/cm	$V=0.5$m/s 弧线 S/m	偏差/cm	$V=0.2$m/s 弧线 S/m	偏差/cm
60	60.0201	2.01	60.0076	0.76	60.0030	0.30	60.0021	0.21
50	50.0163	1.63	50.0062	0.62	50.0025	0.25	50.0017	0.17
40	40.0126	1.26	40.0049	0.49	40.0020	0.20	40.0014	0.14
30	30.0089	0.89	30.0035	0.35	30.0014	0.14	30.0010	0.10
20	20.0053	0.53	20.0021	0.21	20.0009	0.09	20.0007	0.07
15	15.0035	0.35	15.0015	0.15	15.0007	0.07	15.0005	0.05
10	10.0018	0.18	10.0008	0.08	10.0004	0.04	10.0003	0.03
8	8.0001	0.01	8.0000	0.00	8.0000	0.00	8.0000	0.00
6	6.0001	0.01	6.0000	0.00	6.0000	0.00	6.0000	0.00
5	5.0001	0.01	5.0000	0.00	5.0000	0.00	5.0000	0.00
2	2.0000	0.00	2.0000	0.00	2.0000	0.00	2.0000	0.00
1	1.0000	0.00	1.0000	0.00	1.0000	0.00	1.0000	0.00

3.9 水下摄像探摸方法

不同于其他水下检测方法，水下摄像探摸方法所使用设备并非测量级，其用于水下检测主要是通过人工触碰和图像信息对水下目标标记区域进行定性判断，以确定水下工程是否达到设计要求。

3.9.1 水下摄像系统组成及操作

水下摄像系统为彩色电视系统，由水面主机、过渡缆、缆车、水下摄像机、录像机、水下照明灯具等组成，如图 3.127 所示。

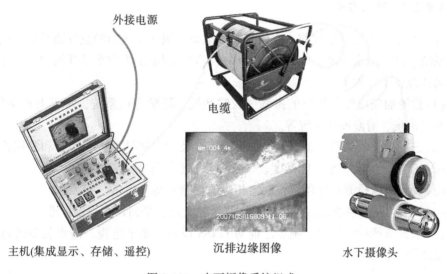

图 3.127 水下摄像系统组成

水下摄像机置于耐压、防水、抗腐蚀的金属壳内，并通过传输电缆与水面主机相连；潜水员手持摄像机及照明灯至水下，并实时采集动态图像；图像信号经电缆传送至主机显示并记录。

水下摄像系统的常规操作方法如下：

(1) 配备现场电源。可用岸电，亦可用车载逆变电源。

(2) 根据作业需要放出足够长的电缆，连接好电源线、过渡线、视频信号输出线。根据需要连接潜水电话线。

(3) 合上水下电视的"总电源"开关，十几秒钟后，其液晶显示器屏幕上显示摄像机摄得的画面。

(4) 水下摄像机由潜水员携带入水或吊放入水，合上水下灯开关，顺时针旋动"水下灯调光"旋钮，摄像机灯光由暗变亮。水下摄像机在水下时，内置压力传感器可测量水深，并在主机屏幕上显示。

(5) 根据需要按动水下电视主机上的"变倍"开关，可以将摄取的目标拉近或推远。按动"聚集"开关调整目标的聚集状态。

(6) 数码摄录机的 A/V 口连接到"视频输出"上，进入录像状态，根据需要进行录像。若要回放，灯 V 口连接到"视频输入"端，按水下电视的"显示/放像"键，即可在水下电视上显示录像内容。

3.9.2 水下摄像探摸检测法的实施

水下探摸是一种传统的水下目标检测技术，检测的准确性与潜水员的经验和主观判断有关。将水下探摸和摄像技术结合，由潜水员持摄像装备实时获取水下检测点的瞬时状态图像，进而形成潜水员定性判断的直接佐证，进而提高水下探摸检测的可靠性。

3.9.2.1 施工准备

开展水下摄像探摸检测前，应做好施工准备，包括调试船舶及绞锚系统、调试水下电视系统、调试潜水系统、收集作业区水文参数、制定检测方案及开展检测点定位等工作。具体准备工作如下：

(1) 检测船舶应配备相应的抛锚、绞锚系统、测量定位系统、水下电视摄像系统、潜水装置系统、清淤冲沙系统等。

(2) 进场后，收集和熟悉水下检测目标属性及标识区域位置，了解和掌握检测区域的水深、流速、流向、水下能见度、气象和泥沙淤积等相关资料。

(3) 确定摄像检测具体位置，制定相应的检测方案。

(4) 设置 GNSS 基准站，校核施工区测量控制点，平面误差满足标准要求。

(5) 根据摄像检测要求，施工之前对 GNSS 设备、水下电视、潜水装备进行检查调试，使之处于正常状态。

3.9.2.2 下水探摸及检测作业

船舶定位完毕即可开展水下探摸摄像作业。水下摄像机与水面电视屏连接，潜水员着装好后，携带水下摄像机、量测及其他必需装备，顺船艉入水绳下水实施检测，寻找待检测区域的预设标识(图 3.128)。找到搭接缝后把入水砣移至搭接缝处，以便于水面人员对检测点进行精确定位；然后沿着搭接缝探摸，用量尺检测搭接缝的砼块重叠宽度。

如遇检测区域被泥沙淤埋，潜水员可用钢尺测量检测区的泥沙淤埋厚度，根据需要拍摄刻度；泥沙淤积较厚，影响检测效果时，潜水员通知水面操作人员，开启高压水枪，对淤沙进行清理直至寻找到检测目标。

潜水员在水下清理出检测作业面后，在水面操作人员的指挥下顺定位轨迹进行摄像检测，沿搭接缝走向每隔 6~8m 作一个检测断面，由潜水员凭经验对检测点进行定性判断，同时保存检测点摄像视频资料作为佐证。

3.9 水下摄像探摸方法

 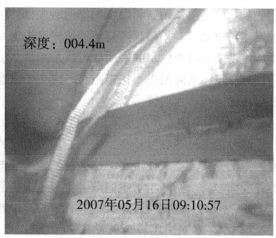

(a)潜水员下水　　　　　　　　　(b)水下软体排图像

图3.128　水下摄像探摸潜水员下水过程及检测点水下软体排图像

潜水员根据本次检测的实际情况,写出潜水探摸报告。技术人员根据摄像资料和潜水探摸报告,提交准确的检测结果。

3.9.3　水下摄像探摸影响因素分析及措施

3.9.3.1　水下摄像模糊不清的因素分析

水下摄像照片或电视图像模糊不清晰是最常见的,也是影响检测效果最严重的影像质量问题。造成影像模糊不清的原因是多方面的,主要有以下四个方面的原因。

1. 水的散射造成影像清晰度降低

造成影像模糊不清晰的原因较多,但主要原因是水的透明度低,水中微小的无机物和有机物颗粒含量高。在这种浑浊的水中拍摄时,由于这些微小颗粒对光线的散射作用,使得无论是水下照相或是水下摄像,拍摄的影像效果都像是"雾里看花"一样,模糊不清。

从光学成像技术的应用和发展来看,这一问题目前还难以从根本上彻底解决。实际水下拍摄时,可以考虑采用以下方法加以改善。

(1)选择透明度高的水域或时机拍摄。

通常,水下摄像的作业水域是无法由作业人员自由选择的,但在有些情况下,比如附近有透明度高的水域、影像质量要求较高时,如果条件允许,则可以将作业对象转移到水质好的水域进行拍摄。此外,即便是在同一水域,随着潮汐、水流、天气等的变化,水的透明度也会发生变化,作业人员只要注意观察、积累经验,选择透明度相对较高的时机进行作业,就会改善拍摄效果。

(2)采用近距离拍摄。

在相同的拍摄条件下,水下摄像机离被摄物体的拍摄距离越近,光在水中的传输过程受到水的散射作用就越小，拍摄的影像也就越清晰。因此，在水下摄像作业时，只要能满足拍摄要求，拍摄距离是越近越好。根据经验，通常水下的拍摄距离应不超过水的透明度的1/2~1/3。水的透明度可以采用圆盘法进行粗略测算。但在采用近距离拍摄时应注意一点，实际的最小拍摄距离不应小于摄像镜头的最近拍摄距离，否则也会由于无法聚焦而造成影像模糊。

(3) 使用专用的浑水水下摄像机或浑水摄像辅助装置。

这种摄像机或装置是在摄像机的镜头前安装一个耐压或非耐压的摄像罩，罩内封闭空腔内的介质为空气或清水。这样就使光线从被摄物体到镜头的传输过程中，在浑水中的路径缩短，从而减小了水的散射作用，提高了影像的清晰度。但由于这种摄像罩的长度有限，因此只有在较近距离拍摄时，其改善效果才明显。

(4) 水下照明采用斜侧光而不要用顺光。

在同样的拍摄条件下，光源不同的照射方向对影像的清晰度有一定的影响。当光源的照射方向与镜头的拍摄方向为同向(即顺光)时，镜头前的水中颗粒对影像清晰度影响较大；当光源的照射方向与镜头的拍摄方向成30°至60°夹角(即斜侧光)时，影像的清晰度会较好些。因此，在水下照明时，应使照明灯离开摄像机一段距离，形成斜侧光照明。

水下拍摄过程中，应防止将水搅浑。特别是在水底拍摄时，潜水员移动位置或打脚蹼，很容易将水搅浑而影响拍摄效果，这一点在拍摄前应特别注意。通常在水底拍摄，潜水员一般不要穿脚蹼，可以穿工作鞋。当有水流时，潜水员应采用顶流或侧流的方向拍摄。

2. 水下摄像机晃动造成影像清晰度降低

由于水的浮力、水流以及涌浪等影响，潜水员在水下拍照时往往难以持稳摄像机，造成水下拍摄的画面模糊不清。要解决好这一问题，首先要提高潜水员的潜水技能，保证在较为复杂的水下环境中能控制好自身的稳定性。此外，可以考虑采用以下方法来解决。

(1) 布设辅助作业平台作为水下拍摄时的依托物。

在水下进行拍摄，特别是水流较大、海况复杂的情况下，给作业潜水员布设一个工作平台，作为稳定身体和摄像机的依托物，对防止摄像机晃动造成的影像模糊等问题非常有效。工作平台可根据作业对象、位置、范围等的实际情况自行制作，平台的样式可以多种多样，如用钢管焊制的吊篮、潜水梯、减压架等，有时还可以用麻缆系接在作业部位作为潜水员的依托物，如系兜底缆等。

(2) 潜水员选择合适的拍摄姿势。

根据拍摄对象和位置的不同，潜水员应选择好拍摄的姿势。在水底拍摄时，若水流不大，可选择双腿或单腿跪姿拍摄，稳定性较好；若水流较大，可选择卧姿拍摄。如果有作业平台，也可采用上述姿势。悬浮或游动姿势拍摄的难度较大，一般只在无流和无涌浪的情况下使用。

(3) 水底拍摄时多佩带些压重物。

当在水底拍摄时，为了增大潜水员的稳定性，可多佩带压铅，一般不少于10千克，若穿潜水服应不少于15千克。但这些压铅不可一次性佩带上，悬浮或游动拍摄时也不可佩带过多压铅，否则会由于负浮力过大而给潜水员带来危险。可将压铅分为两组，一组按正常潜水配重佩带好，潜水员着底后，再由水面将第二组压铅送下，潜水员将其系在或压在腿上。

3. 聚焦不准确造成影像清晰度降低

水下摄像时，必须要随着拍摄距离的变化对被摄景物准确聚焦，调焦不准或不调焦，均会造成影像的模糊。目前，常用的潜水员水下电视系统，其水下摄像机的聚焦多是由水面控制台来控制的。水下拍摄过程中，水面控制台的操作人员必须全神贯注地注视着监视器上的图像，当摄像机移动位置时，操作员首先要快速判断拍摄距离是变近还是变远，然后根据距离变化的快慢及时、迅速地操纵聚焦开关进行跟踪聚焦。拍摄距离变化较慢时，可用"点动"的方法调焦，变化较快时，可用"连动"的方法调焦。潜水员在水下操纵摄像机时，要注意与水面的配合，应尽量保持相对稳定的拍摄距离，不要忽近忽远，让控制台操作人员无法跟踪调焦。

如果有必要且条件允许，可以在实拍前进行预演，以便使操作人员与潜水员的配合更加默契，以更好地掌握调焦的时机和速度。

对于没有聚焦指示装置或自动聚焦功能的水下摄像机，拍摄前应准确估计拍摄距离并正确调节聚焦旋钮。如果拍摄要求较高，可以采用测量的方法确定准确的拍摄距离，但要注意将米尺测量出的距离乘上3/4，折算成"水下距离"。

此外，采用广角镜头和小光圈能增大摄像景深，水下摄像使用大景深可以弥补聚焦不准所造成的影像模糊。在水下拍摄时，潜水员还应确保最小拍摄距离不能小于镜头的最近聚焦距离。

4. 曝光严重不足或过度造成影像无法辨识

水下摄像通常都需要辅助光照明，以便为拍摄提供足够的光照度。水下摄像使用水下照明灯，但在拍摄中如果未正确使用辅助照明设备、光源的光照度严重不足或过强，会使拍摄出的影像昏暗或出现亮斑而无法辨识被摄物体。

水下摄像机配备的照明灯的亮度一般是可以调节的，水下摄像时应根据监视器的图像显示以及景物表面的反光强弱，调节到合适的灯光亮度。在近距离拍摄时，还要调节好照明灯的照射方向，避免景物表面的强反光而在图像上留下亮斑。

基于上述影响水下电视不清的因素分析，采用探摸摄像进行水下作业还应结合安全因素，建立完善的保障措施。

3.9.3.2 措施保障

针对水流、水体浑浊等因素给水下摄像探摸带来的作业安全、成像模糊等问题，可建立如下保障措施：

1）安全措施

（1）水下检测潜水之前，先了解检测处的水流方向、流速及其变换情况和水底底质，以此来决定下锚的数目和锚的节数，并做好系带等工作；

（2）潜水员在横水流检测时，船舶通过横向绞锚引导潜水员作业；潜水员在顺水流检测时，船舶通过顺向绞锚引导潜水员作业；

（3）水下检测遇水流较快时，潜水员应立即退出情况复杂的区域不准逗留，以防止因水流过快来不及退出而造成事故。

2）保证摄像清晰度的措施

在泥沙较多的水域，由于水质浑浊，使用水下电视直接观测目标有困难，可采用的措施包括：

（1）调整拍摄方向，采取近距离、斜侧光、顶流或侧流的等方向拍摄，可有效避开浑浊水体的强反射区。

（2）在水下电视摄像机前加上一个清水罩，在摄像机与排体之间起到隔离浑浊泥沙的作用，增强观测效果。

（3）根据水体环境对水下目标预设易辨标识，如将排体搭接的不合格区域的加筋条设为红色，合格区域的加筋条设为蓝色，其他区域仍采用常用的黑色加筋条，检测中上排布边和蓝色加筋条搭接即为合格；与红色加筋条搭接即为不合格；与黑色加筋条搭接即为过量。

3.10 水下磁力仪磁探测方法

铁磁体磁化产生的磁场叠加在水下地磁背景场上，就会产生地磁异常，扰乱地磁场磁力线均匀分布；而磁力线从水中进入空气几乎不改变传播方向。因此，可以开展水面磁力测量，获取高精度区域水下地磁场数据，并利用铁磁体产生的磁异常特性，对其进行识别和定位。

3.10.1 磁异常探测原理

对任意磁性物体 v，它在空间一点 P 产生的磁位 u 可表示为：

$$u = \int_v J \cdot \text{grad}\left(\frac{1}{r}\right) dv \tag{3-10-1}$$

式中，J 为磁性体的磁化强度，r 代表磁性体某一体积元到 P 点的距离。

对磁位 u 分别求 x，y 和 z 方向的偏导数，如图 3.129 所示，即得到磁场强度的垂直分量和水平分量：

$$\begin{cases} Z_a = -\dfrac{\partial u}{\partial z} = \int_s \dfrac{J_n}{r^2}\cos(r \cdot z)\,ds \\[6pt] H_{ax} = -\dfrac{\partial u}{\partial x} = \int_s \dfrac{J_n}{r^2}\cos(r \cdot x)\,ds \\[6pt] H_{ay} = -\dfrac{\partial u}{\partial y} = \int_s \dfrac{J_n}{r^2}\cos(r \cdot y)\,ds \end{cases} \tag{3-10-2}$$

式中，$\cos(r,z)$，$\cos(r,x)$，$\cos(r,y)$分别为r与3个坐标轴的夹角余弦，为磁化强度在磁性体外法线上的投影。

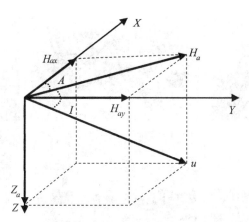

图 3.129　地磁场强度及其分量示意图

磁力仪测量的是地磁场总强度T，然后减去正常的地磁场T_0的绝对值，求出ΔT的值，称为总磁场异常，并根据ΔT的大小来判断电缆的位置。

$$\Delta T = |T| - |T_0| \tag{3-10-3}$$

经推导，ΔT和H_{ax}，H_{ay}，Z_a有以下关系：

$$\Delta T = Z_a \sin I + H_{ax} \cos I \cos A + H_{ay} \cos I \sin A \tag{3-10-4}$$

式中，I和A分别为磁倾角和磁偏角。

磁力仪测量的总磁场异常即是磁性体总异常场各分量的综合反映。通常情况下，地磁总场为一平缓变化的场，而由磁性物体引起的场则为变化较剧烈的突变场，即"异常场"，水下磁性目标即为引起这一异常场的"磁源"。

3.10.2　测磁系统组成、安装及施测

3.10.2.1　测磁系统组成与安装

航道测磁系统主要包括导航定位系统、拖曳式磁力仪系统、地面地磁日变测量系统等，如图 3.130 所示。图 3.131 为测磁系统的安装。

1. 导航定位系统

导航定位系统主要由船基 GNSS 流动站、岸基基准站或 CORS 站组成。受基准站电台信号传输范围的限制，基准站布设位置距离作业区域最好不要超过5km；精密磁力测量时，还应在测量船上加装罗经、姿态等传感器等装置，并在静止稳态下测量各传感器在船体坐标系下的坐标。

2. 磁力测量系统

磁力测量系统主要包括海洋磁力仪(拖鱼)、拖缆、绞车、采集系统等。航道或海

上磁力测量通常采用拖曳作业模式，磁力仪拖体通过拖缆与船尾绞车的拖曳点相连，拖缆经过绞车，最终与舱内采集系统相联，实现控制命令与采集信号的传递。

导航定位系统　　　　磁力测量系统　　　　地面地磁日变测量系统

图 3.130　航道测磁系统组成

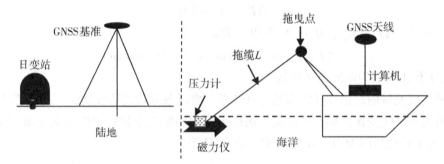

图 3.131　测磁系统的安装

3. 地面地磁日变站

日变站的选址应在地磁场相对平缓、远离车辆、人员流动等一切可能引起地磁场变化的地方，用于日变观测的磁力仪测量精度应不低于作业所用仪器。日变站观测得到的日变资料可供半径 50km 范围内野外磁测做日变改正用。

3.10.2.2　航道磁力施测

航道或海洋磁力的野外施测主要包括测线布设、设备检校、船磁模型试验、地磁日变观测、野外磁力测量等环节。

1. 测线布设

磁力线间距的设置应满足测磁任务的比例尺要求，测线间平行布设，主测线应沿航道走向或水流方向布设，并尽可能与地质构造走向或水下目标主轴垂直，检查线应垂直于主测线。

2. 设备检校

作业前应对定位、磁力仪的性能进行检校。GNSS 定位系统的检校主要通过在已知点上进行 GNSS 定位比对试验开展，定位比对精度应满足表 3.16 要求；磁力仪使用前应检验仪器噪声水平、灵敏度、磁测准确性及测程范围等是否达到仪器出厂指标，如表 3.17 所示。

表 3.16　　　　　　　　　　海洋磁力测量等级分类及精度要求

等级	一等	二等	三等	四等
定位精度/m	±5	±15	±30	±30
磁测精度/nT	2.0	5.0	10.0	15.0
磁力仪精度/nT	0.1	0.25	1	1
日变站控制范围/km	50	200	500	1000

表 3.17　　　　　　　　　　磁力仪检验项目及要求

灵敏度	1Hz：0.004nT/5Hz：0.01nT/10Hz：002nT
抖动度	≤0.036nT
信噪比	≥50
采样率	≥1Hz
定向差	<1.0nT

3. 船磁模型试验

磁力测量船磁影响试验包括拖缆沉放深度和长度试验及船磁八方位试验。

1）拖缆沉放深度和长度试验

不同仪器、不同测量船在不同海区作业，拖缆长度应该通过试验来确定拖鱼的最佳拖曳距离和深度。试验方法如下：

测量船在测区沿着磁子午线往返航行，不断改变拖曳距离，在噪声不断增加的情况下，记录的抖动度不变即为最佳拖曳距离。为了尽量使拖鱼稳定，根据船速的快慢，适当地在拖鱼上予以无磁性配重，观测仪器的噪声和记录质量，选择最佳的拖放深度。

2）船磁八方位试验

在开阔的静态或低流速水域，固定一无磁性浮标作为基点，并设计 8 条测线通过基点，如图 3.132 所示。测船沿着航迹进行试验并保证船艏、船艉、拖鱼三点呈一直线通过基点，测得该点的测量值。测量值经日变改正后，作为方位校正曲线。为了保证船磁改正曲线精度，应开展 2~3 次八方位试验，航向误差应小于 10°，航磁八方位标准拟合差不大于±4nT。

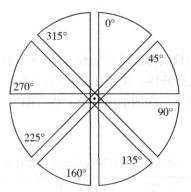

图 3.132　船磁模型八方位法走线设计

4. 地磁日变观测

高精度测磁时，地磁场的日变化和瞬时变化是不可忽略的，需要设置地磁日变化观测站。日变站磁力仪应在航道施工磁力仪做基点读数之前就开始观测，且一天内禁止挪动，然后每隔一定时间重复读数。如选用自动读数的仪器则可实现将有关程序设定好，同时派专人看护。一般情况下，所有外业测量人员完成当天野外作业并完成基点观测之后，地磁日变站才允许关机撤离。

5. 野外磁力测量

在测量船进入测线前半小时，就应将电源开关接通，预热仪器。在船只进入测线前，把仪器的探头放入水中，由电缆拖曳于船后。进入测线后，即开始测量，按要求进行定位，并在记录纸上标记点号、时间和磁场的数值。操作过程中，操作人员应间隔适当时间或在记录质量降低的情况下，检查仪器的噪声和信号电平，随时调整记录器的零位和满偏。测量结束后，将电缆和探头收于船上。

3.10.3　测磁数据处理

测磁数据处理包括地磁数据质量控制、地磁日变改正、船磁模型改正、地磁总强度计算、磁异常表达等内容。

3.10.3.1　地磁数据质量控制

无论是野外地磁观测，还是日变站地磁观测，地磁测量因受外界扰动因素影响，有时存在比较大的跳变。因此，需要对地磁观测数据进行滤波，常采用阈值法，将在阈值区域外的跳变较大的磁场强度剔除；也可以采用 Kalman 滤波方法、基于 FFT 的低通滤波方法，结合手工拖动，实现了对地磁数据的质量控制，如图 3.133 所示。

3.10.3.2　地磁日变改正

地磁观测数据包含了地磁日变的影响，而实际需要的是稳定变化的地磁数据，因此需要研究地磁日变规律及其改正模型，消除日变因素的影响。地球磁场随时间连续变化函数可表达为：

3.10 水下磁力仪磁探测方法

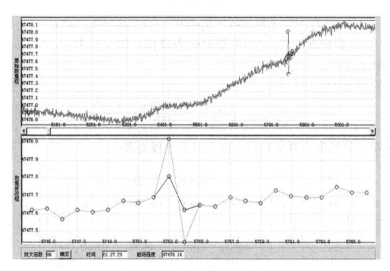

图 3.133　测磁数据质量控制

$$T(\lambda_i, \varphi_i, t) = \overline{T}(\lambda_i, \varphi_i) + \Delta T(\lambda_i, \varphi_i, t)$$
$$= \overline{T}(\lambda_i, \varphi_i) + S_Q(\lambda_i, \varphi_i, t) + D(\lambda_i, \varphi_i, t) + \varepsilon_i(t) \quad (3\text{-}10\text{-}5)$$

式中，下标 $i = 0, 1, \cdots, p$ 为地磁日变站编号；(λ_i, φ_i) 是地磁日变站大地坐标；$T(\lambda_i, \varphi_i, t)$ 是地磁日变站 t 时刻的观测总强度；$\overline{T}(\lambda_i, \varphi_i)$ 为(似)稳态成分，称为地磁日变基值；$S_Q(\lambda_i, \varphi_i, t)$ 为规则变化或称静日变化量；$D(\lambda_i, \varphi_i, t)$ 为非规则变化量，即各种扰动变化的总和；$\varepsilon_i(t)$ 为噪声。

如果不顾及地磁日变观测噪声，地磁日变改正的过程为：

(1) 在日变观测数据中扣除地磁日变基值，提取地磁变化量：

$$\Delta T(\lambda_i, \varphi_i, t) = T(\lambda_i, \varphi_i, t) - \overline{T}(\lambda_i, \varphi_i) \quad (3\text{-}10\text{-}6)$$

(2) 根据时间和空间的变化，将地磁日变站的监测数据经过数学变换得到动态磁测点 (λ, φ) 的变化量：

$$\Delta T(\lambda, \varphi, t) = f[S_{Xi}, t, \Delta T(\lambda_i, \varphi_i, t)] \quad (3\text{-}10\text{-}7)$$

式中，S_{Xi} 为测点与第 i 个地磁日变站之间的距离。

(3) 扣除瞬时变化成分，得到稳态地磁信息(总强度)：

$$\overline{T}(\lambda, \varphi) = T(\lambda, \varphi, t) - \Delta T(\lambda, \varphi, t) \quad (3\text{-}10\text{-}8)$$

当采用单站地磁日变改正时，以时间为参数，对整个测区实现以点代面的地磁日变改正。此时，式(3-10-8)的测点变化量可简化为：

$$\Delta T(\lambda, \varphi, t) = \Delta T(\lambda_0, \varphi_0, t) \quad (3\text{-}10\text{-}9)$$

3.10.3.3　船磁模型及其改正

船磁模型的建立基于八方位测量，测量船沿八方位通过测试点，并测定磁场总强度值，设船磁是测线方位 α 的函数，建立如下模型：

$$\Delta T_s = b_0 + b_1\cos\alpha + b_2\sin\alpha + b_3\cos2\alpha + b_4\sin2\alpha \tag{3-10-10}$$

式中，ΔT_s 为船磁影响改正数；α 为测量时磁力仪拖鱼的实时方位；b_0、b_1、b_2、b_3、b_4 为船磁影响改正系数。

拖体实际测量的方位角为：

$$\alpha_t = \arctan\left(\frac{\Delta y}{\Delta x}\right) = \arctan\left(\frac{y_{t+1} - y_t}{x_{t+1} - x_t}\right) \tag{3-10-11}$$

根据 8 次测量的磁力测量数据，建立以下方程关系式：

$$\begin{bmatrix} \Delta T_{s-\alpha_1} \\ \Delta T_{s-\alpha_2} \\ \vdots \\ \Delta T_{s-\alpha_8} \end{bmatrix} = \begin{bmatrix} 1 & \cos\alpha_1 & \sin\alpha_1 & \cos2\alpha_1 & \sin2\alpha_1 \\ 1 & \cos\alpha_2 & \sin\alpha_2 & \cos2\alpha_2 & \sin2\alpha_2 \\ \vdots & \vdots & \vdots & \vdots & \vdots \\ 1 & \cos\alpha_8 & \sin\alpha_8 & \cos2\alpha_8 & \sin2\alpha_8 \end{bmatrix} \begin{bmatrix} b_0 \\ b_1 \\ b_2 \\ b_3 \\ b_4 \end{bmatrix} \tag{3-10-12}$$

将上式写为矩阵形式 $\Delta T = AX$，则系数的解为：

$$X = (A^{\mathrm{T}}A)^{-1}A^{\mathrm{T}}\Delta T \tag{3-10-13}$$

获得船磁模型后，根据实际测量时的测量船方位 α，代入以上模型，得到该时刻船磁的改正量。

3.10.3.4 地磁总强度计算

获得了日变改正、船磁改正后，地磁总强度 T_f 可利用下式计算：

$$T_f = T_{\mathrm{obs}} - \Delta T_d - \Delta T_s \tag{3-10-14}$$

式中，T_f 为地磁总强度模量；T_{obs} 为海洋磁力仪读数；ΔT_d 为地磁日变改正；ΔT_s 为船磁影响改正。

3.10.3.5 磁异常表达

磁力测量结果经过各项改正计算，便可得到每一测线上各测点的磁异常值 ΔT，于是便可绘制成一定比例尺的磁异常图，直观形象地反映整个测量地区的磁异常分布特征，常用的磁异常图呈现形式主要有：ΔT 异常剖面图、ΔT 异常平面剖面图、ΔT 异常平面等值线图、磁异常的三维表面图等。

3.10.3.6 典型磁性体的磁力异常表现形式

基于磁性目标的理论磁异常特征，在实测水下磁异常图谱中查找和发现磁性目标。根据目标磁异常形状特征，常见的磁异常目标类型包括球体、圆柱体、斜薄板等磁性目标。

1. 球体的磁场

球体磁性目标的磁场可以简化为单偶极子模型，其磁异常空间分布如式（3-10-15）：

$$\begin{aligned}\Delta T = \frac{\mu_0}{4\pi} & \frac{m}{(x^2+y^2+R^2)^{5/2}} [(2R^2-x^2-y^2)\sin^2 I + (2x^2-y^2-R^2)\cos^2 I\cos^2 A' \\ & + (2y^2-x^2-R^2)\cos^2 I\sin^2 A' - 3xR\sin2I\cos A' \\ & + 3xy\cos^2 I\sin2A' - 3yR\sin2I\sin A']\end{aligned} \tag{3-10-15}$$

上式中的各物理参量的意义同前。沿不同方向、路径及距离通过单偶极子磁目标,并采集磁异常强度,磁异常强度序列呈现不同特征,图3.134~图3.138为特殊情况下根据球体磁场目标绘制的不同磁倾角和不同方向的球体磁力等值线图。

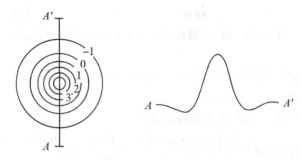

图3.134 单偶极子磁力异常曲线以及一定方向的剖面图($I=90°$,$A=0$)

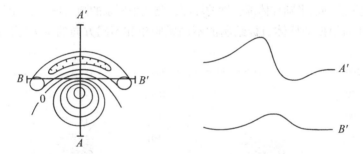

图3.135 单偶极子磁力异常曲线以及一定方向的剖面图($I=60°$)

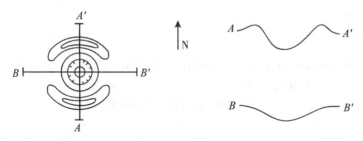

图3.136 偶极子磁力异常曲线以及一定方向的剖面图($I=0°$)

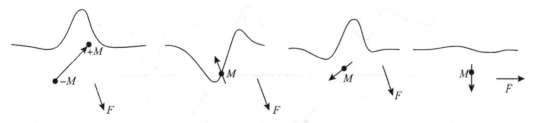

图3.137 不同测量方向同一磁偶极子的磁力剖面图

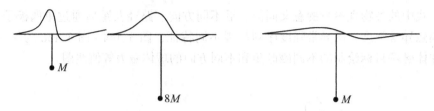

图 3.138　同一磁偶极子在不同高度获得的磁力剖面图

基于上述磁异常等值线剖面图经验,判断测磁区域是否存在球状磁性目标。

2. 圆柱体的磁场

水平放置的圆柱体,其磁异常的表达式为:

$$T(x,\ 0) = 2KFS\frac{\sin(h_h^2 - x)\cos(2I - 180) - 2xh_h\sin(2I - 180)}{\sin(h_h^2 - x)^2} \quad (3\text{-}10\text{-}16)$$

式中,K 是磁化率,F 是地磁场,S 是横截面积,i 是地磁倾角,$I = \arctan(\tan i/\cos\alpha)$,$\alpha$ 是磁偏角,h_h 是测线到水平圆柱体综合性的埋深,测线坐标系的圆点是水平圆柱体的中心。

图 3.139 为根据圆柱体目标绘制的不同磁倾角和不同方向的磁力等值线图。

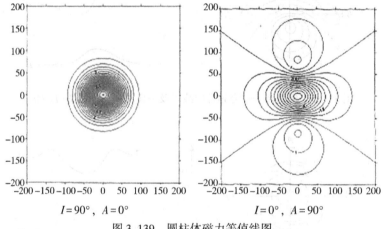

图 3.139　圆柱体磁力等值线图

沿不同路径、方向和深度获取柱状目标的磁力异常的剖面,如图 3.140~图 3.142 所示。

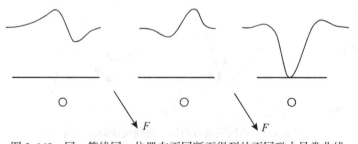

图 3.140　同一管线同一位置在不同断面得到的不同磁力异常曲线

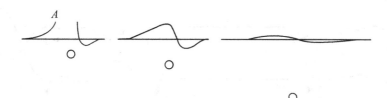

图 3.141　不同深度的圆柱体对磁力异常曲线宽度和形状产生的影响

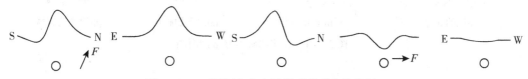

图 3.142　不同倾角方向线得到的磁力异常剖面

3. 斜薄板的磁场

斜薄板磁性目标的磁异常可用下式表达：

$$T(x,0) = 2KFS\omega \frac{h_1\sin(2I-d) - x\cos(2I-d)}{h_t^2 - x^2} \qquad (3\text{-}10\text{-}17)$$

式中，K 是磁化率，F 是地磁场，S 是横截面积，i 是地磁倾角，$I=\arctan(\tan i/\cos\alpha)$，$\alpha$ 是磁偏角，d 是薄板倾斜面与上交界的夹角，ω 是厚度，h_t 是斜薄板上界面的埋深，测线坐标系的原点 $x=0$ 是斜断层的特征点。

图 3.143~图 3.147 为典型斜薄板磁性物体的磁力异常剖面图。

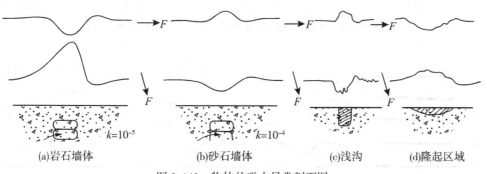

(a)岩石墙体　　(b)砂石墙体　　(c)浅沟　　(d)隆起区域

图 3.143　物体的磁力异常剖面图

图 3.143 表明：①不同磁性物体的磁力异常曲线剖面图形式不同；②同一磁性物体不同方向上的磁力异常曲线剖面图是不一样的。

图 3.144 除了与图 3.143 说明了同样的问题外，图(a)、图(b)说明同一物体在不同的深度表现的磁力异常图也不一样，对于弱磁体，如果不能在一定的距离范围内探测，可能会遗漏目标。

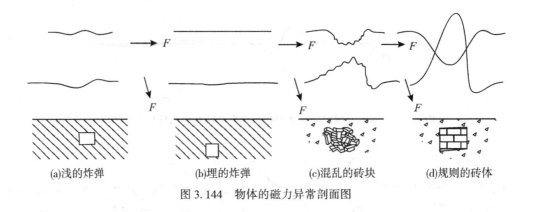

(a)浅的炸弹　　(b)埋的炸弹　　(c)混乱的砖块　　(d)规则的砖体

图 3.144　物体的磁力异常剖面图

图 3.145~图 3.147 展现的是不同物体在不同方向上得到的磁力异常剖面图是不一样的,同时随着测线方向的变化,在某一方向的磁力异常将变弱或不明显,因此考虑测线对于磁力异常的判断十分重要。

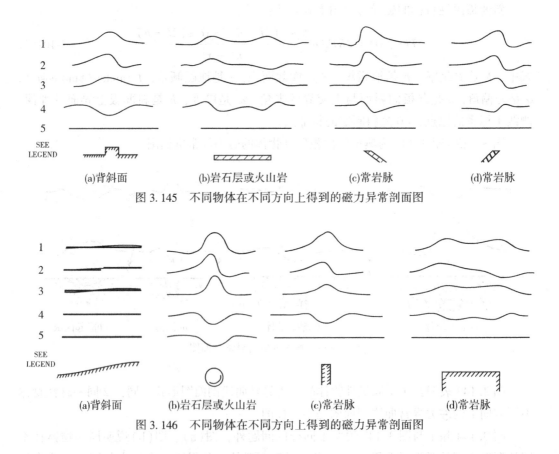

(a)背斜面　　(b)岩石层或火山岩　　(c)常岩脉　　(d)常岩脉

图 3.145　不同物体在不同方向上得到的磁力异常剖面图

(a)背斜面　　(b)岩石层或火山岩　　(c)常岩脉　　(d)常岩脉

图 3.146　不同物体在不同方向上得到的磁力异常剖面图

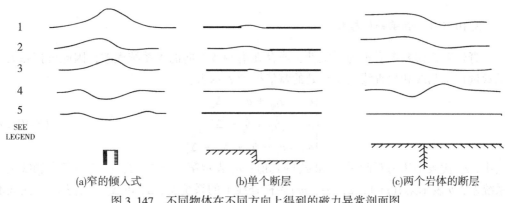

(a)窄的倾入式 (b)单个断层 (c)两个岩体的断层

图 3.147 不同物体在不同方向上得到的磁力异常剖面图

3.10.4 测磁精度及误差补偿

野外测磁精度评估主要借助主测线和检查线交叉点处测量成果的符合程度来进行评价:

$$M = \pm \sqrt{\frac{[\Delta\Delta]}{2n}} \qquad (3\text{-}10\text{-}18)$$

式中,Δ 为主测线、检查线交叉点磁异常不符值;n 为主测线、检查线交叉点个数。

从表 3.18 可以看出野外磁力测量时,交叉点处测磁不符值可达 8~10nT,这主要是由于水上测磁工作比陆地测量有更多的噪声干扰源。就水面船载磁力测量而言,由于受测量平台动态性的影响,野外磁场观测量除了受到通常的仪器观测误差、测点定位误差和正常场校正误差的影响外,还增加了固有的地磁日变改正、船磁改正以及拖鱼位置归算误差的影响。目前,这些误差仍难从机理上通过误差改正模型逐一进行估计和补偿,更多考虑建立综合改正模型进行补偿。

表 3.18　　　　某野外磁力测线网的部分交叉点不符值(nT)

不符值	$J_1\downarrow$	$J_2\uparrow$	$J_3\downarrow$	$J_4\uparrow$
$Z_1\rightarrow$	−8.401	0.811	−3.270	1.558
$Z_2\leftarrow$	−8.591	1.067	−6.255	−0.617
$Z_3\rightarrow$	−8.006	1.768	−5.762	−2.258
$Z_4\leftarrow$	−11.309	−0.913	−9.005	−4.563
$Z_5\rightarrow$	−7.355	−0.314	−10.043	−2.530
$Z_6\leftarrow$	−9.608	−0.730	−9.667	−4.270

测磁误差综合补偿模型主要分为简单补偿模型和严密补偿模型两种。

3.10.4.1 简单补偿模型

野外测磁误差多表现为系统性，或存在沿测线方向的半系统误差，因此可把磁力测量参量在主测线和检查线交叉点处的赋值模型表示为：

$$\begin{cases} g_{ij} = g_{0ij} + a_i + \Delta_{ij} \\ g'_{ij} = g_{0ij} + b_j + \Delta'_{ij} \\ d_{ij} = a_i - b_j + \Delta_{ij} - \Delta'_{ij} \end{cases} \quad (3\text{-}10\text{-}19)$$

式中，g_{0ij} 代表中磁力观测量 g_{ij} 和 g'_{ij} 的真值；a_i 表示第 $i(i=1, 2, \cdots, n)$ 条主测线上的系统差；b_j 表示第 $j(j=1, 2, \cdots, m)$ 条检查线上的系统差；Δ_{ij} 和 Δ'_{ij} 分别表示主测线和检查线上的参量观测值在相交点的随机误差；d_{ij} 为主测线在交叉点处的测量不符值。基于上述模型，可导出补偿主测线和检查半系统性误差的简单计算公式：

（1）第 i 条主测线半系统误差的补偿计算公式为：

$$\bar{g}_{ij} = g_{ij} - a_i = g_{ij} - \left(\sum_{j=1}^{m} d_{ij}\right)/m \quad (3\text{-}10\text{-}20)$$

经第一次误差补偿后的交叉点不符值变为：

$$\bar{d}_{ij} = \bar{g}_{ij} - g'_{ij} \quad (3\text{-}10\text{-}21)$$

（2）第 j 条检查线半系统误差补偿计算公式为：

$$\bar{g}'_{ij} = g'_{ij} - b_i = g'_{ij} - \left(\sum_{i=1}^{n} \bar{d}_{ij}\right)/n \quad (3\text{-}10\text{-}22)$$

经第二次误差补偿后的交叉点不符值为：

$$\bar{\bar{d}}_{ij} = \bar{g}_{ij} - \bar{g}'_{ij} = \bar{d}_{ij} - \left(\sum_{i=1}^{n} \bar{d}_{ij}\right)/n \quad (3\text{-}10\text{-}23)$$

根据方差分析理论，上述误差补偿后的精度估计公式为：

$$\tilde{M} = \pm \sqrt{\frac{\sum \bar{\bar{d}}_{ij}^2}{2r}} = \pm \sqrt{\frac{\sum \bar{\bar{d}}_{ij}^2}{2(n-1)(m-1)}} \quad (3\text{-}10\text{-}24)$$

3.10.4.2 严密补偿模型

实际可认为，水上磁力测量误差主要来自各环节动态系统误差干扰，这些干扰的综合影响的变化规律相当复杂，有定值和线性变化部分，也有周期性变化部分，但更多的是变化规律表现复杂部分。针对这种情况，可将野外磁力测量系统误差补偿问题归类为从观测值误差（假设已排除粗差）中排除噪声（即偶然误差）干扰而分离出信号（即系统误差）的滤波推估问题。

根据海洋磁力测量的特点，提出选择观测时间（或测线弧长）作为变化因子来建立相应的系统误差模型。具体形式为：

$$F(t) = a_0 + a_1 t + \sum_{i=1}^{n} (b_i \cos iwt + c_i \sin iwt) \quad (3\text{-}10\text{-}25)$$

式中，w 表示对应于误差变化周期的角频率。上述模型，第一部分表征误差综合影响的线性变化规律，第二部分表征误差综合影响的复杂变化规律，它是测量几何场和物理场误差影响的综合体现。

将测线上任意一点的磁力观测量表示为：

$$g = g_0 + F(t) + \Delta \tag{3-10-26}$$

式中，g_0 为 g 的真值；$F(t)$ 代表系统误差的影响项；Δ 为观测噪声。根据该式，在交叉点 $P(i,j)$ 处可建立如下形式误差方程式：

$$V_{ij} = -V_i + V_j = F_i(t) - F_j(t) - (g_i - g_j) \tag{3-10-27}$$

式中，$g_0 - g_j = d_{ij}$ 为交叉点不符值。对于某个测量网，可写出交叉点误差方程的矩阵形式为：

$$V = AX - D \tag{3-10-28}$$

式中，作为观测量的不符值 D 是一种相对观测量，说明由其组成的法方程式是奇异的，要求得误差模型的绝对参量，须引入虚拟观测值，即把待定的误差模型参数看作具有先验统计特性的信号，联合解算由实际观测值和虚拟观测值组成的误差方程。设待定参数的虚拟观测值为 $L_a = 0$，其权矩阵为 P_X，按带有先验统计特性的参数平差法可求得式 (3-10-25) 的参数解为：

$$X = (A^T P A + P_X)^{-1}(A^T P D + P_X L_a) \tag{3-10-29}$$

协因数阵为：

$$Q_X = (A^T P A + P_X)^{-1} \tag{3-10-30}$$

式中，P 为对应于不符值观测量的权矩阵。待求误差模型参数的先验权矩阵 P_X 可采用经验权法或后验权估计法来确定。

第4章 主要航道整治工程水下检测与监测技术

根据调研结果及《检验标准》的相关内容,航道整治工程主要包括水下软体排、抛筑物、建筑物等对象的施工工程,各对象的水下检测与监测,需根据各对象的特点、施工环境、检测要求,合理选择检测方法,以上就是本章的主要研究内容。

4.1 主要水下检测与监测方法及原理

4.1.1 检测方法分类

前文对航道整治工程水下检测与监测常用设备的系统组成、规范化作业、数据处理、作业性能等方面进行了深入阐述,根据各设备的功能和测量成果,可以直接或间接地反映航道整治工程的相关属性和状态,进而实现工程质量的判断与检测。根据上一章总结的各设备的原理、功能、性能和作业特点,可将水下检测主要设备分类列表如表4.1所示。

表4.1 水下检测主要设备分类

分类	设备名称	采用技术	测量特点	适用检测内容
坐标测量类	单波束声呐	声学	床表测深点云	位置、形状、尺寸、范围、坡度、平整性
	多波束声呐	声学	床表测深点云	位置、形状、尺寸、范围、坡度、平整性
	三维扫描声呐	声学	空间三维点云	位置、形状、尺寸、范围、坡度、平整性
	超短基线系统	声学	局部特征点	位置
	拉线仪系统	机械几何	局部特征点	位置
	翻板、浮球等	坐标推估	局部特征点	概略位置
图像测量类	侧扫声呐	声学	床表图像测量	位置、形状、尺寸、范围
	二维扫描声呐	声学	床表图像测量	位置、形状、尺寸、范围
	水下摄像	光学	空间景像观察	既定事实、概略位置
直接触碰类	水下探摸	人工	感性观察	既定事实、概略位置
	机械扫床	机械几何	触碰观察	概略位置
磁法探测类	磁力仪	磁力	磁异常测量	概略位置

根据表 4.1 可将水下检测与监测方法分为如下几类：

4.1.1.1 测深检测法

测深检测法是通过单波束声呐、多波束声呐等设备对水下目标床表进行一定密度的测深采样，结合计算机可视化操作，通过离散的水深点、网格或渲染图表征床表的形状轮廓，从形状观感上识别目标并确定位置、高程、尺寸、范围，通过量测或统计计算间接确定目标间相对位置、填挖方量、坡度及平整性等，图 4.1 为测深数据在水下目标检测中的应用示例。

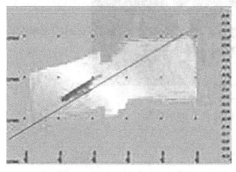

长约 30m 的水下沉船——单波　　　　40cm×26cm×10cm 的砼块——多波束测深

图 4.1　测深数据所表征的水下目标

单波束和多波束测深，集成了 GNSS、罗经、姿态仪、水位或验潮仪、声速剖面仪等数据，在浅水可实现平面厘米级、高程分米至厘米级的精度；但受测深间隔制约，单波束测深分辨率远低于多波束测深，其适用的检测内容远小于多波束测深，单波束测深绘制的中、小比例尺地形图难以发现水下铺排、抛石等目标，可用于水下平面高程和区域方量检测。

4.1.1.2 三维点云检测法

三维点云检测法主要通过水下扫描声呐对水下目标空间结构进行一定密度的声波测距采样，进而获得高密度采样点的三维坐标，结合计算机可视化操作，通过离散的坐标点、网格或渲染图表征目标形状轮廓，从形状观感上识别目标并确定相对位置、范围、结构，通过量测或统计计算间接确定目标间相对位置、填挖方量、坡度及平整性等。

与单波束、多波束走航测量模式不同，三维扫描声呐多采用测站静态扫描模式，该模式可保证在相同条件下对目标状态进行时序监测，可用于水下铺排、抛石的施工过程的检测与监测，图 4.2 为三维点云数据对水下透水框架的反映情况。

4.1.1.3 局部点检测法

预先在待检测目标的边缘、拐点等处选择一系列具有代表性的特征点，通过超短基线、拉线仪等测量设备，获取各点在施工过程或完工后的三维坐标，并结合检测目标的形状、尺寸，推估目标整体的位置、范围和状态，图4.3给出了局部点检测法的示意图。

柱长1m左右的透水框架——三维扫描点云
图4.2 三维点云数据所表征的水下透水框架

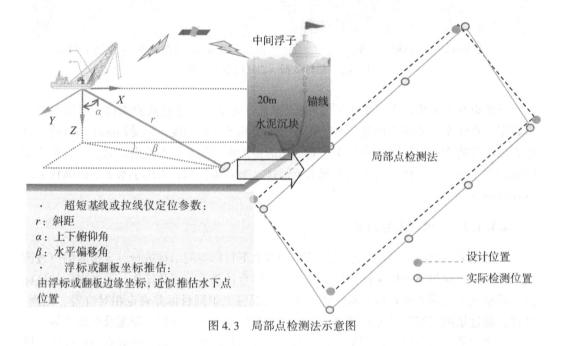

图4.3 局部点检测法示意图

局部点检测法理论上可用的坐标测量手段包括超短基线、拉线仪以及基于浮标或翻板坐标推估水下点等方法：

（1）超短基线系统须事先在目标上布设应答标志，存在应答装置回收问题，检测成本高；

（2）拉线仪在水下沉管对接中具有成功的应用案例，但该方法要求拉线空间上没有外部干扰，以免影响拉线角度和收紧，由于航道整治工程工况条件的复杂性，机械式拉

线仪的可用性有待进一步验证;

(3)为节约成本、提高检测效率,实际检测作业时,常根据作业面翻板边缘坐标或事先在检测对象上布设的浮球坐标,来估计检测点位置,但受测深和水流的影响,这两种方法检测结果均存在较大的误差,误差量级可达几十分米至几米。

4.1.1.4 二维声呐图像检测法

二维声呐图像检测采用侧扫声呐、二维机械式扫描声呐等设备采集水下目标表面高分辨率的二维回波强度图像数据,基于图像灰度(强度)变化发现识别目标,进而确定目标的位置、范围、相对位置,并通过量测计算间接确定目标间的相对位置、距离、尺寸等属性信息,图4.4给出了侧扫声呐(图(a))、二维机械扫描声呐(图(b))进行水下沉排检测的结果。

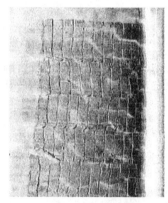
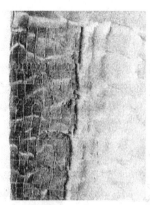

(a)侧扫声呐图像上的沉排　　　　(b)二维机械扫描声呐上的沉排

图4.4　二维声呐图像检测示例

侧扫声呐多采用拖曳作业模式,存在拖鱼精确定位问题,基于侧扫声呐进行位置、范围检测时需对侧扫声呐图像进行加工形成坐标镶嵌图,图像分辨率可达厘米级,绝对坐标精度约为米级,可用于常规航道整治工程的位置、相对距离、范围检测等。

二维机械式扫描声呐采用静态扫描模式,可在相同作业条件下对作业面进行时序性测量,在常规航道整治工程的实时和事后检测,用于目标位置、相对距离、范围的检测等。

4.1.1.5 水下摄像探摸法

人工探摸作为水下检测的常规方法,通过潜水员对水下目标的接触和观察,确定目标状态和工程质量,由于人员经验、判断标准的差异性,人工探摸常辅助水下摄像,获取水下目标状态的既定事实,以此作为检测结论的重要依据。

图4.5为水下探摸摄像进行抛石和铺排检测的结果,虽然水下摄像探摸难以获得精确的测量数据、检测效率低,但该方法直观、可靠,在常规航道整治工程中均有相关应用。

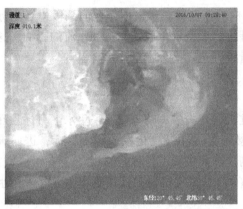 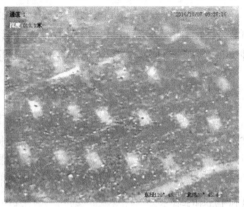

图 4.5 水下摄像探摸中观察到的水下抛石和排布

4.1.1.6 机械扫床法

机械扫床是指用机械式扫海具对一定水域进行面状探测,以确定测定区域内航行障碍物的位置、最浅点水深,甚至形状和走向。常用机械式扫海主要包括硬式扫海和软式扫海,图 4.6 和图 4.7 分别为硬式扫海和软式扫海示意图。

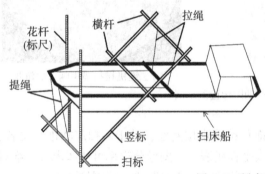 

图 4.6 硬式扫海示意图

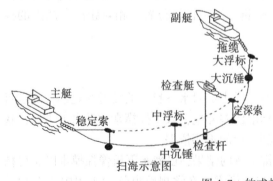 

图 4.7 软式扫海示意图

软式定深扫海和硬式扫海具扫海是两种较为原始但也较为可靠的扫海作业方式，虽不能实现对海底地形的精确测量，但适用于航道水深浅点的探测，是较为直接的扫海作业手段，可作为多波束扫海测量的补充探测方法，可用于炸礁区域扫海及通航前全航程检测。

4.1.1.7 磁法探测

磁法探测是采用水上船测磁法，获得检测水域一定范围的磁场总强度和磁异常变化，基于理想磁体的理论磁异常分布特征，从磁异常数据中发现水体及床表下的隐藏目标，并对其形状、走势做出推断，图 4.8 为马当阻塞区水雷磁异常结果。

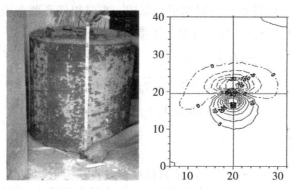

图 4.8 马当阻塞区水雷磁异常结果

磁法探测作为其他水下测量设备的补充，可以根据磁性体与磁场的对应规律对水下磁性体的形状进行大体判断，并借助 GNSS 标定其位置，结合磁性体可能的几何参量和磁性参量数值，甚至对其埋深、倾角和厚度做出估判。该方法可用于水下、陆上障碍物及危险物的发现。

4.1.2 主要检测内容及原理

基于上述方法可开展航道整治工程的水下检测，其中可定量检测的内容包括：位置、距离、方位、范围、方量、坡度、平整度等；可定性检测的内容包括：形状、结构、状态等。

4.1.2.1 位置

确定水下目标位置，是开展航道整治工程检测的基础，基于上述检测方法，确定水下目标位置从原理上主要包含如下三类：

1）基于测量数据特征发现目标

由于水下工程的隐蔽性，水下检测测量很难像陆地上那样对目标进行直观接触性测量，声呐测点、测图及磁法探测技术，在确定水下目标位置之前，首先需根据测量数据所表征的形状、磁异常等特征发现目标，进而根据测量数据中的坐标信息确定目标的位置。

因此，在开展航道整治工程水下检测之前，首先需要根据检测对象的尺寸特点，选择合适的检测方法、设置适当的测量参数，确保测量结果的精度和分辨率足以发现目标。

2）在检测点上布设易于发现的测量标志

超短基线和拉线仪通过预先布设的应答器或拉线连接装置，实现水下检测点坐标的直接测量。

3）通过参照物进行坐标推估

基于浮标或翻板边缘位置推估水下点近似坐标，或以船的位置标定水下浅点或探摸摄像处的坐标，这几种方法确定的检测点位置往往具有较大的偏差。

4.1.2.2 距离及方位

距离 S 及方位 A 的计算以位置测量为基础，当获得任意两个检测点的坐标 $P_0(X_0, Y_0, Z_0)$、$P_1(X_1, Y_1, Z_1)$，便可计算上述参量：

$$\begin{cases} S_{\text{斜距}} = \sqrt{(X_1 - X_0)^2 + (Y_1 - Y_0)^2 + (Z_1 - Z_0)^2} \\ S_{\text{平距}} = \sqrt{(X_1 - X_0)^2 + (Y_1 - Y_0)^2} \\ A = \arctan[(Y_1 - Y_0)/(X_1 - X_0)] \end{cases} \quad (4\text{-}1\text{-}1)$$

4.1.2.3 范围

范围检测需常根据测深、声呐图像数据或通过直接测量，确定一系列目标边界点坐标，基于这些点形成的边界所包围的区域即为所检测的范围。范围检测需要测量数据覆盖整个检测区域。

4.1.2.4 方量

方量检测多基于测深数据进行计算，计算方法常采用方格网法或三角网法。以三角网法为例，基于离散测深数据生产 TIN（不规则三角网）数字高程模型，如图4.9所示。

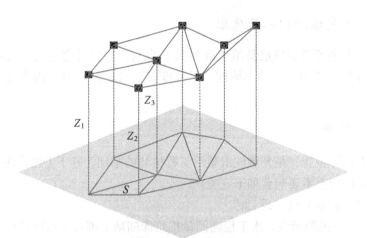

图4.9 点云数据的网格化

如图 4.9 所示，Z_1、Z_2、Z_3 为三角形角点填挖高差，S 为三棱柱底面积，按体积计算公式计算每个三棱柱的填挖方量：

$$V_3 = \frac{(Z_1 + Z_2 + Z_3)}{3} S \tag{4-1-2}$$

累加得到指定范围内所有三角形的体积，可得总方量。

4.1.2.5 坡度

平整表面的坡度可直接通过地形断面两点间的高差和平距的比值确定，如图 4.10 所示。

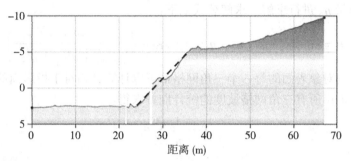

图 4.10 基于地形断面计算坡度

基于地形断面计算坡度的方法要求地形断面走向与地形坡度梯度方向严格一致，实际作业时也可通过统计方法计算表面坡度，对任意三角格网 ABC，如图 4.11 所示，其组成点的坐标分别为 (x_1, y_1, z_1)、(x_2, y_2, z_2)、(x_3, y_3, z_3)，由此可得到向量 $\overrightarrow{CA}$ 和向量 $\overrightarrow{CB}$，其计算公式为：

$$\begin{cases} \overrightarrow{CA} = (x_1 - x_3, \ x_1 - x_3, \ x_1 - x_3) \\ \overrightarrow{CB} = (x_2 - x_3, \ x_2 - x_3, \ x_2 - x_3) \end{cases} \tag{4-1-3}$$

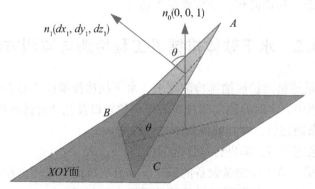

图 4.11 基于点云坐标进行坡度计算

进而可求得三角形 ABC 的法向量 $\boldsymbol{n}_1$：

$$\boldsymbol{n}_1 = \overrightarrow{CA} \times \overrightarrow{CB} = \begin{vmatrix} i & j & k \\ x_1-x_3 & x_1-x_3 & x_1-x_3 \\ x_2-x_3 & x_2-x_3 & x_2-x_3 \end{vmatrix} = (dx_1, dy_1, dz_1) \quad (4\text{-}1\text{-}4)$$

式中 i、j、k 为单位向量，dx_1、dy_1、dz_1 分别为：

$$\begin{cases} dx_1 = (y_1-y_3)(z_2-z_3) - (y_2-y_3)(z_1-z_3) \\ dy_1 = (x_2-x_3)(z_1-z_3) - (x_1-x_3)(z_2-z_3) \\ dz_1 = (x_1-x_3)(y_2-y_3) - (x_2-x_3)(y_1-y_3) \end{cases} \quad (4\text{-}1\text{-}5)$$

三角网格相对于水平面 XOY 的坡度角为 θ，则可根据三角网格的法向量 $\boldsymbol{n}_1$ 以及 XOY 单位法向量 $\boldsymbol{n}_0$ 进行求解。求解公式如下：

$$\theta = \arccos(\cos<\boldsymbol{n}_0, \boldsymbol{n}_1>) = \arccos\left(\frac{dz_1}{\sqrt{d^2x_1 + d^2y_1 + d^2z_1}}\right) \quad (4\text{-}1\text{-}6)$$

对组成检测对象表面的每一个三角网格都可以计算其相对于投影面的坡度，检测对象表面的坡度可由所有三角网格坡度的统计期望求得：

$$\overline{\theta} = \frac{1}{n}\sum_{i=1}^{n}\theta_i \quad (4\text{-}1\text{-}7)$$

4.1.2.6 平整度

检测对象表面的平整度表征了表面坡度与设计坡度的偏离和一致程度，一般可用标准差形式来表示：

$$d\theta = \sqrt{\frac{1}{n-1}\sum_{i=1}^{n}(\theta_i - \overline{\theta})^2} \quad (4\text{-}1\text{-}8)$$

4.1.2.7 其他

除上述定量检测内容外，基于水下目标的图像强度纹理、点云几何特征、地形断面等信息，可以定性分辨水下目标的形状、结构、状态等特征；依此，可定性判断航道整治工程的着床状态、冲刷淤积、结构破损等情况。

4.2 水下软体排铺设工程检测与监测方法

根据第二章航道整治护底铺排检测需求，水下软体排铺设检测主要内容包括：
(1) 铺设过程中，实时检测实际排布的平面位置以及相邻排体间搭接宽度；
(2) 每条排布铺完后，对其铺排状态进行检测；
(3) 一个工区完工后，需进行铺排范围检测。

根据调研及第三章主要测量设备的研究，结合沉排的作业特点和各检测方法的作业条件、性能，可用于水下软体排铺设检测的手段主要包括：
(1) 基于浮标倒锤的局部点监测法，可检测位置、搭接宽度、范围；

(2）探摸摄像法，可检测位置、搭接宽度、状态；

(3）基于超短基线的局部点监测法，可检测位置、搭接宽度、范围；

(4）二维机械式扫描声呐图像法，可检测位置、搭接宽度、状态；

(5）二维侧扫声呐图像法，可检测位置、范围、状态；

(6）基于三维扫描声呐的三维点云检测法，可检测位置、搭接宽度；

(7）多波束测深检测法，可检测位置、搭接宽度、范围、状态。

4.2.1 浮标法水下铺排检测

1. 浮标法水下铺排检测原理

浮标法是《检验标准》中推荐使用的一种简洁高效的水下目标定位方法。在软体排或其他待检测目标沉水之前，在其边缘或其他关键特征位置设置检测点并系上浮球，系绳长度应略大于水深；当目标坐地后，浮球在检测点正上方一定范围内；通过背包式GNSS测量水面浮球的位置，由于水流冲击，浮球相对于检测点可能有漂移距，定位时应将浮球与下方检测点的拉绳拉至竖直状态。

采用上述方式，在排布边缘布设多组浮球并测量坐标，如图4.12所示，便可大致确定排体边界的位置，依此开展相邻排体搭接宽度、排体位置、范围的监测。

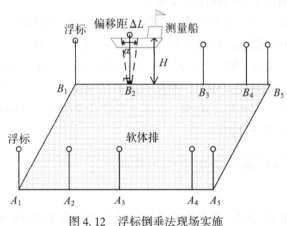

图 4.12 浮标倒垂法现场实施

2. 系统组成

浮标法铺排检测所需设备包括浮球及丙纶绳若干、RTK-DGNSS 1套、数据处理计算机 1台、小型检测船 1只。

3. 实施方法

排体铺设过程中，在排体两侧自排头沿排身至排尾按设计和规范要求布设测点浮标（一般间距为20~30m），浮标采用直径10mm丙纶绳与排体相系，绳长依据实际滩面高程和潮位控制，一般情况为水深+高潮时潮高+2m左右，排头、排尾及堤身砂肋排等特殊位置需加密设置浮标。

待排体铺设完成后，由测量船（背包式GNSS）乘平潮（或拉紧丙纶绳至垂直状态）时测量定位浮标坐标,根据实际测定的坐标确定该排体实际铺设位置。

如图4.12所示,浮标法实施时沿排布长度方向两侧各均匀布置5个浮标检测点位,通过10个检测点的坐标测量,可确定排布中线的位置,沿护底推进方向侧(下游)的5个测点的实际平面值可作为下一幅排体平面位置确定的修正依据,而上游侧5个检测点的实测位置可作为与上游相邻排体间搭接量检测的依据,沉排搭接宽度检测示意图如图4.13所示;连接上述各检测点的坐标,可大致形成各排体的边界范围,进而实现对铺排范围的检测。

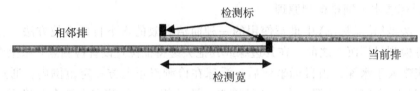

图4.13 铺排搭接宽度示意图

4. 浮标法适用性

优势:浮标法工艺成熟、操作简便、易于实施,可以得出排体入水后实际的长、宽及平面位置,从而测出相邻排体的搭接宽度。

劣势:①测量船在测量过程中禁止抛锚,测量船定位较困难;②水深超过10m时,浮标绳拉直与否对测量数据准确性影响大,如图4.12中B_2点,水深为H,测绳实际位置与理论位置存在夹角α,则B_2点水平位置测量误差$\Delta L = H \cdot \tan\alpha$,当$H \geqslant 10m$,$\alpha \geqslant 5°$,$\Delta L \geqslant 0.87m$时,测量误差较大,测量精度不足以准确反映水下排体边线实际位置;③无法判断水下排体是否平整无破损,混凝土联锁片是否存在堆叠现象;④属于事后控制,发现问题只能采取补排措施。

4.2.2 水下探摸摄像法水下铺排检测

1. 检测原理

在水下工程检测过程中,常采用水下电视结合潜水作业的方法进行。

检测区域由船载GNSS技术进行概略定位,潜水员在开展水下检测时,水面操作人员通过水下电视的主控系统显示屏指挥水下持摄像机的潜水员对水下目标上的标识区进行摄像,潜水员基于探摸和实时景象,采用钢尺量取相邻铺排的近似搭接宽度,判断铺排状态,并给出定性判断结论,实时记录的图像为支撑检测结论的证据。

2. 系统组成

采用水下探摸摄像进行铺排检测需要的装备包括:RTK-DGNSS 1套、潜水及生命维持设备1套、水下摄像设备1套、水砣及缆绳等。

3. 实施方法

水下摄像探摸检测实施步骤如图4.14所示。

4.2 水下软体排铺设工程检测与监测方法

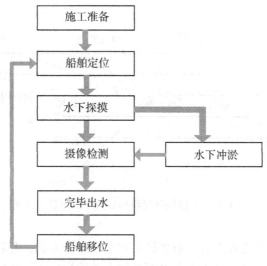

图 4.14 水下摄像探摸检测实施步骤

开展水下摄像探摸检测前，应做好施工准备。包括调试船舶及绞锚系统、调试水下电视系统、调试潜水系统、收集作业区水文参数、制定检测方案及开展检测点定位等工作。

通过船舶移位靠近设定的待检测区域。为了保证潜水员的安全和探摸工作的顺利进行，检测船舶需通过4~6根锚链进行抛锚固定，并通过船上的绞锚机攀爬锚链实现船舶的移动，为了使船舶准确停靠至待检测点区域，常用水砣测量水流的漂移距，指导船舶定位，船舶移位的具体实施流程如下：

（1）工作船行驶至检测区域，根据预先设定的锚位坐标抛船艏两口定位锚，再由绞锚艇抛船艉两口定位锚，固定检测船船位，完成初步定位。

（2）将潜水入水砣抛入水中，用GNSS测定入水砣入水位置，待入水砣沉底后收紧入水绳并使入水绳垂直于水面，再用GNSS测定入水绳位置，从而得出入水砣入水到沉底后的漂移距。

（3）根据实测的漂移距，用GNSS精确确定工作船位，使船艇到达目标点。在此期间使用船艏、船艉锚机进行微调船位。

（4）再次将入水砣从船艇抛入水下至沉底，潜水员顺入水绳下到水底进行检测、摄像施工。

（5）检测过程中，水面人员随时观测船位，防止检测船的走锚漂移。

（6）船舶定位平面布置如图4.15所示。

船舶移位完成后可进行水下探摸摄像铺排检测作业。潜水员携带水下摄像机、量测及其他必须装备，顺船艇入水绳下水实施检测，寻找待检测区域铺设排布边缘预设的标识。找到搭接缝后把入水砣移至搭接缝处，以便于水面人员用背包GNSS对检测点进行精确定位；然后沿着搭接缝探摸，用量尺检测搭接缝的砼块重叠宽度；如遇铺排检测区域被泥沙淤埋，潜水员可用钢尺测量铺排检测区的泥沙淤埋厚度，根据需要拍摄刻度；

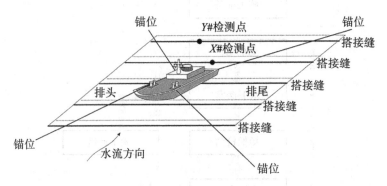

图 4.15 沉排检测时船舶定位平面布置示意图

泥沙淤积较厚,影响检测效果时,潜水员通知水面操作人员,开启高压水枪,对淤沙进行清理直至寻找到搭接缝,潜水员在水面操作人员的指挥下沿搭接缝走向每隔 6~8m 作一个检测断面,行进路线为"Z"字形,如图 4.16 所示。

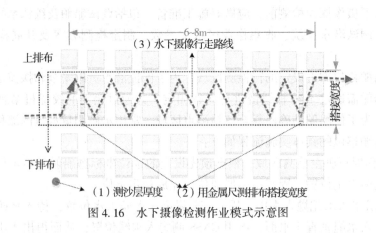

图 4.16 水下摄像检测作业模式示意图

每个检测点,潜水员应对铺排相关检测内容给出定性判断,包括:
(1)铺排上、下排搭接是否良好;
(2)搭接宽度是否合格;
(3)排布是否破损;
(4)砼块绑系是否牢固及砼块破损情况;
(5)砂肋条是否饱满有漏沙现象。

潜水员根据本次检测的实际情况,写出潜水探摸报告;技术人员根据摄像资料和潜水探摸报告,提交准确的检测结果。

4. 适用性

优势:①原理简单、手段直接、操作简便;②通过潜水员探摸,可以直观判别排体在水下的质量情况,准确测出相邻排体搭接宽度;③可以检测出排体淤沙情况。

劣势:①水下探摸工作量大,耗时长,检测效率低;②须候潮作业,涨落潮时,潜水员水下工作难度大；③潜水员水下实际工作情况难以判别，而且检测数据易受潜水员主观判断影响；④水下作业不确定性因素较多，存在一定的危险性。

4.2.3 超短基线定位法水下铺排检测

1. 检测原理

排体沉放前在排布边缘布设若干组声学应答释放器，当声学释放器随排布一同坐底后，铺排船上的声学接收单元发射并接收来自水下应答释放器反射的回波信号，测出水下应答释放器相对于接收单元的斜距和方向，进而根据船体上定位、航向以及接收单元船体坐标信息，求得各水下声学应答释放器的绝对三维坐标，超短基线用于铺排施工检测如图 4.17 所示。

基于排布边缘关键点的位置，可以判断排布边界轮廓，通过相邻排布边界轮廓位置的比较，可以确定与相邻排布的搭接宽度。

水下声学应答释放器可回收重复使用，当船上的接收单元发射设定的释放声信号时，应答器单元与底部的系紧部位脱离，通过自身浮力浮出水面。

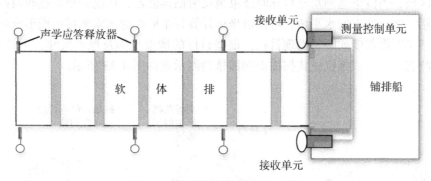

图 4.17 超短基线铺排施工示意图

2. 系统组成

超短基线定位法水下铺排检测系统组成包括：声信号数据发射与接收单元、水下应答释放器单元 6~10 组、超短基线数据处理系统、RTK-DGNSS 2 套、姿态传感器 1 套、罗经 1 套。

3. 实施过程

检测施工前对系统进行调试和校核。规范安装超短基线系统，对系统的安装偏差进行校准，将采集的测试定位数据与 RTK 背包式 GNSS 测量的数据进行比对，当数据稳定且误差满足要求时再进行铺排检测。

在排布边缘安装水下声学应答释放器。排布入水前，将水下应答释放器绑在排体两侧合适位置，同软体排一起入水，数据基本稳定后，采集数据；当第 3 组水下应答器要入水时，利用水下释放器释放回收第 1 组水下应答器，将其固定至下一段要铺设的排体上，依次循环使用。

保证声速参数的准确,并及时解算每个应答器的定位数据。每组应答器反馈的数据均可准确定位该段排体边线位置,为后续铺排时及时调整预留搭接量提供数据指导;同时可结合相邻排体的同点位坐标进行计算,精确计算出排体间搭接宽度,以检测是否满足设计要求。

4. 适用性

优势:①属于事中控制,施工过程中可实时、准确显示水下排体位置,可根据计算结果实时动态调整铺排预留搭接量,有效减少不必要搭接宽度,节约工程成本;②测量效率高、精度有保障。

劣势:①测量系统复杂,换能器坐标系需校准,需布设水下应答器;②施工及水体环境会影响信号的接收,造成测量精度下降;③水下应答器存在布设、回收问题,设备造价高,回收失败损失较大。

4.2.4 二维机械式扫描声呐图像法水下铺排检测

1. 检测原理

二维机械式扫描声呐在云台旋转过程中,发射一系列波束覆盖探头正下方一定半径的圆周区域,当波束遇到水底目标时波束被反射回换能器,换能器根据接收时间计算出目标斜距,结合波束的水平角,可按极坐标计算每个回波的像素坐标进而形成圆形扫描图像,基于图像灰度或阴影发现目标,根据目标的像素坐标及像素尺寸,可进行位置、距离和状态检测。二维机械式扫描声呐铺排检测示意如图4.18所示。

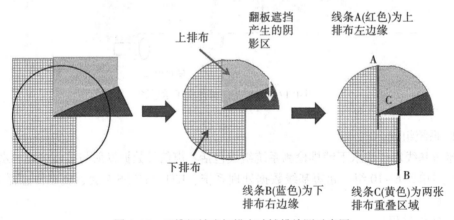

图4.18 二维机械式扫描声呐铺排检测示意图

2. 系统组成

二维机械式扫描声呐1套、安装支架1套、RTK-DGPS 1套、表层声速仪1套、计算机1套。

3. 实施方法

测量前应规范安装二维机械扫描声呐系统,并对整个系统进行测试。采用铺排船舷挂安装,二维机械扫描声呐换能器安装位置、方向、吃水深度应合理选择,既不能影响铺排施工，还应适宜声波对工作面测量；换能器的横向、纵向及艏向安装角度应满足系统安装的技术要求，换能器转动中心轴应与竖直轴重合，扫描零方向应与载体艏尾向重合，具体设备安装测试根据系统随机手册进行。

数据采集时，各参数应选择合理，作业环境应满足稳定系统工作的需要。换能器发射频率、脉冲宽度、扫描速度、探头距底高度、声速等参数应合理选择，保证成图质量及分辨率达到检测要求；数据采集应在铺排船稳定时进行，采集过程中应观察铺排船的姿态变化，当风浪或过往船只引起铺排船姿态变化导致图像特征模糊时，应停止作业直到恢复至稳定状态。

基于二维机械扫描声呐图像开展水下铺排检测，目标位置的确定应以目标回波强度突变的前沿为准；距离量测时，应对同组目标进行3次以上量测，两次量测结果之间的偏差不应超过3个像素；二维声呐图像可用于铺排搭接宽度、铺排范围、排布状态等内容的检测：

（1）实时检测搭接宽度时，测站位置的选择应沿作业面推进方向布设，测站间距可与作业面步进距离相同，但应不大于有效扫幅宽度的80%；

（2）范围检测时，有条件时可进行多测站扫描图像的融合处理，并将标定了边界的声呐图像与设计图进行比对，查找是否有漏铺和少铺、排布倾斜的情况；

（3）铺排状态检测时，观察每一块排体的图像纹理特征，尤其是排头和排尾部分，检查是否有撕排、叠排现象。

4. 适用性

优势：①测量效率高、相对精度高、成图分辨率高；②静态作业模式，在同等条件下对同一目标进行多次重复观测，检测结果可靠；③属于事中控制，施工过程中可实时、准确显示水下排体位置，可根据计算结果实时动态调整铺排预留搭接量，有效减少不必要搭接宽度，节约工程成本；④系统性价比高，成本经济，轻便易于操作和维护。

劣势：①对平台稳定性要求高，不适宜走航式作业；②有效作业距离短，大区域成图需多站扫描，成图效率低于侧扫声呐图像；③存在水下高精度定位定向问题。

4.2.5 三维扫描声呐法水下铺排检测

1. 检测原理

三维扫描声呐一次脉冲发射可在几十度开角扇面内获得数百个波束回波，并形成回波图像，基于波束阈值检测，实现数百个目标点的方向和距离的测量；基于换能器云台的位置、方位以及俯仰角，可计算每个目标点的三维坐标；换能器通过云台旋转和俯仰角调整实现照射区的改变，从而实现对三维空间范围内目标的高分辨率坐标测量；依托三维点云数据及计算机显示技术，呈现点云空间分布和结构特征；从点云形状特征中判断不同排布的边缘区域，并根据目标平面坐标进行水下排布的位置、距离的检测，三维扫描声呐检测水体排搭接宽度示意如图4.19所示。

2. 系统组成

采用三维扫描声呐开展铺排检测需要三维扫描声呐系统1套，包括探头、支架、甲板单元、采集计算机；RTK-DGNSS 1套，表层声速仪1套。

图 4.19　三维扫描声呐检测水体排搭接宽度示意图

3. 实施方法

测量前规范安装各设备，并对三维扫描声呐整个工作系统进行测试。将控制点坐标和接收机测出的坐标进行比对，定位中误差满足测图定位限差要求；采用铺排船舷挂安装，换能器安装位置、方向、吃水深度应合理选择，既不能影响铺排施工，还应适宜声波对工作面测量；换能器的横向、纵向及艏向安装角度应满足系统安装的技术要求，换能器转动中心轴应与竖直轴重合，扫描零方向应与载体艏尾向重合，具体设备安装测试根据系统随机手册进行。

数据采集中作业参数选择合理，作业环境应满足数据文档采集的需要。换能器扫描速度、探头距底高度、声速等参数应合理选择，保证测点密度达到检测要求；数据采集应在铺排船稳定时进行，采集过程中应观察铺排船的姿态变化，当风浪或过往船只引起铺排船姿态变化导致回波噪点较大时，应停止作业直到恢复至稳定状态。

基于三维点云渲染成图开展铺排检测。目标的确定应根据形状的突变进行选择，距离量测时，应对同组目标进行 3 次以上选择和量测，取均值，两次量测结果之间的偏差不应超过 3 个像素；实时检测铺排搭接宽度时，测站位置的选择应沿作业面推进方向布设，测站间距可与作业面步进距离相同，但应不大于有效扫幅宽度的 80%。

4. 适用性

优势：①测点分辨率高，相对点位精度有保证；②静态作业模式，在同等条件下对同一目标进行多次重复观测，检测结果可靠；③属于事中控制，施工过程中可实时、准确显示水下相邻排体的搭接关系和宽度；可根据计算结果实时动态调整铺排预留搭接量，有效减少不必要搭接宽度，节约工程成本。

劣势：①对平台稳定性要求高，不适宜走航式作业；②发射高频声波，水流、泥沙等环境因素引起噪点，高质量数据需做去噪处理；③有效作业距离短，多测站数据统一需进行点云拼接处理；④系统结构复杂，扫描效率低；⑤存在高精度水下定位定向问题；⑥系统成熟度不高，应用功能仍在升级中。

4.2.6　侧扫声呐图像法水下铺排检测

1. 检测原理

侧扫声呐系统通过发射一系列波束均匀覆盖整个水底区域，当波束遇到水底目标时波束被反射回拖鱼，拖鱼根据接收时间计算出目标斜距，并形成侧扫图像；基于图像灰度或阴影发现目标，结合 GNSS 与拖鱼、回波的几何关系，由定位和航向数据计算目标像素处的地理坐标，进而可实现整个排布的位置、范围的检测，侧扫声呐测线布设及铺排检测示意图如图 4.20 所示。由于侧扫声呐采用拖曳作业模式，难以在铺排过程中实施测量，因此适合完工后的铺排位置、距离、范围和状态检测。

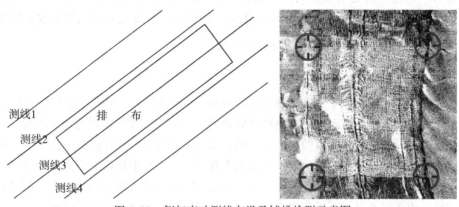

图 4.20 侧扫声呐测线布设及铺排检测示意图

2. 系统组成

采用侧扫声呐开展水下铺排检测需要 RTK-DGNSS 1 套、侧扫声呐采集系统 1 套、绞车及拖缆 1 套、数据处理计算机 1 台、小型检测船 1 只。

3. 实施方法

测量前对侧扫声呐整个工作系统进行测试，并将控制点坐标和接收机测出的坐标进行比对，定位中误差满足测图定位限差要求。

合理布设测线。测线布置应沿河道逆流方向布设，测线间隔应根据扫宽和水深合理设计，保证实现对铺排范围的全覆盖。

数据采集时选择合适的作业条件及作业参数。尽量减少风浪、潮流对拖鱼的影响，测量船航速保持稳定，船速以 4kn 左右为宜；脉冲宽度、脉冲发射频率、船速、增益参数及成图分辨率应保证足以发现铺排砼块形成的纹理。

基于侧扫声呐图像强度明暗变化或阴影进行铺排检测。确定目标位置和边界范围，目标像素位置的确定应不超过 10 个像素，像素地理坐标应结合定位、拖缆长度、航向进行计算；基于图像目标位置可进行铺排距离、范围及状态的检测：

（1）距离检测时，应根据成图软件提供的工具至少操作 3 次，取平均值作为最终的检测结果；

（2）范围检测时，有条件的可对各条带图像进行地理编码镶嵌，并将勾勒范围的测深地形图像与设计图进行比对，查找是否有漏铺和少铺、排布倾斜的情况；

（3）铺排状态检测时，观察每一块排体的图像纹理特征，尤其是排头和排尾部分，检查是否有撕排、叠排现象；

铺排完工后，应尽快实施水下铺排检测，以免沉排在水中被泥沙覆盖而影响检测

4. 适用性

优势：①侧扫声呐图像清晰，满足对软体排位置检测的要求；②检测速度快，效率高，单次可检测多张排体；③可以准确地将软体排铺设位置与设计位置位移大小扫测出来；④系统性价比高，成本经济，轻便，易于操作和维护。

劣势：①拖鱼易受水流影响，水流流速过大时侧扫效果差；②图像显示易受测量船轨迹影响，对船舶驾驶技术要求较高；③属于事后控制，发现问题只能采取补排措施。

4.2.7 多波束测深法水下铺排检测

1. 检测原理

多波束测深系统集成了多波束换能器、导航定位、定向、测姿、水位、声速等数据，并经过声速弯曲改正、姿态改正、地理坐标转换、水位改正等一系列处理，得到高分辨率水下测深的平面坐标和高精度的水下地形图，依托地形数据及计算机显示技术，渲染形成水下地形的三维形态特征，从地形特征变化中发现目标，并根据目标平面坐标进行水下排布的位置、距离、范围的检测，图4.21为Sonic2024型多波束测深结果呈现的铺排砼块形状的效果，依此可开展水下排布搭接宽度、铺排范围、排体着床状态的检测。

图4.21 Sonic2024型多波束测深结果呈现的铺排砼块形状

2. 系统组成

采用多波束测深开展铺排检测，需要多波束换能器及采集单元1套、RTK-DGNSS 1套、高精度光纤罗经及姿态传感器1套、声速剖面仪1套、显控计算机1台、采集及后处理软件1套、测量船1艘。

3. 实施方法

设备选型时，多波束系统应选择束控角度尽可能小的设备，建议尽量采用波束角为0.5°×1°的多波束测深系统，以保证测深分辨率足以呈现铺排砼块的结构特征。

测量前规范安装、检校多波束测深系统。采用局部放样法测量多波束声呐、姿态传感器、GNSS接收机等传感器之间的相对位置关系；选择特征地形区域开展多波束校准测量，探测声呐探头安装偏差。

铺排检测时，测线布置尽可能沿排布延伸方向长轴布设，扫宽不宜过大，扫幅开角控制在90°以内，测线间隔应根据扫宽和水深合理设计，保证实现对铺排范围的全覆盖；测量过程中，船速和脉冲频率应适宜，保证沿航迹方向测深点密度足以发现目标。

测深数据应经过专业软件处理，消除安装偏差、声线弯曲、姿态、时延偏差、水位变化、噪声等因素的影响；处理后的测深数据应以网格图或三维渲染图形式呈现床表地形，成图分辨率应不低于1/2砼块尺寸。

根据地形几何特征确定目标位置和边界范围，目标图像位置的确定应不超过10个像素，依此进行水下铺排检测，可进行排布位置、距离、范围、状态等内容的检测：

（1）位置和距离检测时，应根据成图软件提供的工具至少操作3次，取平均值作为最终的检测结果；

（2）范围检测时，应将勾勒范围的测深地形图像与设计图进行比对，查找是否有漏铺和少铺、排布倾斜的情况；

（3）铺排状态检测时，观察每一块排体的形状特征，尤其是排头和排尾部分，检查是否有撕排、叠排现象；

铺排完工后，应尽快实施水下铺排检测，以免沉排在水中被泥沙覆盖，影响检测效果。

4. 适用性

优势：①多波束声呐可快速获取大区域高分辨率海底地形图，清晰反映水下排布形状特征，满足对软体排位置、尺寸、范围的检测要求；②检测速度快，效率高，单次可检测多张排体；③可以精确地将软体排铺设位置与设计位置位移大小扫测出来。

劣势：①水深过大时，多波束测深分辨率会下降，床表地形图将难以反映排布特征；②系统复杂，安装要求高，设备检校及数据处理繁琐；③属于事后控制，发现问题只能采取补排措施。

4.2.8 水下软体排铺设检测方法试验及分析

上述软体排铺设水下检测与监测方法中，浮标法和水下探摸摄像为传统方法，常用于铺排施工指导，其他几种方法则为新技术在铺排检测中的应用，本书对其开展了验证性试验。

4.2.8.1 超短基线水下排体检测试验

1. 试验概况

项目试验数据来自长江沿岸某城市以下12.5m深水航道整治工程某标段排体铺设质量检测工程，通过试验分析检验超短基线检测法在铺排检测中的应用效果。

试验区为深水急流区，选择在S1丁坝30#、31#体铺设过程中开展超短基线水下检测试验，S1丁坝30#排体规格为35.5m×335.7m，砂肋排长37m；31#排体规格为35.5m×341.7m，砂肋排长43m。排体铺设时相邻排体预留搭接宽度为8.5m，以确保入水后搭接宽度不小于5m。

2. 测量数据及分析

铺排前采用RTK背包式GNSS测量对超短基线测量系统进行校核，测量误差最大18.9cm，平均误差15.6cm，满足现场检测精度要求。在排布下沉过程中，循环使用6组水下信标，测量排布边缘检测点坐标，数据记录如图4.22和表4.2所示。

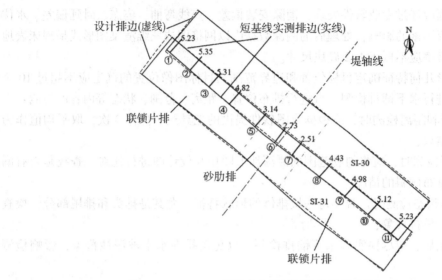

图 4.22 30#、31#排体分布及超短基线数据采集记录

表 4.2 超短基线铺排检测测量数据分析(单位:m)

部位	31#实测排宽	30#实测排宽	实际搭接宽度	备注
砼联锁片排	33.5	33.5	6.2	
	33.9	34.1	6.3	
	33.9	34.0	6.3	
	32.7	33.9	5.8	通过计算,联锁片排平均搭接宽度为6.0m,砂肋排平均搭接宽度为5.8m,均大于设计要求5.0m
砂肋排	32.1	34.6	6.1	
	32.1	33.0	5.7	
	32.0	32.2	5.5	
砼联锁片排	32.9	32.1	5.4	
	33.0	34.4	6.0	
	33.1	33.8	6.1	
	33.2	33.3	6.2	
排号	实测砼联锁片排排宽平均值	实测砂肋排排宽平均值	实测排长	平均搭接宽度
31#排	33.3	32.1	341.0	
30#排	33.7	33.3	334.9	均大于5.0m
31#排收缩值	2.2	3.4	0.7	
30#排收缩值	1.8	2.2	0.8	

上表中，超短基线测量系统比对误差均小于0.16m，精度满足要求；30#排第1组信标距排头2.5m，最后1组信标距排尾2.5m；31#排第1组信标距排头2.5m，最后1组信标距排尾2.5m；30#排理论尺寸：宽35.5m，长335.7m；31#排理论尺寸：宽35.5m，长341.7m。

从上表可以看出：

(1)S1丁坝30#、31#排铺设时，排体入水后，砂肋排平均收缩量为2.2~3.4m，最大3.5m；砼联锁片排平均收缩量为1.8~2.2m，最大2.8m。

(2)由图4.22及表4.2数据可知，相邻排体搭接宽度均大于5m，最小搭接宽度为5.4m，满足设计及规范要求。

(3)超短基线检测法基本可以满足排体检测要求，可以指导软体排铺设施工。

4.2.8.2 二维机械式扫描声呐水下铺排检测试验

1. 试验概况

试验依托于长江沿岸某城市以下航道整治水下铺排工程的第三方检测项目，试验数据采集和分析由武汉大学和长江航道救助打捞局共同完成，通过二维机械式扫描声呐现场施工检测数据及靶标比对试验数据的采集与分析，验证二维机械式扫描声呐检测法在铺排检测中的性能及应用效果。

试验区位于长江下游扬中段，河道弯曲、水流较急，对水流冲刷区域铺设砼联锁块软体排进行护底，排布设计尺寸33m×102m，检测区域共计铺排7张，排布设计搭接宽度5m。

设备及安装：试验选用KonsbergMS1000二维机械式扫描声呐进行铺排检测，声呐换能器通过特制升降支架安装于铺排船左后侧，甲板单元接入RTK-GNSS进行定位信号，加装OCTANS罗经姿态一体传感器(MRU)设备，GNSS采样频率为1Hz，MRU采样频率为10Hz，并采用皮尺分别量测GNSS和MRU在船体坐标系下相对于声呐探头的坐标。设备安装情况如图4.23所示。

图4.23 二维机械式扫描声呐铺排船侧舷固定安装

2. 数据采集及分析

为验证二维机械式扫描声呐实际性能及检测效果，项目在第2张排前段捆绑了自制轮胎靶标，如图 4.24 所示。施工中第三方检测机构每隔约 10m 的距离，在系联锁块的间隙采集数据，实时确定相邻排布的搭接宽度，并作记录。为不影响检测机构施工，项目组在铺排船靠近靶标不同距离上，调整二维机械式扫描声呐的下放深度、扫描旋转步长、扫描半径、声速、增益等参数，采集了多组实验数据，各测站位置分布如图 4.24 所示，数据记录表格如表 4.3 所示。

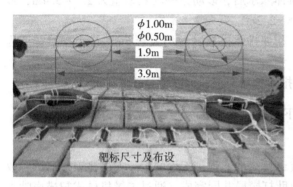 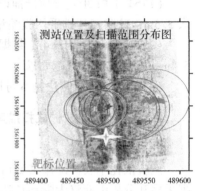

图 4.24　试验靶标、测站布设及各测站扫描范围分布图

表 4.3　　　　　　　　　二维机械式扫描声呐数据采集记录表

日期：2016 年 01 月 8 日　　　　　天气：晴、微风　　　　　记录员：王××

序号	起止时间	文件名 *.smb	经度/ (°′″)	纬度/ (°′″)	距底高度/m	下放深度/m	目标距离/m	声速/(m/s)	扫描旋转步长/(°)	扫描半径/m	增益/%
1	12:23	20160108-01.smb	119°53′20.70″	32°10′51.47″	4.62	8.35	图上量测	1488	0.45	50	10
2	12:28	20160108-02.smb	119°53′20.70″	32°10′51.47″	4.62	8.35	图上量测	1488	0.225	50	10
3	12:35	20160108-03.smb	119°53′20.94″	32°10′51.51″	4.62	8.35	图上量测	1488	0.225	30	10
4	12:43	20160108-04.smb	119°53′20.94″	32°10′51.51″	6.1	6.1	图上量测	1488	0.225	50	10
5	12:50	20160108-05.smb	119°53′21.13″	32°10′51.51″	6.1	6.1	图上量测	1488	0.45	50	10
6	12:54	20160108-06.smb	119°53′21.13″	32°10′51.51″	6.1	6.1	图上量测	1488	0.45	50	0
7	12:58	20160108-07.smb	119°53′21.35″	32°10′51.54″	8.3	3.8	图上量测	1488	0.45	50	10

续表

序号	起止时间	文件名 *.smb	经度/ (° ′ ″)	纬度/ (° ′ ″)	距底高度/m	下放深度/m	目标距离/m	声速/ (m/s)	扫描旋转步长/(°)	扫描半径/m	增益/%
8	13:04	20160108-08.smb	119°53′21.35″	32°10′51.54″	8.3	3.8	图上量测	1488	0.45	30	10
9	13:07	20160108-09.smb	119°53′21.35″	32°10′51.54″	8.3	3.8	图上量测	1488	0.45	10	10
10	13:44	20160108-10.smb	119°53′21.84″	32°10′52.58″	8.3	3.8	图上量测	1488	0.45	50	10
11	14:05	20160108-11.smb	119°53′18.85″	32°10′52.14″	4.8	7.9	图上量测	1488	0.45	30	22
12	14:08	20160108-12.smb	119°53′18.85″	32°10′52.14″	4.8	7.9	图上量测	1488	0.225	30	22
13	14:21	20160108-13.smb	119°53′18.95″	32°10′52.18″	4.5	8.5	图上量测	1488	0.225	30	22
14	14:27	20160108-14.smb	119°53′18.95″	32°10′52.18″	7.4	6.0	图上量测	1488	0.225	30	22
15	14:40	20160108-15.smb	119°53′18.38″	32°10′52.19″	8	3.9	图上量测	1488	0.225	50	22
16	14:43	20160108-16.smb	119°53′18.38″	32°10′52.19″	8	3.9	图上量测	1488	0.225	30	22
17	14:47	20160108-17.smb	119°53′18.38″	32°10′52.20″	6.4	6.02	图上量测	1488	0.225	30	18
18	15:00	20160108-18.smb	119°53′17.77″	32°10′52.05″	10.7	4.0	图上量测	1488	0.225	50	18
19	15:45	20160108-19.smb	119°53′17.96″	32°10′52.09″	6.4	6.0	图上量测	1488	0.225	30	22

基于上述数据，项目从声呐技术参数、安装平台运动、作业环境参数等方面因素对二维机械式扫描声呐的成图影响进行了分析，此部分内容及分析结果详见第3章二维机械式扫描声呐设备测量理论研究部分，这里对二维机械式扫描声呐的铺排检测效果进行分析。

针对铺排过程中搭接宽度的检测，关键是根据图像特征，如边界、翻板的明暗及纹理特征，找到已铺排和在铺排边界线，进而利用软件的测距功能量取搭接宽度，如图4.25所示。

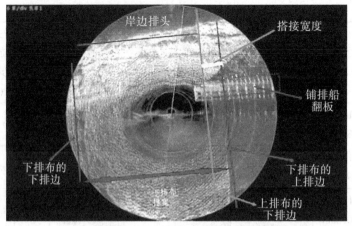

图 4.25　二维机械式扫描声呐检测搭接宽度量取示意图

表 4.4　第 2、3 排各测站搭接宽度检测结果列表(单位：m)

测站	1	2	3	4	5	6	7	8	9
搭接宽度	4.79	4.79	5.05	4.62	5.32	5.41	4.81	5.31	5.56

试验选取第 2、第 3 张排的检测数据进行分析，图 4.26 为每 10m 1 测站的扫描图像及检测结果，表 4.4 列出了各测站具体检测数据，从中可以看出第 3 张排在铺设过程中各段的搭接宽度均小于设计要求(5m)的 10%，符合软体排铺设规范要求。

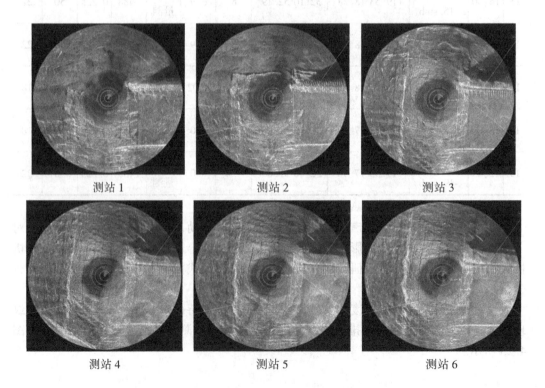

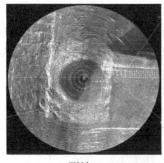 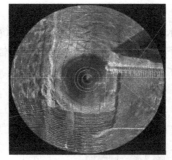 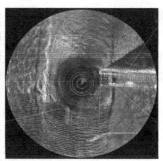

测站7　　　　　　　　　　　测站8　　　　　　　　　　　测站9

图 4.26　第 2、3 排各测站搭接宽度检测扫测图像及量距结果

另外，基于二维扫描图像还可以对排布着床状态进行检测，图 4.27 给出了铺排检测中遇到的着床状态问题，如排尾出现脱排现象，铺排搭接处有缺口等。

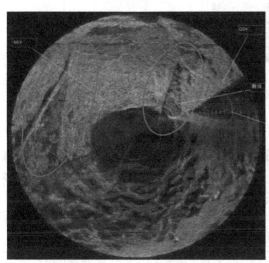 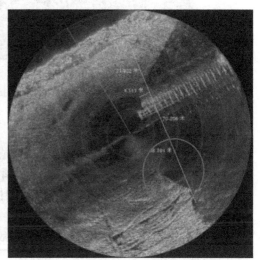

排尾出现的脱排现象　　　　　　　　　　　铺排搭接处缺口

图 4.27　铺排检测中遇到的着床状态问题

基于以上数据，还可以进行其他距离的量测，如果接收数据中引入了定位和定向数据，还可以对排布范围进行检测，计算原理与搭接宽度类似。

4.2.8.3　侧扫声呐水下排体检测试验

1. 试验概况

试验依托于长江沿岸某城市以下航道整治水下铺排工程的第三方检测项目，试验数据采集和分析由武汉大学和长江航道救助打捞局共同完成，通过对侧扫声呐扫测的铺排完工区图像进行分析，验证侧扫声呐系统在铺排检测中的性能及应用效果。

试验区介绍：与前部分内容中二维机械式扫描声呐为同一试验区，区域铺设砼联锁块软体排进行护底，排布设计尺寸 33m×102m，检测区域共计铺排 7 张，排布设计搭接宽度5m。

设备及安装：试验选用Klein 5000V2型侧扫声呐系统，拖鱼采用侧舷拖曳式安装，甲板单元接入RTK-GNSS进行信号定位，GNSS采样频率为1Hz，拖缆长度准确标定。设备安装情况如图4.28(a)所示。

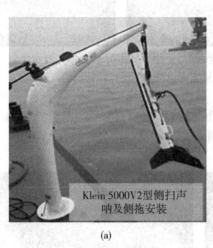
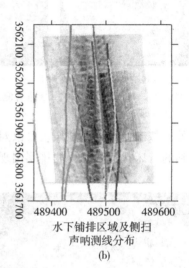

图4.28 侧扫声呐及测线分布

2. 数据采集及分析

侧扫声呐外业采集实验由武汉长江航道救助打捞局救捞测301船采用侧拖模式施测，拖缆长度控制在8~10m，船速为2~4节；尽可能在铺排区域均匀布线，并采集多个条带侧扫声呐数据，测线分布图及数据记录如图4.28(b)和表4.5所示。

表4.5　　　　　　　　　　　侧扫声呐数据采集记录表

测线名称/.xtf	测线长/m	拖曳速度/kn	拖缆长度/m
sonar_data120729085500	956.728	3.550	10
sonar_data120729083600	443.726	5.401	8
sonar_data120729082900	333.448	3.633	10
sonar_data120729081600	601.881	6.047	8
sonar_data120729080800	563.018	3.570	10

基于上述数据，项目从声呐技术参数、安装平台运动、作业环境参数等方面因素对侧扫声呐的成图影像进行了分析，相关内容详见第3章侧扫声呐设备测量理论研究部分，这里仅对侧扫声呐的铺排检测效果进行分析。图4.29和图4.30分别为处理前后的侧扫声呐图像。

4.2 水下软体排铺设工程检测与监测方法

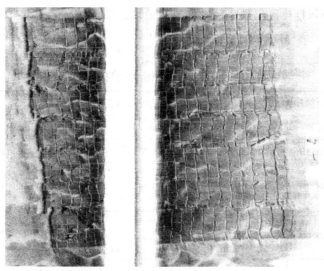

图4.29 原始数据生成的高分辨率侧扫声呐图像(0.1m/pixel)

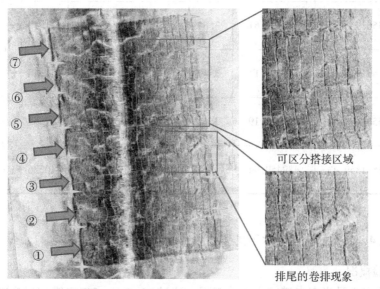

图4.30 地理编码镶嵌后的侧扫声呐图像(0.5m/pixel)及其铺排检测结果

基于原始数据按0.1m/像素生成的高分辨率侧扫声呐图像,如图4.29所示,可以清晰地呈现排布上联锁块的纹理。侧扫声呐的窄脉冲宽度和高回波采样率,使得图像在垂直于航迹向上有较好的可辨性,沿航迹方向的清晰程度由脉冲发射角度、脉冲频率和船速共同决定,图中垂向分辨率明显优于沿航迹向,沿航迹向的可辨程度可以发现相邻排布之间的搭接线,但尚不能满足搭接宽度检测的要求,但基于该图像的镶嵌结果,如图4.30所示,进行排布的长度、宽度、范围及着床状态的检测。

表4.6列出了图4.30中7张排布东西量测边缘及搭接线处的坐标,从表4.6中可以看出所有排布长度均在111m左右、宽度在30m左右,排布尺寸、范围均按照设计要

191

求实施,除第四张排排尾出现小范围卷排现象外,相邻排布之间未发现缝隙,未出现撕排、缺口现象。

表4.6 侧扫声呐图像铺排检测测量数据列表(单位:m)

排号	西侧检测点坐标		东侧检测点坐标		排长	排宽	
	北方向	东方向	北方向	东方向		西侧	东侧
7	3562065.10	489434.36	3562078.43	489544.69	111.13	29.19	31.05
	3562036.10	489437.69	3562047.60	489548.36	111.27		
6						29.75	30.14
	3562006.60	489441.53	3562017.77	489552.69	111.72		
5						27.66	27.08
	3561979.18	489445.19	3561990.85	489555.61	111.03		
4						29.17	28.85
	3561950.35	489449.61	3561962.35	489560.11	111.15		
3						30.09	28.71
	3561920.60	489454.11	3561934.02	489564.78	111.48		
2						29.10	27.91
	3561891.52	489455.19	3561906.18	489566.78	112.55		
1						32.44	31.85
	3561859.43	489459.94	3561874.43	489569.28	110.36		

4.2.8.4 三维扫描声呐水下排体检测试验

1. 试验概况

试验地点为马当南水道航道整治工程,通过BlueView 3D三维扫描声呐,对马当南水道航道整治工程的铺排情况进行检测,通过实时检测的效果来检验该设备在航道整治工程检测中的可行性。试验区域为砂质河床区域,无礁石,流速为0.75m/s,水深15m,由于为水下地形平台,适合进行3D扫描声呐的坐地式测量。

设备及安装:试验需3D扫描声呐系统1套、安装支架1套、RTK-GPS 1套,设备安装如图4.31所示,由于试验区域水深都在15m左右,为了能使3D图像声呐能在水下稳定作业,获得高质量的扫测图像,故采用铅块对其三角支架进行了负重。

2. 数据采集及分析

在铺排船系联锁块的稳定间隙,将三维扫描声呐连同支架下放至铺排前进方向某侧的水底,将换能器调整至-45°倾角,初始扫描方向调整至与铺排前进方向垂直,换能器按 0.02°的步进速度，对铺排作业面进行水平 180°扫描，扫描过程中合理调整声速参数，尽可能消除点云坐标的畸变。最终形成铺排作业面区域的一系列三维点云，一个测站的点云坐标基于同一个测量基准，因此，点云之间具有较高的相对精度。将测量点云坐标通过计算机显示渲染成图，效果如图 4.32 所示。

图 4.31　三维扫描声呐的安装及吊放

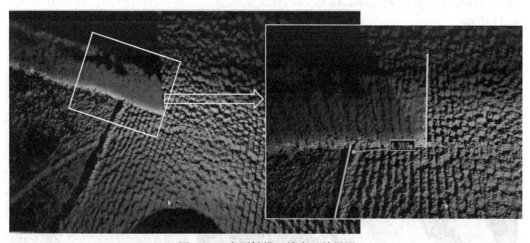

图 4.32　实测铺排三维点云效果图

图 4.32 点云密度达到 10cm 一个点，因此可清晰地反映水下联锁块、排布边缘、尚

未着床的排布及其背后的阴影等特征。基于上述特征可以对相邻排布的搭接宽度进行检测。图中实测铺排宽度为4.359m,满足铺排设计要求。

由于三维扫描声呐系统结构复杂,对平台稳定性要求高,作业距离接近30m,且单次数据采集耗时3~5分钟,生成高质量三维点云结果还需进行相应的后处理工作,因此,其时效性赶不上二维机械式扫描声呐,又由于其较高的相对精度,可将其作为其他检测手段的一种补充和验证。

4.2.8.5 多波束水下排体检测试验

1. 试验概况

试验数据来自某长江大桥2#桥墩局部冲刷防护工程铺排施工现场,采用多波束条带测深技术进行高分辨率测深对铺排质量进行检测,试验及数据分析由长江航道救助打捞局和武汉大学共同完成。

试验区砼联锁沉排是以钢筋纵横连接预制混凝土块(40cm×26cm×10cm)形成整体,再固定于上部封顶的系排梁上,沉排护宽分为30m、39m、40m、44m、52m不等。水域流速在1.0m/s左右,水深在20m左右,作业区域不存在漂浮物等影响多波束作业的因素,多波束的各项性能指标也都正常。

在护岸铺排工程完工后,采用多波束条带测深技术对沉排护岸工程沉排铺设部分进行全覆盖式扫测,选用R2Sonic23014型多波束声呐系统,辅助安装RTK-GPS定位系统1套,OCTANS四维姿态传感器1套,声速剖面仪1套,施测过程中上下500m处布设短期水位监测站。

2. 测量及数据

测线沿排布范围主轴方向布设,船速为4节,换能器束控角度256个,束控角为90°,采用等距模式测量,共采集测线8条,检查线2条,采用Caris Hips多波束数据后处理软件进行严密数据处理,按0.2m/pixel生成测区三维地形渲染图,测量结果如图4.33所示。

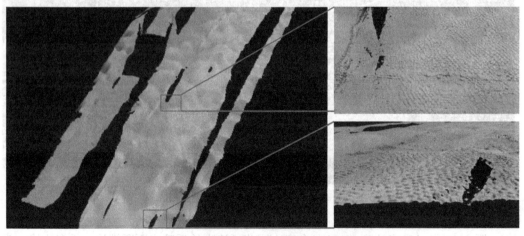

图4.33 多波束声呐铺排检测效果图

从多波束测深数据生成的三维渲染图中,可以清晰地发现水下铺排联锁块的轮廓、排布搭接封及边缘等特征,以此可对铺排位置、范围、搭接宽度进行检测。

通过对扫测图的放大观测,排体搭接宽度均在 4m 以上,如图 4.34 所示,均大于排体最小搭接宽度 3m,满足设计要求;同时通过对整个铺排施工区域的扫测,通过导入铺排设计底图,可直接确定铺排范围是否达到设计要求。

图 4.34 基于多波束地形直接量取搭接宽度及与设计范围对比

4.2.9 水下铺排检测方法使用总结

根据铺排工艺特点及其水下检测内容和要求,以及对各水下检测与监测方法的分析和比较,对铺排水下检测与检测技术做如下总结:

(1)浮标法、水下探摸摄像法作为常规水下检测手段,一般可在水深较小(不超过 10m)、流速较小区域作业,当水深、流速较大时,不建议使用。

(2)二维机械式扫描声呐、三维扫描声呐均采用静态扫描模式,适宜铺排工程的实时搭接宽度的检测,检测精度和效果均可满足施工要求,其中二维机械式扫描声呐的效率、成本控制、适用距离均优于三维扫描声呐;使用时应考虑水深和换能器有限范围的关系,深水区可选择坐底式测量。

(3)超短基线作为一种常用水下定位设备,对铺排位置、范围、搭接宽度的检测也有一定的适用性,且对水深、水流等其他环境因素适应性较好,但作业成本较高,数据处理复杂。

(4)侧扫声呐、多波束作为成熟的水下测量设备,适宜铺排工程的事后检测,可满足铺排位置、距离、范围检测的要求,对搭接宽度检测也有一定的有效性;检测时机应选择在完工后,以免泥沙冲淤;当水较深时,可考虑采用深拖或水下潜器进行移动测量。

另外,在实际施工过程中,由于环境的复杂性,单一的检测方法不能保证水下软体排的施工质量,应结合现场工况(水深、潮汐、水流流速等),选取适合的水下排体检测方法,综合应用,便于现场操作,确保排体施工质量,节约工程成本。

4.3 水下抛筑物工程检测与监测方法

抛石及人工预制构件是水下抛筑物工程最典型的代表,本书重点以抛石工程为例阐述水下抛筑物工程的检测与监测方法。根据第2章航道整治抛筑物检测需求，水下抛筑物工程检测主要内容包括：

(1)抛石基础的范围不得小于设计范围。

(2)压载抛石范围和厚度应满足设计要求。

(3)水下抛石护脚的表面应平整，不得有松动，边坡应满足设计要求，平均断面尺寸不得小于设计值。

(4)抛石的平均断面不得小于设计断面，坡面的坡度不应陡于设计坡度。

根据调研及本专题的研究，结合抛石、透水框架等散抛物施工特点和各检测方法的作业条件、性能，报告认为可用于水下散抛物检测的手段主要包括：

(1)单波束和多波束测深检测法，用于抛石前地形调查、抛石中过程控制以及结束后的验收检查，可检测抛石厚度、密度、范围、坡度等；

(2)二维声呐图像检测法，如二维机械扫描声呐、侧扫声呐等，可检测抛石范围。

4.3.1 单波束测深法水下抛石检测

1. 检测原理

单波束测深法是当前抛石施工中最常用的一种测量手段，施工前获取作业区大比例尺水下地形；施工过程中及时获取施工断面，了解施工进度和质量；施工结束测量整个作业区的大比例尺地形，基于测线绘制地形断面，对比施工前、中、后的各断面数据，可确定抛石厚度、范围、坡度等信息。

2. 系统组成

单波束测深用于水下抛石检测，需要单波束测深系统1套、专用安装支架、RTK-GNSS、罗经及姿态传感器1套、数据采集计算机1套。

3. 实施方法

作业前应规范安装测深系统，对系统进行标校测试。测船安装定位仪和测深仪后，进行测深仪声速值、吃水值、灵敏度等有关参数设定，测量前通过测深杆对测深仪水深进行比测检查，确认精度满足要求后方可开工水下断面测量。

根据检测需要，合理选择测图比例尺和设计测线。断面线布设采用横断面法，断面线的布设方向与水流方向大体垂直，测深断面线间距为图上1.5cm，1∶1000断面间距为15m，1∶500断面间距为7m，遇地形变化明显的地方进行加密布设，以反映真实的水下地形。

作业时各项操作应规范，确保数据采集质量。测船沿布设的计划线匀速航行，定位仪和测深仪按点距要求设定的距离间隔，定位点点距不大于图上0.7cm；测量过程中保证工作状态保持为RTK作业模式，当差分改正信号间隔大于30s时，则停止作业；水位根据测区特性并结合观测条件，每个工程区域在至少首尾两端各布设一个临时水位站观读实时水位，以控制水下地形测量的水位；在浅区测量一旦发现局部水深过浅，普通测船无法正常航行时，则采取换用吃水更浅的测量小划补测或是人工涉水测量，以确保整个测区100%覆盖。

对采集的单波束测深数据进行声速、姿态、水位等严密处理，绘制各测线断面地形和整体地形,以此开展水下抛石工程的检测;基于各断面高程与设计标高差异及称重抛石量,如图4.35所示基于单波束测深断面,估计已抛石厚度,分析施工质量,也可以此指导抛石施工,通过地形断面也可进行抛石坡度检测。

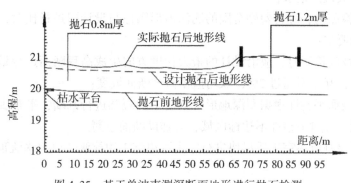

图 4.35　基于单波束测深断面地形进行抛石检测

4. 适用性

优势:作业成本小、效率高、作业方法简单,可用水下抛石施工前地形调查、施工中抛石厚度监测控制以及竣工验收检测,对抛石厚度、范围、坡度等内容检测具有一定的适用性。

劣势:测深密度与测线间隔有关,由于测线间隔间测点密度的稀疏,可能引起测线间形成虚假地形,密集布线反而会增加测量成本。

4.3.2　多波束测深法水下抛石检测

1. 检测原理

多波束声呐系统测深效率和分辨率远高于单波束系统,基于多波束测深进行抛石厚度和范围检测的原理与单波束测深相似,但多波束测深密度可以更加精细地反映抛石面的形状和尺寸,基于多期多波束测深地形的差异,可以精确计算抛石方量的变化,同时更适宜抛石表面平整性和坡度的检测。

2. 系统组成

多波束测深系统用于水下抛石检测,可根据通用多波束测深规范配置系统,推荐选用中潜深多波束声呐,测角分辨率0.5°。

3. 实施方法

作业前,应规范安装、检校多波束测深系统,并合理布置测线。多波束系统按通用方法对换能器进行安装、检校、参数设置和定位比对;测线布设时,应根据水深、目标可视分辨率确定波束开角和测量模式,确保实现全覆盖,测线方向沿抛石区主轴线或坡度梯度方向。

作业过程中,应操作规范,合理选择作业参数。当表面抛石粒径较大时,应适当减小束控角度和波束合成数量,避免大入射角多路径效应引起过多测深噪点。

测深结果经严密数据处理后，根据检测需要生成相应比例尺地形图，成图分辨率应不低于 1/2 石块平均粒径；依此开展抛石厚度、范围、坡度、平整度等内容的检测：

(1) 抛石厚度检测时，应沿抛石主轴线上每 5m 形成一个高程断面，并与设计断面进行比较，形成检测记录；

(2) 范围检测时，应将勾勒范围的测深地形图像与设计图进行比对，检查抛石边界是否达到实际要求；

(3) 抛石坡度检测时，应沿设计的最大梯度方向生成高程断面进行量测，每个断面至少量测 3 次，互差不超过 2%，取均值作为该断面坡度；

(4) 抛石表面平整性根据测深地形三维渲染图观感进行判断，平整表面水深和着色一般均匀过渡，针对平整性不达标区域，应辅助断面量测。

抛石水下检测应在完工后尽快进行，也可边施工边检测，以免水流顶冲或冲刷引起结果误差。

4. 适用性

优势：①测深精度高、分辨率高、效率高；②可以清晰呈现水下抛体的形状、尺寸、位置等特征；③适用面广，可用表征水下散抛物的范围、厚度、坡度、平整度等多项属性。

劣势：①设备昂贵、系统复杂；②数据后处理需要耗时，难以做到现场实时指导抛石。

4.3.3 二维声呐图像法水下抛石检测

二维声呐图像难以直接反映抛石断面高程信息，但基于图像强度纹理，可以从观感上判断抛石粒径及密度，对抛石表面平整性进行定性判读。目前水下床表二维声呐图像的获取主要采用二维机械扫描声呐和侧扫声呐，前者采用静态扫描作业模式，对抛石施工几乎没有影响，在施工实时检测中具有重要应用；后者侧扫声呐采用拖曳作业模式，多用于抛石事后范围检测，检测原理与侧扫声呐铺排检测类似。这里以二维机械扫描声呐图像法为例说明二维声呐图像在水下抛石工程中的检测应用。

1. 检测原理

由于抛石、泥沙质床表及其他水下目标的表面形状、粗糙度及软硬程度的不同，造成回波强度明暗变化，依此可判断水下目标的边界、形状、轮廓、表面分布密度、平整度等情况，结合成图坐标计算，进而实现水下抛石密度、范围、平整度等内容的检测。

2. 系统组成

采用二维机械扫描声呐开展水下抛石检测，系统配置上与开展水下铺排检测类似，需要二维机械扫描声呐系统 1 套、安装支架 1 套、姿态传感器、罗经及定位系统 1 套、采集、处理数据计算机 1 台。

3. 实施方法

二维机械扫描系统配置、安装、校准按通用作业方法执行。实时检测时，换能器安装于抛石定位船上，事后检测时，换能器应安装于测量船上，换能器吃水深度根据水深及抛石粒径确定。

合理设计测站位置和分布，测站布设应根据扫幅范围均匀布设于抛石区，确保对测区进行全覆盖。

数据采集采用静态扫描模式，数据采集期间，测量船通过抛锚尽可能处于稳定状态；实时检测时，应结合定位信息及时确定当前抛石边界绝对位置，并根据图像纹理观感特征分析视场内抛石均匀性，指导抛石施工；事后检测，应根据每站测量结果提取的抛石边界位置绘制整个抛石边界范围，条件允许可以对多站图像进行镶嵌处理。

4. 适用性

优势：图像分辨率高，可进行实时观测，指导现场施工，对范围检测有一定的适用性。

劣势：事后检测时，静态扫描需多站测量，检测效率较低；数据处理及检测自动化程度不高。

4.3.4　水下抛石检测试验及分析

针对上述水下抛石检测与监测方法，重点对多波束测深法的应用开展了相关试验分析。

1. 试验概况

试验数据来自国外某港口护岸抛石工程，抛石去石料类型如图4.36所示，试验通过多波束测深系统对抛石区域进行扫测，可得到该扫测区域的水下地形图。通过对图像进行分析，判断块石大小、铺设厚度、走向分布等信息。

试验区域内存在1~2m的潮汐变化，抛石采用分层作业，碎石铺底，中层抛石粒径0.8~1.3m，表层采用ANTFER块护岸。

图4.36　抛石区石料类型

设备及安装：在抛石施工第二阶段结束后，选用R2Sonic2024型多波束系统，按通用作业模式采集测深数据，测线沿抛石主轴方向布设，数据处理采用Caris Hips软件。

2. 数据采集及分析

在抛石区一共采集了 7 条多波束测线数据，数据处理后形成的抛石区地形如图 4.37 所示。从图像清晰的轮廓特征可以框定抛石区范围、分辨抛石粒径。

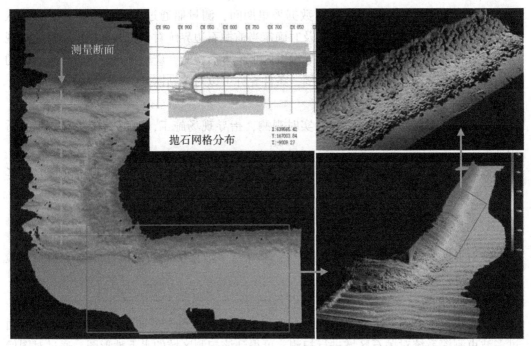

图 4.37　抛石试验区多波束地形

通过专业数据处理软件可对抛石断面进行测量，如图 4.38 所示，从图中可以看出该区域抛石表面并不平整，高程分布在 $-10\sim-6\mathrm{m}$ 之间，通过 CASS 等软件计算局部区域各处于设计标高的差异，按 1m×1m 的网格输出，如图 4.39 所示，从图中可以看出各网格内抛石标高与设计值的差异。

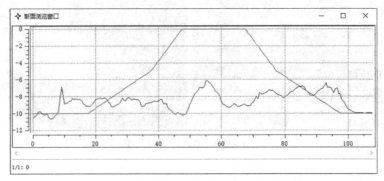

图 4.38　基于多波束地形开展的断面测量

基于多波束测深还可以检测抛筑物的密集程度、着床区域位置、面积等信息，项目

4.3 水下抛筑物工程检测与监测方法

研究针对这些检测内容,也搜集了相关数据,如图4.40所示。

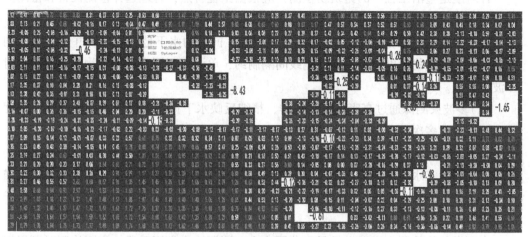

图4.39 抛石表面实测高程与设计高程的差异网格(1m×1m)

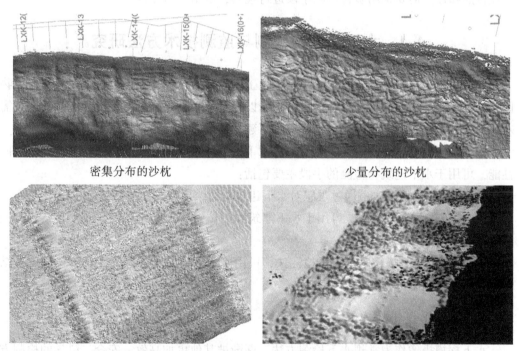

密集分布的沙枕　　　　　　　　　　少量分布的沙枕

密集分布的块石　　　　　　　　　密集分布的透水框架

图4.40 多波束测深在抛筑物范围、密度检测中的应用

4.3.5 水下抛筑物工程检测方法总结

在施工过程中,抛筑物往往是质量控制的重点,同时也是难点,受客观水文环境的影响,抛筑物往往会随着工程的运行使用,出现流失、陷落等情况,由于长期淹没水

中，一般难以掌握其技术状况。

针对航道整治工程中的抛筑物检测，应根据工程特点，合理选择检测设备和检测方法，现对水下抛筑物检测常用方法进行如下总结：

（1）单波束测深经济、有效，可用于抛石施工前后的水下地形测量，并通过断面测量判断水下抛筑物厚度、坡度，受测线间隔制约，单波束测深水下抛筑物检测精度相对多波束要低。

（2）多波束测深通过高密度测深采样，精细反映水下抛石范围、类别、轮廓、密度等属性，通过多次测量可确定抛石厚度，在水下抛筑物检测中具有广泛应用。

（3）二维机械式扫描声呐和侧扫声呐均可采集高分辨率二维图像，通过图像纹理、明暗变化可确定水下抛筑物密度，结合定位信息，可检测抛筑物范围；二维机械式扫描声呐采用静态作业模式可实时监控抛石分布状态，但大面积事后检测时，其效率远低于多波束和侧扫声呐。

水下抛筑物检测内容以抛投量和范围为主，测深法为常用手段，实际检测时可根据工程特点和任务需要采用多种检测手段进行检测，以增加可靠性。

4.4 水下建筑物检测与监测技术方法研究

航道整治建筑物以坝体、护岸等结构化工程为代表，其检测内容包括：坝体建筑物以中轴线位置、长度、顶部高程为主，护岸以位置、长度、高程、坡度为主；其次，需对航道整治建筑进行维护性监测，检查水下建筑物的完整性及损坏情况。

根据调研及本专题的研究，结合常见水下建筑物的特点和各检测方法的作业条件、性能，可用于水下建筑物检测的手段主要包括：

（1）探摸摄像检测法，通过观感对水下建筑物的结构和表面完好性进行检测；

（2）多波束测深检测法，可用于水下建筑物的位置、长度、高程、坡度、结构和完好性等内容的检测；

（3）基于三维扫描声呐的点云检测法，可用于水下建筑物的位置、长度、坡度、结构和完好性等内容的检测。

4.4.1 探摸摄像水下建筑物检测

水下探摸摄像作为常规水下检测方法，逐渐被其他更加高效、安全、科学的检测方法所取代，但在一些空间狭小，声波无法从水面到达的地方，如水下建筑物内部结构，仍可采用水下探摸摄像方法进行检测。

通过潜水员触摸和观察，从观感上判断水下建筑物的施工质量和完好性，同时通过摄像机记录作出观感判断的依据。

水下探摸摄像用于水下建筑物检测的原理、设备组成、作业方法与铺排检测类似，这里不再详细介绍。

4.4.2 多波束测深水下建筑物检测

多波束声呐系统适用面广，用于水下建筑物检测的原理、系统组成作业方法与水下抛筑物检测类似，在实施方法上，水下建筑物存在结构性特征，为了更好地呈现上述特征，多波束测深在实施方法上相较于其他对象的检测略有差异。

1. 实施方法

测线布设应结合波束开角，根据水深来确定测线间距，测线方向原则上沿建筑物纵断面，以避免深水与浅水突然过渡引起测带不重叠，航道内建筑物检测时，应综合考虑水流和航行安全，有条件的布设测线。

施测过程中，在接近水下建筑物水面部分时，应注意水位变化和实时测深，防止换能器触底受损；如遇坡度较大结构面，可调整多波束在扫描面内的安装倾角，使中央波束尽可能与坡面法线方向平行，并量测安装倾角，然后沿坡面走向布设测线施测，数据后处理时应输入安装倾角参数加以改正。

测深数据处理时，当水下结构较为复杂，测深断面突变可能是真实结构的体现，也可能是多路径效应产生的噪点，数据后处理时应基于地形走势综合判断，必要时可以辅助其他手段检测。

基于处理后的测深数据形成航道整治建筑物三维渲染图，根据渲染图像轮廓特征确定目标位置和边界，目标选取误差不能超过图上 5 个像素；依此可开展建筑物位置、长度、范围、表面平整性等内容的检测：

(1) 对建筑物结构进行检测时，应沿主轴线每 5m 形成一个高程断面，并与设计断面进行比较，形成检测记录；

(2) 对建筑物坡度进行检测时，应沿设计的最大梯度方向生成高程断面进行量测，每个断面至少量测 3 次，互差不超过 2%，取均值作为该断面坡度；

(3) 建筑物表面平整性根据测深地形三维渲染图观感进行判断，平整表面水深和着色一般均匀过渡，针对平整性不达标区域，应辅助断面量测。

2. 适用性

优势：①测深精度高、分辨率高、效率高；②可以清晰呈现水下建筑物的形状、尺寸、位置等特征；③适用面广，可表征水下建筑物的范围、厚度、坡度、平整度等多项属性。

劣势：①设备昂贵、系统复杂；②数据后处理需要耗时，难以做到现场实时指导抛石；③声波无法从水面照射到的地方，采集不到数据，只能获得建筑物上层表面的结构。

4.4.3 三维点云扫描声呐水下建筑物检测

三维扫描声呐用于水下建筑物检测时的系统组成、作业形式与用于水下铺排检测类似，基于三维扫描声呐的静态扫描模式，可通过船体舷挂、坐底测量，从多个角度对水下建筑物的各个方向进行测量，甚至通过潜水进入建筑物内部进行测量。因此，三维扫描声呐不仅可以获得高分辨率的三维点云坐标，还可以从多个方向，获得更加全面的扫测结果，对水下建筑物的结构特征反映得更加全面，可实现尺寸、坡度、完好性等内容的检测。

1. 实施方法

测量前应对水下建筑物结构有初步了解，根据扫幅确定各测站位置，测站间应保证不低于20%的覆盖率，对重点检测的结构面，可以加密测站。

水文环境较好时，可采用舷挂作业模式，平台稳定性满足不了数据采集质量要求时，采用坐底作业模式；测量过程中应接入GNSS位置，以便后期进行数据比对；单站测量过程中，可根据换能器入水深度及建筑物高程范围，采用四幅式或五幅式球形或半球形扫描。

为形成完整的建筑物结构，应选择专业后处理软件对各站数据进行消噪、匹配处理，形成反映整个建筑形状的三维点云结构，按需要进行渲染出图。

对建筑物各项内容的检测方法与多波束测深法类似。

2. 适用性

优势：①测点分辨率高，相对点位精度有保证；②通过多个方向测量，可呈现更加全面的结构信息。

劣势：①对平台稳定性要求高，不适宜走航式作业；②发射高频声波，水流、泥沙等环境因素引起噪点，高质量数据需做去噪处理；③有效作业距离短，多测站数据统一需进行点云拼接处理；④系统结构复杂，扫描效率低；⑤存在高精度水下定位定向问题；⑥系统成熟度不高，仍在进一步改进中。

4.4.4 水下建筑物检测试验及分析

针对上述水下建筑物检测与监测方法，本书重点对多波束测深法的应用开展了相关试验分析。

1. 试验概况

试验针对水下潜坝采用浅水多波束声呐进行扫测，为规划院单位提供可信的试验数据的同时，检验多波束测深法在航道整治水下建筑物工程检测中的应用效果。

试验区检测对象为燕子窝的两道水坝，如图4.41中两道护底带，由于江水常年冲刷，此处的抛石潜坝大部分已冲垮，试验将通过多波束测深法检查水下护岸和潜坝工程损毁情况。

试验采用SeaBat 7125型多波束系统施测，换能器采用专用安装支架侧舷固定安装，甲板单元接入RTK-GPS、OCTANS姿态罗经一体化传感器数据，辅助声速剖面测量和水位观测，设备安装好后对换能器安装偏差进行校准，设备安装如图4.42所示。

4.4 水下建筑物检测与监测技术方法研究

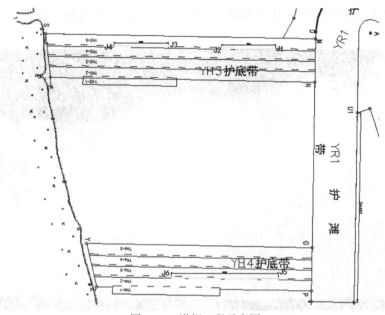

图 4.41　潜坝工程示意图

图 4.42　多波束系统安装示意图

2. 数据采集与分析

主测线沿水流方向布设，与水下潜坝垂直，波束开角 90°，数据采集采用等距作业模式，船速 4 节左右，在检测区域共采集主测线 5 条，检查线 2 条，通过 Caris 对数据进行严密后处理，得到检测区域水下地形，如图 4.43 所示。

根据水下目标的形状特征，图 4.43 清晰地呈现了水下坝体的分布位置和结构，要确定坝体的损毁情况和具体位置，需对坝体损毁高程断面进行具体分析。

从断面分析图 4.44 中得出，损毁缺口长度 18m，损毁最低位置与坝顶高度差为

2.5m，再根据此潜坝宽度坡比等参数，从而可计算出需修补的抛石方量。

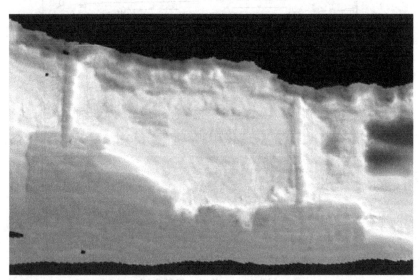

图 4.43　护岸及两处潜坝的整体地形情况

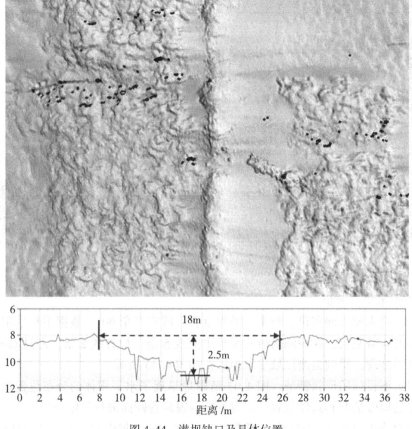

图 4.44　潜坝缺口及具体位置

除了坝体外，通过多波束测深系统对水下护岸区域进行扫测，可得到该扫测区域的水下地形图，并生成三维图像，如图4.45所示，通过对图像轮廓和断面进行分析，可以获取护岸的整体完整性情况及区域冲刷情况。

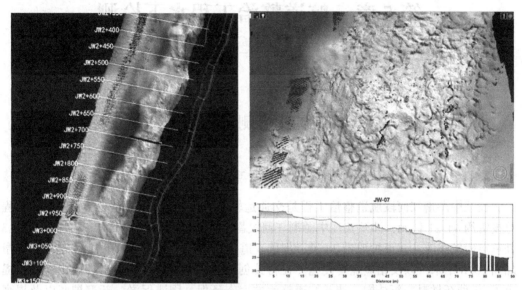

图4.45 基于多波束测深开展的某护岸工程的冲刷位置检测及断面分析

4.4.5 水下建筑物检测方法总结

水下坝体及护岸水下部分是航道整治工程中常见的水下建筑物，针对其的检测内容主要包括位置、长度、高程、坡度、范围、完好性等，检测工作实施时，应根据检测要求、建筑物及水域特点，合理选择检测方法。现对水下建筑物检测常用方法进行如下总结：

（1）水下探摸摄像作为常规检测手段，可根据触碰、观察，从观感上进行直接判断，并采集证据，但作业效率低、风险大，除非是结构复杂、空间狭小、难以进行声学测量的水下建筑物，可以辅以水下探摸摄像法进行检测；

（2）多波束声呐测深是目前水下建筑物检测的主流方法，通过高密度的水深测量，精细、直观地呈现水下建筑物的结构、形状、尺寸、范围、坡度、完好性等属性，适用的检测内容广泛。

（3）三维扫描声呐作为新型声呐测量设备，通过云台旋转扫描和多角度测量，形成更加全面的建筑物三维形状，可用于水下建筑物的结构、形状、尺寸、坡度和完好性的检测，但该设备仍处于改进过程中，相应的数据后处理软件有待完善。

第5章 航道整治工程水下检测与监测工程案例分析

5.1 水下铺排检测工程案例分析

5.1.1 长江中游荆江河段航道整治工程

长江中游荆江河段航道整治工程是交通运输部"十二五"期间重点建设项目,工程总投资约44.21亿元,涉及长江中游荆江河段昌门溪至熊家洲约280.5千米河段内的13处重点碍航浅滩。建设护滩带34道、坝体6道,填槽带3道,高滩守护38千米,护岸加固20.8千米,以及相应配套设施。在科技创新上,总结长江航道治理历史经验,提出了14种新材料、新结构,涉及航道整治的生态环保、固滩促淤、新型护底以及提高建筑物耐久性等多方面,全力打造精品国优工程。

航道整治工程主要分为水上和水下两个部分,水上部分主要结构型式有护滩、护坡接岸处理等,水下部分主要结构型式有护底、坝体、压载镇脚等。由于长江中下游河道多为沙质河床,河床可变性很强,水下部分多为水上部分的基础,因此,水下护底工程的稳定性,决定了整个工程的成败。为准确掌握航道整治水下护底工程质量状况,在荆江航道整治工程建设过程中推广应用水下工程检测技术,确保航道整治工程的施工质量,可以为水下护底工程质量控制、质量验收提供科学依据。

荆江河段航道整治水下护底工程主要为水下软体排铺设。水下软体排铺设检测内容主要包括排体搭接宽度检测、铺设范围检测和排体着床状态检测,检测方法主要有水下探摸摄像检测、二维机械扫描声呐实时监控检测、三维扫描声呐检测、多波束测深检测等。

1. 水下探摸摄像检测法

水下探摸摄像检测是采用潜水员水下探摸的方式进行水下铺排的检测。由潜水员携带水下电视进行水下摄像,通过判别排体上的彩色检测条来判定搭接宽度,其实施的主要步骤包括:潜水准备、船舶定位、潜水员下水、探摸/摄像作业。

水下探摸摄像检测技术对排体搭接宽度进行检测:图5.1(a)为水上沉排施工时排体搭接边缘处设置的红色检测条,图5.1(b)为潜水员水下检测作业时的摄像画面。该技术主要包括应用GPS技术进行定位,潜水摄像检测排体搭接,设置检测识别条的方式判断搭接宽度。

图 5.1 排布上的彩色检测条

2. 二维机械扫描声呐实时监控检测法

二维机械扫描声呐实时监控检测法是通过安装在沉排船船舷边的声呐设备（MS1000）对水下排体进行扫描，获取当前位置排体的实时搭接情况，并将之在沉排船操作室显示屏上展示出来，检测人员通过客户端量出排体搭接宽度，并向船长报告，船长根据沉排搭接情况调整船舶，进而控制排体搭接质量。具体检测流程图如图 5.2 所示。

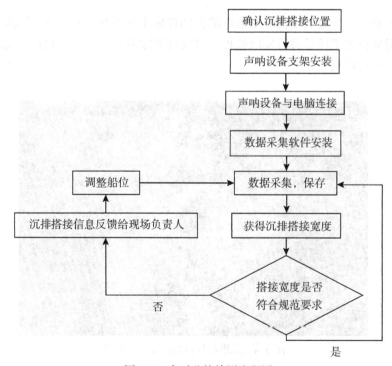

图 5.2 实时监控检测流程图

每次使用图像声呐进行扫描后，根据下排布与上排布的图像特征，量测上下排布的搭接宽度，如图 5.3 所示，并记录排体的搭接情况，同时将实际搭接宽度反馈给施工单位。当搭接宽度合格时，可以继续沿着之前的轨迹向后铺排。根据已铺排前面几次的检测结果和声呐图像显示的下排体排边的轨迹，也可以判断施工过程中整体搭接情况的变化趋势，以推断后续可能出现的情况，并提前做好应对预案。

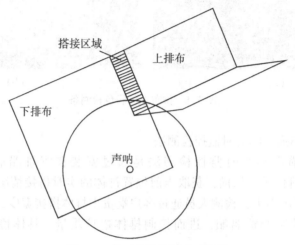

图 5.3　实时监控检测法示意图

图 5.4 和图 5.5 为二维机械扫描声呐在铺排施工中排体的搭接宽度实时检测结果，用该方法对铺排施工质量进行实时监控，可以对沉排质量进行动态跟踪，实现水下铺排搭接的事中质量控制。

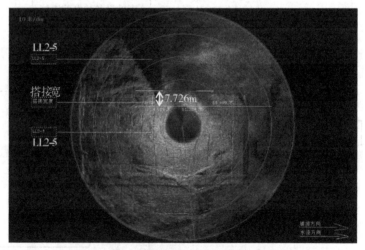

图 5.4　二维机械扫描声呐检测图像

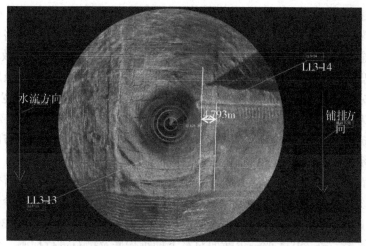

图 5.5　二维机械扫描声呐检测图像

3. 三维扫描声呐检测法

三维扫描声呐检测法检测水下排体搭接宽度原理和工作流程与二维机械扫描声呐实时监控检测法类似，但是检测设备为 BV5000 型三维扫描声呐，图 5.6 为三维扫描声呐开展铺排施工搭接宽度检测实测效果。

图 5.6　三维图像声呐法检测图像

三维扫描声呐实时检测能够在铺排施工的同时，在工人绑系砼块的间隙，对排体的搭接情况进行实时检测，量测某断面处的搭接宽度，反映沉排的质量。

在长江中游荆江河段航道整治工程中，水下排体搭接检测共计完成 289 万余平方米；采用二维机械扫描声呐实时监控和三维扫描声呐法检测排体 900 多个通条，共计近万个检测点；水下探摸摄像点 1100 余个。在检测过程中，发现问题 26 处，并全部据实报告至施工方，且全部得到解决，保证了水下排体搭接质量。

5.1.2　汉江航道整治工程水下检测

汉江碾盘山至兴隆段航道整治工程地处汉江下游的上端，上接拟建碾盘山水利枢纽、下接在建兴隆水利枢纽，是湖北省内河航运发展"十二五"规划建设重点，是汉江干流航道建设的达标工程之一；是贯彻国家加快长江等内河水运发展战略布署，打造长江全流域黄金水道的重要举措，其建设有利于发挥已(在)建工程的航运效益。

汉江碾盘山至兴隆段全长110千米，按Ⅲ(2)级航道、通航1000吨级船舶组成的一顶四驳船队标准建设，设计航道尺度为2.4m×90m×500m(水深×双线航宽×弯曲半径)，工程总投资为7.81亿元，计划总工期30个月，于2014年6月正式开工建设。主要工程内容包括筑坝、护滩带、护岸、洲头守护、填槽等土建工程，航标配布以及数字航道信息化管理系统、航道监控维护指挥中心等配套工程。

为了全面掌握汉江碾盘山至兴隆段航道整治护岸工程水下铺排及抛石效果，使用二维图像声呐设备对该段航道整治工程护岸部分水下铺排及抛石范围进行检测，并对重点区域进行水下探摸确认。汉江碾盘山至兴隆段航道整治工程护岸工程约30千米，为保证护岸工程效果，每250米取一个断面对水下铺排护底及抛石进行检测，确定水下铺排及排上抛石边界，提供边界的准确坐标。检测方法如下：

(1)在前期充分准备工作的基础上，进行检测船舶定位，将船舶定位于检测区域合适位置，以方便声呐检测和潜水员下水探摸；

(2)在检测船舶上靠近检测目标一侧安装船舷固定式支架，并将声呐设备安置于支架探测杆顶端，将GNSS设备安置于检测船舶船顶开阔位置，在开始之前，对声呐扫测设备、GNSS设备、潜水装备等进行检查调试，确保其处于正常状态。

(3)根据现场水深情况，将探测杆下放到水下合适的深度，进行声呐扫测工作。

(4)设置声呐扫测参数，包括扫测半径、扫测速度、扫测方向、斜距校正等，然后接入船顶GPS信号，开始进行扫测。扫测过程较长时，施工人员随时观测船位，防止检测船舶的走锚漂移。

(5)获取到完整的声呐图像后，通过系统对图像进行识别，判定排头、排位、排边线，进而确定出铺排范围和抛石范围，并记录相应的坐标值。

二维机械扫描声呐换能器以$0.9°×30°$波束角度发射声脉冲，频率为675kHz，当声波遇到物体或海底会反射回波，回波信号被声呐接收后，根据信号时延和强度形成图像；然后声呐探头以一定的角度步进旋转，再次重复发射和接收过程；最后旋转360°形成一幅完整的水下图像，如图5.7至图5.9所示。

根据不同材质对声呐信号的反射强度不同，可以区分出河床底的材质。其中，砼块、砂石等对声呐信号反射较强，因此图像会呈现较亮的明黄色，而淤沙等则对声呐信号反射较弱，图像的颜色会相对较暗。软体排上砼块经过反射，就会形成排列整齐、密集的图像，可以很方便地识别出来。

由于河床底地形的原因，对声呐信号造成遮挡时，被遮挡的后面部分则没有声呐信号到达、反射，因此会形成阴影的图像。压载块石对声呐信号的反射能力较强，因而形成的声呐图像表现为较为明亮的黄颜色，图中就表明该区域压载块石分布密集。而当河床上有淤沙时，所得到的图像上面也会根据密集程度不同出现不同程度的密集分布的黄颜色，但是由于淤沙对声呐信号的反射较砂石的强度弱，所以形成的是相对较暗的暗黄色图像。

从图 5.7 的扫测结果可以看出：图中可见水下排体砼块分布均匀，边界清晰；护岸压载块石分布密集，抛石边界清晰可见；排体边界外向江心方向为沙质河床；在排体边缘处取点，其坐标值在图中左下角处显示记录。

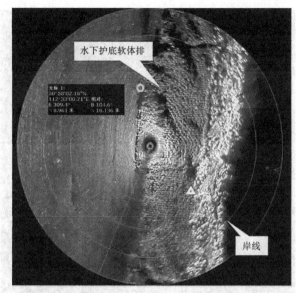

图 5.7　二维机械扫描声呐检测铺排、抛石范围

从图 5.8 的扫测结果可以看出：图中可见水下排体和块石被泥沙淤积严重，沉排边界处部分被泥沙淤积；护岸压载块石分布较为密集；沉排边界外向江心方向为沙质河床，在排体边缘处取两个点，其坐标值在图中显示并记录。

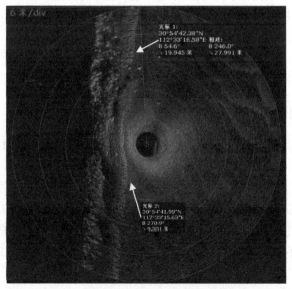

图 5.8　二维机械扫描声呐检测铺排范围

从图 5.9 的扫测结果可以看出：水下排体不可见；扫测压载块石分布密集均匀，块石边界清晰可见；边界以外往江心方向为沙质河床。在排体边缘处取两个点，其坐标值在图中显示并记录。

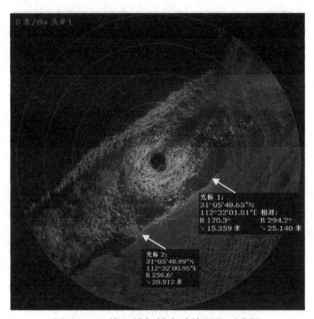

图 5.9 二维机械扫描声呐检测抛石范围

使用二维图像声呐设备在断面点附近进行扫测，获取水下地形图像，通过分析，识别图中排体边界和抛石边界，并依靠系统确定代表性的点位，拾取出坐标值，作为该断面处排体或者抛石区域范围，对汉江碾盘山至兴隆段航道整治工程护岸部分工程的施工质量和效果评估，提供了重要的依据。

5.2 水下抛筑物检测工程案例分析

5.2.1 罗湖洲水道东槽洲护岸水下检测

罗湖洲水道位于长江湖北省境内，左岸为团风县，右岸为鄂州市。水道上起泥矶，下讫三江口，全长 18 千米。

根据汉口水文站资料，多年最高水位 27.14m（黄海高程，下同，1954 年 8 月 18 日），多年最低水位 9.62m（1961 年 2 月 5 日），多年平均水位 17.02m。一般 4~6 月为涨水期，7~9 月为洪水期，10~12 月为退水期，次年 1~3 月则为枯水期。根据汉口水文站 1865—2002 年的实测流量统计，多年最大流量为 76100m^3/s（1954 年 8 月 18 日），最小流量为 2930m^3/s（1865 年 2 月 5 日），多年平均流量为 24500m^3/s。

按照设计的测线，利用多波束测深系统对所需检测的航道整治建筑物区域进行全覆盖式扫测作业，获得扫测区域的江底地形数据，对检测区域水深进行全面的初步判断。

多波束测深系统采集到的数据可以初步对江底地形情况进行了解，但是由于数据中存在噪声误差，所以必须进行消噪处理，并得出处理以后的水深数据及江底三维地形图。

罗湖洲水道东槽洲护岸经过多波束检测，得到目标区域完整的三维地形图像，取其中一个断面 DCZ-08 展示如图 5.10~图 5.12 所示。

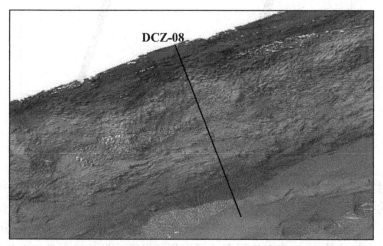

图 5.10 罗湖洲水道东槽洲护岸抛石多波束测深整体地形

图 5.11 罗湖洲水道东槽洲护岸抛石多波束测深局部地形

通过多波束扫测图像可以发现，护岸部分整体完整，局部存在凹陷，经过计算，江心往枯水平台方向水下护坡区域坡比约为 1∶1.5。在护坡上可以发现人量压载块石较为密集的分布，结合图像识别和多波束导航定位功能，可以确定水下抛石区域范围、坐标，与设计图进行对比。同时，将多波束检测数据输出，形成 CAD 水下地形图，如图 5.12 所示，可以很清晰地获取目标区域的高程相关信息。

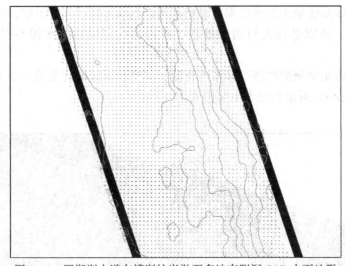

图 5.12　罗湖洲水道东槽洲护岸抛石多波束测深 CAD 水下地形

通过对罗湖洲水道东槽洲护岸工程的多波束测深检测情况进行分析，掌握了其护岸结构整体的技术状况。罗湖洲水道东槽洲护岸整体岸坡上有大量压载块石较为密集的分布，局部区域有沙枕堆积。通过多波束检测可以掌握压载块石和沙枕的分布位置、范围，并且结合形成的 CAD 水下地形图，可以判断抛石、抛枕的方量是否与设计相符合。对于局部区域的凹陷、陡坎，疑似为护岸出现垮塌，建议重点关注、维护。

5.2.2　长江中游嘉鱼河段航道整治工程

长江中游赤壁至潘家湾河段位于城陵矶至武汉河段内，全长约 53km，河段上起赤壁山、下至潘家湾（中游航道里程 109~162km），河段由陆溪口、龙口、嘉鱼、王家渡、燕子窝五个水道组成，是比较典型的分汊型河段。本工程整治赤壁~潘家湾河段内燕子窝浅滩段，全长约 12km，中游航道里程 110~122km。

通过现场调查了解到抛石入水点距离检测船船尾平均约 20m，此处平均水深约为 18m，抛石平均漂移距为 18m。顾及设备扫测范围、设备安全问题、水深造成的设备盲区情况的影响，声呐设备安装位置需考虑盲区是否覆盖检测区域，以及检测区域是否在声呐检测范围内这两个基本数量关系，设 S_p 为抛石漂移距离，S_{front} 为石头落水点距离抛石船船头距离，S_{back} 为声呐安装位置距离定位船船尾距离，S_m 为设备盲区距离，S_b 为声呐扫测选择半径，而设备盲区半径的大小与声呐距离水底的距离成正比关系，比例数约为 1:1，此处声呐设备入水较浅，可以认为盲区半径等同于水深。由图 5.13 可知，上述数学变量需满足以下数学关系：

$$S_b > S_p + S_{front} - S_{back} > S_m \tag{5-2-1}$$

根据上述调查参数，通过公式(5-2-1)计算，最终选择在船尾向船头方向约 5m 处安装设备，如图 5.14 所示。

5.2 水下抛筑物检测工程案例分析

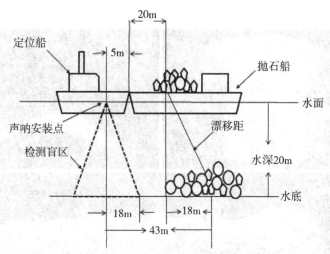

图 5.13 抛石检测相对位置关系示意图

图 5.14 声呐安装位置示意图

对已抛坝体选取断面进行三维 BlueView 实时声呐扫测，记录扫测数据。待完成 2000m³ 的抛石任务以后，对上述已选断面进行复扫，对比分析两次扫测坝体形态、高程的变化。

1. 坝体形态

抛石前对断面进行三维 BlueView 声呐实时扫测，获取扫测图像数据，以 103 号断面 BlueView 扫测图来进行分析，局部坝体扫测三视图如图 5.15 所示。

图 5.15 中可以直观地反映出抛石区域块石堆叠的疏密程度以及局部坝体形态；坝体下游侧较上游侧块石堆叠更为密集，以及可以获取坝体上下游侧实际坡比值；坝体沿轴线方向上高低起伏变化，能够准确地找到坝体的缺口位置，为后期补抛提供了参考依据。

2. 坝体高程

坝体的高程是否满足设计要求是衡量施工完成质量的重要指标，在三维 BlueView 实时声呐扫测图像上可以量取声呐探头到坝顶的距离 S_2，如图 5.16 所示。

第 5 章 航道整治工程水下检测与监测工程案例分析

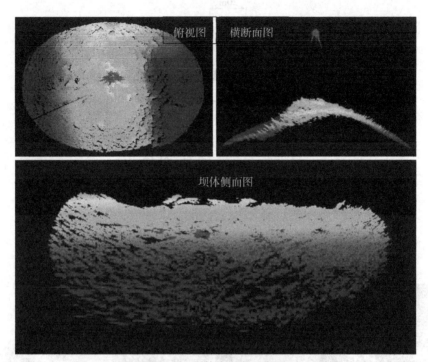

图 5.15 坝体多视角观察图

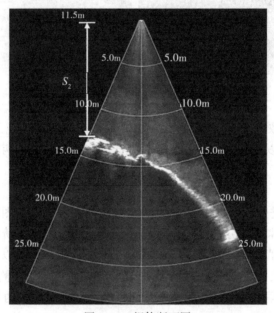

图 5.16 坝体断面图

利用 GNSS 可以获取接收器的高程，设为 H_{GNSS}，另记坝顶的高程为 $H_{坝顶}$，则坝顶的高程 $H_{坝顶}$ 可以通过数学公式 $H_{坝顶}=H_{GNSS}-S_1-S_2$ 计算获得。三维 BlueView 声呐系统可以获取坝体某一段面上任意一点的高程信息。

3. 抛石前后图像对比

本次实验对前述四个断面抛石前后三维扫测图像进行了对比分析，以102号断面为例，如图5.17所示。

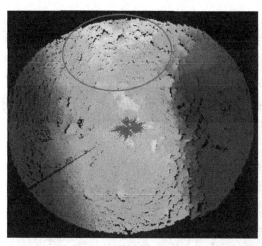 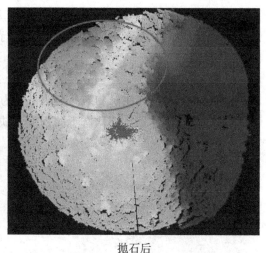

抛石前　　　　　　　　　　　　　　　抛石后

图5.17　某断面处抛石前后地形图变化对比

图5.17两张扫测图片中椭圆标注的部分即为抛石前后位置重合的部分。可以很明显地发现，抛石前坝体出现较大的缺口，在使用三维BlueView实时声呐扫测后，及时对坝体缺口处进行补充抛石，补抛后坝体块石更为密集，缺口明显得到了较好的填补，说明三维声呐系统在抛石施工方面具有一定的指导意义。

针对抛石检测，传统的方法是采取事前事后利用单波束测深仪，获取水下地形变化从而推算抛石量以及抛石范围。本项目中的两种方法分别是针对抛石范围和块石着床后的状态的检测手段，较之于传统的检测方法，此两种方法可以在现场抛石过程中实时检测，不需要暂停施工，可以及时、准确掌握航道整治工程中水下抛石质量状况，控制抛石成本，弥补抛石事后检测的不足，达到精细化指导抛石施工的目的。

5.3　水下建筑物检测工程案例分析

选取长江中下游建筑物检测项目进行分析。为全面、准确地掌握长江航道整治建筑物技术状况，在2014年度航道整治建筑物技术状况检查及分析成果的基础上，通过对长江中下游受水流顶冲容易受损、而地形测量难以全面反映损毁情况的部分航道整治建筑物实施水下检测，为2015年度长江中下游航道整治建筑物总体维修方案提供基础资料。根据《长江干线已竣工航道整治建筑物水下检测管理办法》，受长江航道局委托，于2014年9月30日至11月30日期间对窑监河段乌龟洲右缘护岸，窑监LH2#、LH3#

护滩带，LB4#、LB5#、LB6#刺坝，界牌河段8#、9#丁坝，陆溪口水道中洲护岸，罗湖洲水道东槽洲护岸；长江南京航道局辖区的张家洲水道官洲尾边滩护岸、L6#丁坝，东流水道老虎滩2#护滩带，江心洲水道彭兴洲左缘护岸、江心洲左缘护岸等15处长江中下游航道整治建筑物进行水下检测，所采用的检测手段主要包括多波束测深检测和水下探摸检测。

各水下检测项目首先使用多波束系统扫测了全部区域，确定了多处重点检测区域，再利用图像声呐和水下摄像对重点区域进行抽检。

5.3.1 窑监河段航道整治建筑物

（1）图5.18为LH2#、LH3#护滩带，为护滩带和坝体两种结构型式复合设计，坝面有块石裸露。坝体迎水面均有不同程度的缺损，背水面下游有水流淘刷现象。

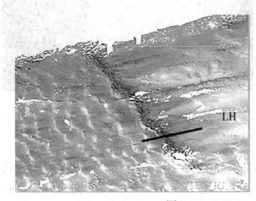 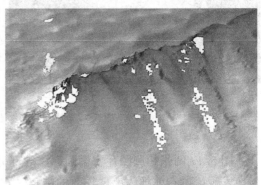

图5.18 LH2#、LH3#区域断面位置图

潜水员下水点为坝体下游侧，水下探摸发现该区域部分位置有护底软体排，其上有砼块压载。没有发现块石；有少量淤沙，河床地势较平缓，整体起伏不大。

（2）乌龟洲右缘护岸整体结构基本良好，但局部区域存在损毁情况。在断面YJ-5（图5.19和图5.20）、YJ-10、YJ-12、YJ-13（图5.21）、YJ-14区域存在疑似垮塌损毁现象。

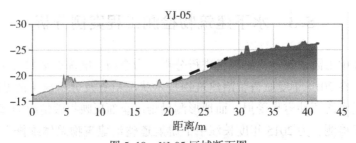

图5.19 YJ-05区域断面图

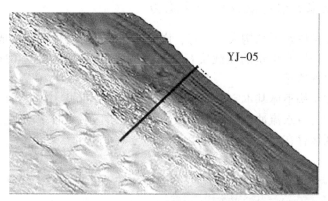

图 5.20　YJ-05 区域断面位置图

图 5.21　YJ-13 区域断面位置图

5.3.2　界牌河段航道整治建筑物

界牌河段 8#、9#丁坝坝体结构基本完整，在 9#(图 5.22)丁坝坝头位置有一定的缺损。在坝体上游都有不同程度的泥沙淤积，下游有水流淘刷形成的刷深区域。

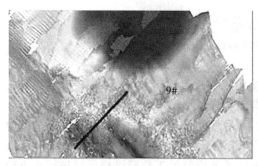

图 5.22　9#丁坝坝头位置

5.3.3 张家洲水道航道整治建筑物

官洲尾边滩护岸水下结构大体良好,岸坡区域局部有排体凹陷形成地形起伏,有大量的泥沙淤积。护岸有少量的压载块石分布。其中 GZW-02、GZW-03(图 5.23)断面区域疑似为护岸出现垮塌。

6#丁坝坝体结构整体基本完整。坝体两侧排体部分可见。在上游面局部位置有较小的缺损,坝头位置有水流冲刷所致的轻微缺损。上游区域有较多的泥沙淤积,下游区域有沟槽及刷深区域存在。

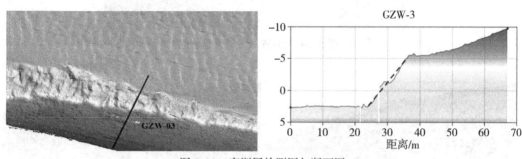

图 5.23 官洲尾检测图与断面图

5.3.4 江心洲水道航道整治建筑物

江心洲水道彭兴洲左缘护岸、江心洲左缘护岸整体结构良好,附近河床走势较为平缓。岸坡上有较多的压载块石分布,局部区域有凹陷,疑似为水流冲刷导致的岸坡缺损。在岸坡与江心衔接的护脚位置有较大面积的淘刷形成的刷深区域,如图 5.24 所示。

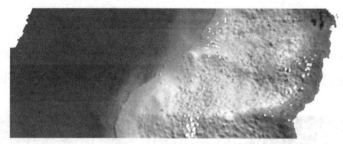

图 5.24 江心洲水道检测图

潜水员下水点为枯水平台以外,经过探摸检测发现:该区域大范围内有压载块石,且分布密集、均匀。靠近岸线方向发现岸坡有崩塌现象。

通过对长江中下游受水流顶冲容易受损,而地形测量难以全面反映损毁情况的部分航道整治建筑物实施水下检测,为 2015 年度长江中下游航道整治建筑物总体维修方案提供基础资料;对长江中游陆溪口水道中洲护岸等航道整治工程已维修区域进行水下检测,并跟踪部分受冲强烈建筑物的稳定状况。

参 考 文 献

[1] 中华人民共和国交通运输部. JTS 131—2012 水运工程测量规范[S]. 北京：人民交通出版社，2012.

[2] 中华人民共和国交通运输部. JT/T 790—2010 多波束测深系统测量技术要求[S]. 北京：人民交通出版社，2011.

[3] 国家质量技术监督局. GB 12327—1998 海道测量规范[S]. 北京：中国标准出版社，1999.

[4] 中华人民共和国交通运输部. JTS 257—2008 水运工程质量检验标准[S]. 北京：人民交通出版社，2008.

[5] 贝全荣. 水下工程检测技术及在堤坝上的应用[J]. 大坝与安全，2004(1)：37-39.

[6] 曹根祥，丁捍东. 长江口深水航道治理工程护底软体排施工成套工艺及设备的开发[J]. 水运工程，2006(52)：68-73.

[7] 曹静钰. 三维点云数据的特征提取[D]. 大连：大连理工大学，2019.

[8] 曾鑫. 多波束测深系统在航道整治工程中的应用[J]. 西部交通科技，2018(11)：192-195.

[9] 陈超，祝捍皓，陈政威，等. 多波束与侧扫声呐在海上风电场水下结构冲刷检测中的综合应用[J]. 海洋技术学报，2020，39(6)：72-76.

[10] 陈存扩. 航道整治铺排测量定位技术[J]. 水运工程，2016(11)：13-24.

[11] 陈洋. 侧扫声呐检测软体排搭接宽度精度的影响研究[J]. 中国水运，2018，18(12)：154-155.

[12] 程年生，曹民雄. 航道整治工程中丁坝群的平面布置原则[J]. 水运工程，1992(11)：26-29.

[13] 单波. 三维点云数据中的目标识别方法研究[D]. 深圳：深圳大学，2016.

[14] 邓勇，舒升元，毕文焕. 水下工程检测技术在长江航道建设中的应用与前景[C]. 2009年度救捞论文集，2009.

[15] 丁仕军. 侧扫声呐在海底地貌探测中的应用研究[J]. 科技创新导报，2019，16(3)：57-58.

[16] 冯海暴. 超短基线软体排深水水下定位检测系统设计与实现[D]. 济南：山东大学，2013.

[17] 付旭辉，罗宏，杨胜发，等. 荆江护岸工程施工水下抛石形态实时监控系统[J]. 水运工程，2016(5)：105-109.

[18] 耿新林，汪京. 长江南京以下12.5m深水航道二期工程深水散抛石施工工艺研究

[J]．中国水运，2017，17(10)：142-144．

[19] 顾小双，张旭．多波束与侧扫声呐高质量检测海洋深水岸堤工程[J]．水利建设与管理，2021，41(1)：69-72．

[20] 黄永健，丁留谦，孙东亚，等．排体护岸工程的铺排施工[J]．水利水电技术，2007(2)：74-77．

[21] 蒋其伟，金绍华，边刚，等．多波束测深系统海底目标探测能力评估方法[J]．海洋测绘，2020，40(4)：32-34．

[22] 金博楠，徐晓苏，张涛，等．超短基线定位技术及在海洋工程中的应用[J]．导航定位与授时，2018，5(4)：8-20．

[23] 金剑．实时声呐检测技术在水下软体排铺设质量检测中的应用[J]．中国水运，2018，1：55-56．

[24] 雷皓，蒋国建，张卫军，等．水利工程水下结构老损调查检测方法[J]．中国水利，2013(16)：66-68．

[25] 李国才．浅谈内河航道护岸的软基处理[J]．中国水运(理论版)，2007，10：14-15．

[26] 李建，顾琪．超短基线定位中的快速声线跟踪算法研究[C]．北京：2018年全国声学大会，2018．

[27] 李涛章，刘雨泉，吴永新，等．水下工程平面定位控制系统[J]．水利水电科技进展，2007，6：37-40．

[28] 李晓磊．水下电视在水下建筑物故障检测中的应用[J]．水利规划与设计，2014，2：68-69．

[29] 刘晨晨．高分辨率成像声呐图像识别技术研究[D]．哈尔滨：哈尔滨工程大学，2006．

[30] 刘大川．二维机械式扫描声呐高精度测量及成像方法[D]．武汉：武汉大学，2017．

[31] 刘临雄．龙圩水道抛石丁坝施工工艺及效果观测[J]．珠江水运，2019，8：66-67．

[32] 卢亮．三维成像声呐成像算法仿真研究[D]．哈尔滨：哈尔滨工程大学，2010．

[33] 卢南群．浅谈水下丁坝抛石施工技术[J]．广东土木与建筑．2009，16(10)：49-50．

[34] 陆梅兴．航道治理工程软件排铺设船与关键技术的研究[D]．上海：上海海运学院，2003．

[35] 罗意，扬凯，吴坤泽．多波束水下三维成像系统在工程检测中的应用[J]．中国西部科技，2015，14(10)：80-82．

[36] 吕邦来．磁法探测水下目标的关键技术与应用研究[D]．武汉：中国地质大学，2015．

[37] 吕坤能．航道整治建筑物的施工技术与质量控制[J]．科技风，2009，11：15．

[38] 马一，张俊锋．航道工程水下抛石计量控制分析[J]．水运工程，2014，11：123-126．

[39] 沈凌敏，何俊华，张琦，等．水下微光高速摄像系统在潜艇实验中的应用[J]．舰船科学技术，2009，31，11：55-58．

[40] 孙传东，陈良益，高立民，等．水下微光高速光电成像系统作用距离的研究[J]．光

子学报, 2000, 2: 185-189.
- [41] 孙涛, 朱长青. 长江航道整治工程水下抛石施工工艺及质量控制[J]. 水运工程, 2012, 10: 162-168.
- [42] 孙卫平, 张才俊, 莫建波. 长江下游感潮河段超长护底软体排铺设关键技术[J]. 水运工程, 2014, 8: 1-7.
- [43] 锁旭宏, 董理科, 朱永帅. 水下测角测距三维定位技术[J]. 中国港湾建设, 2021, 41(5): 33-36.
- [44] 唐利娜. 水下三维声成像及声呐图像处理技术研究[D]. 哈尔滨: 哈尔滨工程大学, 2009.
- [45] 王爱学, 尚晓东, 张红梅. 侧扫声呐图像SFS微地形反演数值算法选择[J]. 测绘地理信息, 2017, 42(2): 21-25.
- [46] 王爱学, 张红梅, 王晓, 等. 侧扫声呐条带数据处理及其无缝成图[J]. 测绘地理信息, 2017, 42(1): 26-29.
- [47] 王爱学, 赵建虎, 郭军, 等. 采用加速稳健特征对侧扫声呐图像进行分块弹性镶嵌[J]. 武汉大学学报(信息科学版), 2018, 43(5): 697-703.
- [48] 王爱学, 赵建虎, 尚晓东, 等. 单波束水深约束的侧扫声呐图像三维微地形反演[J]. 哈尔滨工程大学学报, 2017, 38(5): 739-745.
- [49] 王健, 陈政, 张华良. 三维点云数据的预处理研究[J]. 科学技术创新, 2021, 22: 115-118.
- [50] 王其林. 侧扫声呐图像特征提取和匹配方法研究[D]. 哈尔滨: 哈尔滨工程大学, 2019.
- [51] 王文静, 董慧. 浅谈磁力仪结合多波束测深系统寻找海底金属障碍物的应用技术[J]. 航海, 2020, 1: 22-34.
- [52] 王晓, 吴清海, 王爱学. 侧扫声呐图像辐射畸变综合改正方法研究[J]. 大地测量与地球动力学, 2018, 38(11): 1174-1179.
- [53] 王鑫. 水流引起的多波束测深误差改正方法研究[D]. 青岛: 山东科技大学, 2020.
- [54] 王瑶. 从三维点云数据中提取物体特征点的研究[D]. 兰州: 兰州大学, 2010.
- [55] 王羿磊, 孙红亮. 3D Echoscope系统对垂直结构冲刷破坏检测效果分析[J]. 水利技术监督, 2019, 5: 56-58.
- [56] 吴怀波. 航道整治工程中水下沉排质量检测技术探讨[J]. 中国水运(下半月), 2017, 17, 10: 137-138.
- [57] 吴静波, 程淑萍, 赵鹏铎. 基于长基线和超短基线联合的拖曳目标定位技术[J]. 中国舰船研究, 2019, 14(1): 156-161.
- [58] 吴艳青. 抖动补偿技术在水下摄像系统中的应用[J]. 自动化仪表, 2013, 34(12): 17-20.
- [59] 奚笑舟. 水下检测与监测技术在沉管隧道工程中的应用[J]. 现代隧道技术, 2015, 52(6): 36-42.
- [60] 肖元弼, 彭认灿, 董箭, 等. 一种利用回波时间反演多波束横摇角度的方法[J]. 测绘科学, 2021, 46(5): 38-44.

[61] 肖元弼, 彭认灿, 董箭, 等. 多波束换能器吃水误差在分层计算的影响分析[J]. 测绘科学, 2021, 46(3): 17-20.

[62] 严俊. 多波束与侧扫声呐高质量测量信息获取与叠加[J]. 测绘学报, 2019, 48(3): 400.

[63] 杨勇. 侧扫声呐声波掠射角对海底管道检测的影响[J]. 中小企业管理与科技(中旬刊), 2018, 11: 163-164.

[64] 杨志, 王建中, 范红霞, 等. 三维全景成像声呐系统在水下细部结构检测中的应用[J]. 水电能源科学, 2015, 33(6): 59-62.

[65] 喻伟. 水下抛石护岸机械抛投施工控制与质量检测[J]. 人民长江, 2008, 16: 35-37.

[66] 袁龙涛. 相控阵三维摄像声呐系统信号处理关键技术研究[D]. 杭州: 浙江大学, 2013.

[67] 张才俊, 郭素明, 李少俊. 水下软体排铺设质量检测技术对比[J]. 水运工程, 2016, 2: 10-14.

[68] 张建春, 王传雷. 水下磁性物体探测定位方法研究[J]. 水运工程, 2009, 10: 75-79.

[69] 张万远, 王雪斌, 周天, 等. 基于多波束测深声呐的水中气体目标检测方法[J]. 哈尔滨工程大学学报, 2020, 41(8): 1143-1149.

[70] 张晏方, 邓勇, 毕文焕, 等. 水下隐蔽工程检测技术在长江航道整治工程中的应用[J]. 水运工程, 2012, 10: 143-147.

[71] 张莹, 康路遥, 许吉羊. 航道整治建筑物水下检测方法初探[J]. 中国水运, 2020, 9: 130-132.

[72] 赵凤亚, 李彪, 李长铃. 不同河床泥沙条件下的整治建筑物软体排护底技术研究[J]. 中国水运(下半月), 2012, 12(9): 157-170.

[73] 赵钢, 王茂枚, 徐毅, 等. 多波束测深结合声呐技术在河道堤防水下外观病害探测中的应用[J]. 水利水电技术, 2017, 48(4): 104-108.

[74] 赵钢, 王茂枚, 徐毅, 等. 多波束测深技术在沉排工程水下铺设质量检测中的应用[J]. 长江科学院院报, 2016, 33(7): 145-149.

[75] 郑军. 超短基线水声的系统校准[J]. 工程技术研究, 2019, 4(5): 242-243.

[76] 周良玉. 多波束检测技术在长江深水航道和畅洲整治工程中的应用[J]. 水运工程, 2017, 2: 1-7.

[77] 周良玉, 李强. 深水软体排铺设全过程质量控制技术[J]. 水运工程, 2017, 7: 7-11.

[78] 朱海涛, 曾啸. 浅谈水下抛石施工中的测量工作[J]. 人民珠江, 2008, 5: 40-41.

[79] 邹小锋, 曹树青, 梁达炜, 等. 航道测深中的水位改正方法及应用研究[J]. 中国水运航道科技, 2020, 3: 54-58.

[80] Childs Jr K M. Underwater investigations: Standard practice manual[S]. Virginia:

American Society of Civil Engineers, 2001.

[81] Kelly S W. Underwater inspection criteria[S]. California: Naval Facilities Engineering Service Center, Port Hueneme, 1999.

[82] TeledyneBlueview, Inc. Patent Issued for Systems and Methods Implementing Frequency-Steered Acoustic Arrays for 2D and 3D Imaging[P]. Journal of Engineering, 2014.

[83] Busby R F. Underwater inspection/testing/monitoring of offshore structures [J]. Ocean Engineering, 1979, 6(4): 355-491.

[84] Chen S, Chen Z, Wang W. Multi-scale detection techniques for local scour monitoring in river bed: case study atSutong bridge [C]. Earth and Space 2010: Engineering, Science, Construction, and Operations in Challenging Environments, 2010.

[85] Chi C. Basic Theory for Underwater Real-Time 3-D Acoustical Imaging: Theory, Algorithm and SystemDesign[M]. Springer, 2019.

[86] Roux A. Ramalli H. Liebgott C. et al. Wideband 2-D Array Design Optimization With Fabrication Constraints for 3-D US Imaging [J]. IEEE Transactions on Ultrasonics, Ferroelectrics, and Frequency Control, 2017, 64: 108-125.

[87] Roux E, Ramalli A, Tortoli P, et al. 2-D Ultrasound Sparse Arrays Multidepth Radiation Optimization Using Simulated Annealing and Spiral-Array Inspired Energy Functions[J]. IEEE Transactions on Ultrasonics, Ferroelectrics, and Frequency Control, 2016, 63: 2138-2149.

[88] Chiew Y M. Scour protection at bridge piers[R]. Journal of Hydraulic Engineering, 1992, 118(9): 1260-1269.

[89] Clee G. Underwater concrete provides scour protection for historic bridge[J]. Concrete, 2005, 39(6): 36-37.

[90] Diarra B, Liebgott H, Tortoli P, et al. Sparse array techniques for 2D array ultrasound imaging[C]. Acoustics, 2012.

[91] Ghanbari A E, Shafai B M, Kermannezhad J. Riprap sizing for scour protection at river confluence[J]. Journal of Hydraulic Structures. 2016, 2(1): 1-11.

[92] Holland T C. Abrasion-Erosion Evaluation of Concrete Mixtures for Repair of Low-Flow Channel, Los Angeles, Rive [R]. Army Engineer Waterways Experiment Station Vicksburg Ms Structures Lab, 1986.

[93] Kano T, Matsushita Y, Takahashi Y, et al. Harbor facilities and water area investigation unit [C]. OnePetro: The Eleventh International Offshore and Polar Engineering Conference, 2001.

[94] Khayat K H. Underwater repair of concrete damaged by abrasion-erosion[R]. Berkeley: University of California, Berkeley, 1989.

[95] Macky G H. Model testing of bridge abutment scour protection[R]. Ministry of Works and Development. 1986, 0112-6814.

[96] Martin-Vide J, Roca M, Alvarado-Ancieta C. Bend scour protection using riprap[R].

Proceedings of the Institution of Civil Engineers-Water Management: Thomas Telford Ltd, 2010.

[97] Roca M, Whitehouse R. Scour risk assessment at river crossings[C]. Paris: ICSE 2012 (6th International Conference on Scour and Erosion 2012), 2012.

[98] Shin C, Han S H, Jang I S, et al. Development of unmanned inspection equipment for underwater damages of harbor facilities[C]. Tokyo: 2013 IEEE International Underwater Technology Symposium (UT), 2013.

[99] Sohrabi M, Keshavarzi A, Javan M. Impact of bed sill shapes on scour protection in river bed and banks[J]. International Journal of River Basin Management. 2019, 17(3): 277-287.

[100] Thompson R L. Acoustic imaging with blazed arrays and time-frequency beamforming [D]. Texas : The University of Texas at Austin, 2003.

[101] Wang A, Church I, Gou J, et al. Sea bottom line tracking in side-scan sonar image through the combination of points density clustering and chainseeking[J]. Journal of Marine Science and Technology, 2020, 25(3): 849-865.

[102] Wang S, Wei K, Shen Z, et al. Experimental investigation of local scour protection for cylindrical bridge piers using anti-scourcollars[J]. Water, 2019, 11(7): 1515.

[103] Wen-ming X, Plant M H. Problems of scouring and erosion on water cushion basin in Manwan hydropower station and its measures [J]. Large Dam and Safety, 2005.